电力企业数字化项目
可行性研究投资测算指导

主编　方宽　杨子军　尚方

黑龙江科学技术出版社
HEILONGJIANG SCIENCE AND TECHNOLOGY PRESS

图书在版编目（CIP）数据

电力企业数字化项目可行性研究投资测算指导 / 方宽，杨子军，尚方主编. -- 哈尔滨 ： 黑龙江科学技术出版社，2024. 7. -- ISBN 978-7-5719-2556-7

Ⅰ. F426.61

中国国家版本馆 CIP 数据核字第 20241H661L 号

电力企业数字化项目可行性研究投资测算指导

DIANLI QIYE SHUZIHUA XIANGMU

KEXINGXING YANJIU TOUZI CESUAN ZHIDAO

主编　方宽　杨子军　尚方

责任编辑　赵　萍
封面设计　小　溪
出　　版　黑龙江科学技术出版社
　　　　　地址：哈尔滨市南岗区公安街 70-2 号　邮编：150007
　　　　　电话：（0451）53642106　传真：（0451）53642143
　　　　　网址：www.lkcbs.cn
发　　行　全国新华书店
印　　刷　哈尔滨午阳印刷有限公司
开　　本　787 mm×1092 mm　1/16
印　　张　25.5
字　　数　150 千字
版　　次　2024 年 7 月第 1 版
印　　次　2024 年 7 月第 1 次印刷
书　　号　ISBN 978-7-5719-2556-7
定　　价　98.00 元

《电力企业数字化项目可行性研究投资测算指导》

编委会

主　编　方　宽　　杨子军　　尚　方

副主编　林　扬　　尚博宇　　王云峰　　里佳格

编　委　王孝余　　韩世宝　　负占全

前　言

本书主要汇集全部类型数字化项目模板及经典案例等，包括设计开发项目、软硬件购置项目、实施项目、数据工程项目等，项目编制人员通过对各项目的学习，可实现国网黑龙江电力及所属单位数字化相关业务人员编制技能的提升，驱动数字化项目可行性研究报告编制提质增效，更好地服务领导决策、专业管理和基层需要，促进数字化建设工作高效推进。

目　录

第一章　电网数字化项目总述 1

1.1 电网数字化建设 1

1.2 电网数字化建设管理 1

1.3 电网数字化项目范围及分类 1

　　1.3.1 电网数字化项目定义及范围 1

　　1.3.2 电网数字化项目按性质分类 1

　　1.3.3 电网数字化项目按建设方式分类 2

　　1.3.4 电网数字化项目按投资规模分类 2

第二章 电网数字化项目投资费用测算 3

2.1 度量术语定义 3

2.2 电网数字化项目度量流程 4

2.3 电网数字化项目度量输入材料 5

2.4 电网数字化项目度量基准数据 5

　　2.4.1 电网数字化项目人工生产率 5

　　2.4.2 电网数字化项目人工费率定额 5

2.5 电网数字化项目度量及费用测算 6

　　2.5.1 初步工作量度量 6

　　　　2.5.1.1 咨询设计类 6

　　　　2.5.1.2 系统开发类 8

　　　　2.5.1.3 集成实施类 10

　　　　2.5.1.4 业务运营类 13

　　　　2.5.1.5 数据工程类 16

2.5.2 调整系数计算 30

2.5.3 最终工作量度量 31

2.5.4 项目投资费用测算 31

2.5.5 项目投资费用测算示例 69

第三章 电网数字化项目可研报告编制 78

3.1 电网数字化项目可研报告论证 78

3.1.1 电网数字化项目可研报告 78

3.1.2 电网数字化项目说明书 79

3.1.3 电网数字化项目可研报告测算 80

3.2 电网数字化项目可研报告评审与批复 80

3.2.1 电网数字化项目可研报告评审 80

3.2.2 电网数字化项目可研报告批复 81

3.3 电网数字化项目可研报告编制评审工作流程 81

3.3.1 电网数字化项目可研报告编制工作流程 81

3.3.2 电网数字化项目可研报告评审工作流程 82

3.4 电网数字化项目可研报告编制指南 82

3.4.1 电网数字化项目命名规则 82

3.4.2 电网数字化项目可研报告模板 83

3.4.2.1 电网数字化项目可研报告模板种类 83

3.4.2.2 项目可研全套资料中的一致性要求 83

3.4.3 电网数字化项目可研报告撰写与评审意见格式 83

3.4.3.1 电网数字化项目可研报告撰写格式 83

3.4.3.2 电网数字化项目可研报告评审意见格式 84

3.4.4 电网数字化项目可研报告注意事项 84

3.4.4.1 电网数字化项目可研报告撰写注意事项 84

3.4.4.2 电网数字化项目可研报告评审意见撰写注意事项 85

3.5 电网数字化项目可研报告模板汇编 86

    3.5.1 电网数字化项目需求报告模板 86

    3.5.2 电网数字化项目可研报告模板 101

    3.5.3 电网数字化项目说明书模板 114

3.6 电网数字化项目可研报告注释版汇编 115

    3.6.1 软硬件购置项目可研报告注释版 115

        3.6.1.1 软硬件购置项目需求分析报告 115

        3.6.1.2 软硬件购置项目可研报告 118

        3.6.1.3.软硬件购置项目说明书 132

        3.6.1.4.软硬件购置项目可研经济性评价表 133

        3.6.1.5.软硬件购置项目可研评审意见 134

    3.6.2 设计开发实施项目可研报告注释版 135

        3.6.2.1 设计开发实施项目需求分析报告 135

        3.6.2.2 设计开发实施项目可研报告 142

        3.6.2.3 设计开发实施项目说明书 185

        3.6.2.4 设计开发实施项目（WBS）表 186

        3.6.2.5 设计开发实施项目可研评审意见 192

        3.6.2.6 设计开发实施项目费用测算报告 194

    3.6.3.设计开发项目可研报告注释版 206

        3.6.3.1.设计开发项目需求分析报告 206

        3.6.3.2 设计开发项目可研报告 213

        3.6.3.3 设计开发项目说明书 249

        3.6.3.4 设计开发项目模板（WBS）表 250

        3.6.3.5 设计开发项目可研评审意见 252

        3.6.3.6 设计开发项目费用测算报告 253

3.6.4 实施项目可研报告注释版 263

    3.6.4.1 实施项目需求分析报告 263

    3.6.4.2 实施项目可研报告 270

    3.6.4.3 实施项目说明书 294

    3.6.4.4 实施项目（WBS）表 295

    3.6.4.5 实施项目可研评审意见 297

    3.6.4.6 实施项目费用测算报告 298

3.6.5 业务运营项目可研报告注释版 307

    3.6.5.1 业务运营项目业务需求报告 307

    3.6.5.2 业务运营项目可研报告 313

    3.6.5.3 业务运营项目说明书 338

    3.6.5.4 业务运营项目（WBS）表 339

    3.6.5.5 业务运营项目可研评审意见 341

    3.6.5.6 业务运营项目费用测算报告 343

3.6.6 数据工程项目可研报告注释版 351

    3.6.6.1 数据工程项目需求分析报告 351

    3.6.6.2 数据工程项目可研报告 358

    3.6.6.3 数据工程项目说明书 382

    3.6.6.4 数据工程项目（WBS）表 383

    3.6.6.5 数据工程项目可研评审意见 385

    3.6.6.6 数据工程项目费用测算报告 387

第一章 电网数字化项目总述

1.1 电网数字化建设

电网数字化建设是指通过信息化、网络化和智能化方式，以电网数字化项目形式提升公司基层一线服务能力、核心业务赋能能力、企业转型驱动能力、产业升级引领能力的各项数字化建设工作。电网数字化建设坚持"统一领导、统一规划、统一标准、统一建设"的原则。

1.2 电网数字化建设管理

电网数字化建设管理包括对数字化规划、电网数字化项目储备、专项计划、采购、建设实施、验收、材料归档和项目后评估的全过程管理。

1.3 电网数字化项目范围及分类

1.3.1 电网数字化项目定义及范围

电网数字化项目是指电网数字化领域内的咨询设计，信息系统开发实施、优化改造、更新升级、综合评估，数据资源接入、处理和应用，网络安全服务，配套软硬件和数据产品购置等相关项目，范围涵盖基础设施、企业中台、业务应用、数据价值、全场景安全运行等方面。

1.3.2 电网数字化项目按性质分类

电网数字化项目按照项目性质分类，一般分为咨询设计类、开发实施类、业务运营类、数据工程类、产品购置类等，实行分类管理。

（1）咨询设计类项目：包括电网数字化领域的顶层设计、总体设计、专项研究等咨询和设计项目。

（2）开发实施类项目：包括信息系统（平台）功能设计和利用各类编程语言进行开发（含需求分析、系统设计和开发等工作），以及开发工作完成或购买套装软件后的配套安装、配置、调试和培训等工作的项目。

（3）业务运营类项目：包括以对系统运行、业务应用、用户行为等的常态统计进行分析为基础，开展系统优化改造、应用敏捷迭代、内容更新升级、网络安全服务、可研论证评估、后评估、绩效评估等相关工作的项目。

（4）数据工程类项目：包括对数据资源进行接入整合、加工处理和开发利用，通过数据分析挖掘实现数据价值的项目。

（5）产品购置类项目：指支撑电网数字化建设的配套软硬件、数据产品购置的项目，主要包括机房基础设施、云平台建设、网络及安全设施、供应链及财务等管理类物联网网关等。

1.3.3 电网数字化项目按建设方式分类

电网数字化项目按照组织建设方式分为国家电网公司统一组织建设项目和各单位独立组织建设项目，实行分级负责。

（1）国家电网公司统一组织建设项目：指由国家电网公司统筹共性需求，统一提出建设要求，统一组织开展项目立项、建设等工作的项目。

（2）各单位独立组织建设项目：指按照国家电网公司统一要求，为满足个性化需求，由各单位独立组织开展项目立项、建设等工作的项目。

1.3.4 电网数字化项目按投资规模分类

电网数字化项目按照项目投资规模分为限上和限下项目。

（1）限上项目。

①国家电网公司统一组织建设的项目。

②单项投资在1000万元及以上的各单位独立组织建设的项目。

③国家电网公司指定的其他重大项目。

（2）限下项目。

除限上项目以外的其他项目。

本培训教材主要针对电网数字化项目在前期储备阶段的工作提供业务指导和参考性应用方法，包括电网数字化项目投资费用测算和可行性研究报告编制两部分内容。

第二章 电网数字化项目投资费用测算

本章节主要讲解电网数字化项目投资费用测算参考性应用方法，对项目不同类型工作的度量方法及费用测算进行了详细说明（注：本章节内容不适用于软硬件购置类项目和信息系统运维等工作量度量和项目投资费用测算），并提供模板、度量基准数据和系数取值等参考标准。学习本章节内容有助于掌握电网数字化项目投资费用测算相关理论知识和实战方法，能够有效支撑电网数字化项目可研立项时费用测算工作。

2.1 度量术语定义

（1）工作分解结构。

工作分解结构（work breakdown structure，WBS）是指以可交付成果为导向，通过归纳和定义项目的整个工作范围，把项目可交付成果和项目工作分解成较小的、易于管理的工作单元，形成结构化的项目单元组合。

（2）基准。

筛选并维护在基准数据库中的一个或一组测量值或者派生测量值，用来表征目标对象（如项目或项目群）相关属性与这些测量值的关系。

（3）最小工作任务。

通过WBS分解法把项目可交付成果和项目工作分解成的最小的、易于管理的工作单元，层级一般不超过三级。

（4）最小功能单元。

衡量软件研发工作量规模的基本计量单位，是项目完成预期功能（一般为可视化界面上的功能）所需实现的具体操作。

（5）软件功能项。

泛指以支撑实际业务要求为目标，利用软件技术实现的系统功能。

（6）类推法。

将项目的建设内容、范围和工作量数据，与历史项目建设情况进行比对，依据其历史投资建设情况，纵向分析其差异，验证工作量的合理性。

（7）类比法。

将项目的建设内容、范围和工作量数据，与历史同类项目或类似项目案例进行横向比较，分析其差异，验证工作量的合理性。

（8）影响因子。

反映数字化项目在不同条件下的工作量差异，不同类型工作的影响因子不同。

（9）人工生产率

人工生产率（扩展PDR）指从系统开发的需求分析、系统设计（如系统的概要设计、详细设计、数据库设计、用例图等）到开发（包含系统功能开发、数据库开发、内部测试）各阶段完成最小功能单元所需要投入的人工天数，单位为人·天/最小功能单元，仅适用于系统开发类工作。

（10）工作量基数。

指完成某项工作必须投入的工作量均值，一般结合公司历史数据、平均技术水平和生产效率测定。

2.2 电网数字化项目度量流程

电网数字化项目度量的基本流程包括接收测算输入材料、项目工作量度量、工作量交叉验证和项目可研评审。

（1）接收测算输入材料：包括项目背景、建设必要性、建设现状、需求分析、建设内容、技术方案、工作量度量支撑材料等。

（2）项目工作量度量：根据测算输入材料，对不同类型工作进行工作量度量，通过影响因子进行工作量调整，确定项目工作量。

（3）工作量交叉验证：使用类比法、类推法等方法对工作量度量结果进行交叉验证，形成测算结果。依据测算结果出具《电网数字化项目费用测算报告（不含购置类费用）》，并将核心内容列入数字化项目可行性研究报告。

（4）项目可研评审：可研评审专家对数字化项目可行性研究报告进行评审。

2.3 电网数字化项目度量输入材料

电网数字化项目度量输入材料包括项目特征采集信息表（附录A）、项目工作分解结构（WBS）表（附录3）、历史项目材料、决策支持性材料、项目背景、建设必要性、建设现状、需求分析、建设内容、技术方案等。

2.4 电网数字化项目度量基准数据

2.4.1 电网数字化项目人工生产率

电网数字化项目人工生产率是指从系统开发的需求分析、系统设计（如系统的概要设计、详细设计、数据车设计、用例图等）到开发（包含系统功能于发、数据库开发、内部测试）各阶段完成最小功能单元所需要投入的人工天数，单位为人·天/最小功能单元，仅适用于系统开发类工作。中国软件行业协会2019年发布的软件研发人工生产率均值为7.38人·天/最小功能单元。根据电力行业数字化建设实际，公司数字化建设人工生产率确定为8人·天/最小功能单元。

2.4.2 电网数字化项目人工费率定额

电网数字化项目人工费率即综合人工单价，是指项目建设过程中单位人天投入所耗费的费用，主要由直接人力成本、直接非人力成本、间接人力成本、间接非人力成本及合理利润构成。通过调研软件企业人员薪资水平，结合各地区人社局人员平均薪资统计数据，综合分析计算各地区基准人月费率，同时参考中国软件行业协会2019年发布的北京软件研发人天基准费率即1286元/人·天（注：该费率包含直接人力成本、间接人力成本、间接非人力成本及合理利润，但不包含直接非人力成本，公司各级单位可根据地区差异制定人天基准费率），结合国家电网公司数字化项目特点和管理模式，将人工费率分为咨询设计类、系统开发类、集成实施类、业务运营类、数据工程类五种，包括基础费率定额（对应中国软件行业协会发布的人天基准费率）和直接非人力成本定额两部分。其中，数据工程类人工费率标准分为三档：数据产品（应用）研发工作参考系统开发人工费率标准执行，数据标准化、数据盘点、数据资源目录构建、数据质量治理等其他工作参考软件行业协会基准费率执行，数据接入、数据上传、数据下发、数据产品（应用）实施工作参照集成实施人工费率标准执行。具体如下：

分类		公司电网数字化项目人工费率定额 / 元 /人·天							
		咨询设计	系统开发	集成实施	业务运营	数据工程			软件行业协会人天基准费率（均值）
						数据产品（应用）研发	数据标准化、盘点、目录构建、质量治理等	数据接入、上传、下发，数据产品（应用）实施	
基础费率定额		1929	1599	973	973	1599	1286	973	1286
直接非人力成本		550	550	550	550	550	550	550	—
合计	原始合计	2479	2149	1523	1523	2149	1836	1523	—
	取整定额	2500	2100	1500	1500	2100	1800	1500	
备注		直接非人力成本一般包括办公费、差旅费、培训费、业务费、购置费及其他费用，合计取 550 元/人·天，不含自备的软硬件购置费。其中：差旅费为 350 元/人·天，参考《中央和国家机关差旅住宿费标准》，取各省会城市差旅费均值；办公费、培训费、业务费、购置费及其他费用平均分摊成本为 200 元/人·天。								

2.5 电网数字化项目度量及费用测算

2.5.1 初步工作量度量

根据电网数字化项目可研编制单位提供的项目工作分解结构（WBS）表（附录B）中描述的业务需求，计算出各项工作的初步工作量。

2.5.1.1 咨询设计类

根据咨询设计WBS分解表（附录B.1），明确咨询设计工作的咨询设计任务和子任务。

咨询设计工作的初步工作量由以下公式计算：

$$PW = \sum D$$

式中：

PW——初步工作量；

$\sum$——各工作任务工作量度量值求和；

D——一级咨询设计任务工作量度量值，参考工作开展顺序一般可包括业务诊断、方案设计、成果输出三项内容，工作量度量值为三项工作量基数之和。

此计算模型针对单个咨询设计任务，涉及多个咨询设计任务的项目须分别计算后将结果相加。进行咨询设计项目测算时，要注意评估测算力度，不能单纯以工作内容拆分多少决定测算的颗粒度，要从任务内容、工作过程、成果物等方面综合考虑咨询设计任务的完整性与独立性。

咨询设计工作量基数如下表所示：

序号	工作内容	工作说明	工作量基数/人·天
1	业务诊断	通过调研等手段开展业务现状梳理、业务问题诊断，明确咨询设计对象	66
2	方案设计	根据咨询设计对象进行方案设计，一般包含明确工作开展的方法与设计方式、验证成果有效的可量化指标、涉及的工具与材料、制定研究的程序与环境选择、考虑数据整理与统计分析的方法	165
3	成果输出	成果编制，根据咨询设计内容形成报告、规划等成果	33
合计			264
注：表格中工作量基数是一个咨询设计任务的工作量。			

2.5.1.2 系统开发类

系统开发类包含系统功能开发和系统集成开发两部分工作。

2.5.1.2.1 系统功能开发

根据系统功能开发WBS分解表（附录B.2），明确系统功能开发工作的各项内容。依照材料中的信息，从中识别出软件功能项，并根据各软件功能项描述，确定其等级系数。

系统功能开发工作的初步工作量由以下公式计算：

$$PW = \sum (F \times C) \times PDR$$

式中：

PW——初步工作量；

Σ——各等级软件功能规模求和；

F——各软件功能项等级系数对应的数量；

C——各软件功能项等级系数；

PDR——人工生产率。

软件功能项等级系数如下表所示：

软件功能项等级系数	软件功能项等级系数描述	备注
1	所描述的业务项对应简单、成熟的业务步骤或操作过程，基本不依赖特定的业务规则或处理过程，支撑该业务项所需的软件功能较为单一和常规，典型如前端操作型功能	属于同一业务场景下的一组前端操作应作为一个软件功能项，如对于人员信息查询业务项，涉及的人员列表、按属性筛选人员、单个人员详细信息展示以及单个人员单项信息详细展示等软件功能都应属于一个软件功能项

软件功能项等级系数	软件功能项等级系数描述	备注
	所描述的业务项需要依赖某种特定的业务规则或处理过程，并综合利用来自多个业务环节或不同专业系统的数据，支撑该业务项所需的软件功能较为复杂，需要获取多个业务环节或不同专业系统的数据，并通过实现相应的业务规则和处理逻辑进行处理分析，典型如带有分支或多个处理环节的流程类功能和基于数据的监测分析预警评价类功能	—
3	所描述的业务项属于系统内相对公共的业务规则或处理过程，可以单独实现并共享使用，支持该业务项所需要的功能一般为相对独立的模块，典型如系统内基础业务组件或技术组件	业务规则和处理过程的划分应遵循"高内聚、松耦合"原则，即紧密关联的一组业务规则和处理过程，应该作为一个软件功能项，如对于同一数据实体的"增删改查"操作应作为同一个软件功能项实现
4	所描述的业务项属于需要在全公司范围内共享使用的业务规则或处理过程，支持该业务项所需要的功能一般为相对独立的模块，典型如企业中台服务和企业级基础平台组件	
5	所描述的业务项需要依赖复杂的算法模型或存在显著的技术难点，支持该业务项所需的软件功能实现较为困难，具有一定的原创性，典型如数据挖掘分析、人工智能应用、高可用实现、基础软件开发、安全业务复杂数据处理等	—

2.5.1.2.2 系统集成开发

根据系统集成WBS分解表（附录B.4），明确系统集成开发工作的各项内容。系统集成开发是指本端系统首次与其他系统集成的通道开发工作，不含接口开发，工作量基数为13人天/系统。若系统采用SG-UAP平台研发，则不考虑与I6000、统一权限、统一流程等平台系统集成开发工作量。

系统集成开发工作的初步工作量计算公式：初步工作量（人天）=13×（本端系统数量+对端系统数量）。

2.5.1.3 集成实施类

集成实施类包含系统实施和系统集成实施两部分工作。

2.5.1.3.1 系统实施

根据系统实施WBS分解表（附录B.3），明确系统实施工作的各项任务。依照材料中的内容，确定差异分析及方案设计、数据收集及处理、系统部署及配置、系统测试、培训、上线准备及切换、上线试运行支持工作七项任务的情况。

系统实施工作的初步工作量由以下公式计算：

$$PW = \sum (D \times SOI)$$

式中：

PW——初步工作量；

$\sum$——各工作任务工作量度量值求和；

D——一级工作任务工作量度量值，是指差异分析及方案设计、数据收集及处理、系统部署及配置、系统测试、培训、上线准备及切换、上线试运行支持工作七项任务的工作量基数；

SOI——工作任务所涉及的实施范围数量。实施范围指集成实施工作涉及的单点数量，一个省公司可识别为一个单点。

注：一般在核算工作量时，总部按1.5个省公司核算，分部和各直属单位按0.125个省公司核算，其中，全口径用工人员规模在10000人以上的直属单位按1个省公司计算；对于一级部署系统，以总部为核心开展实施工作，分部、省公司和直属单位侧一般不考虑系统部署及配置、系统测试、上线准备及切换、上线试运行支持等工作，如有特殊情况再另行考虑。

工作量基数如下表所示：

序号	工作任务	工作说明	工作量基数/人·天	
			一级部署（总部侧）	二级部署
1	差异分析及方案设计	分析业务现状与系统设计间的差异，因地制宜制定实施方案，规避实施风险所产生的工作量	64	8
1.1	实施单位情况收集	制定实施单位情况收集模板，并向实施单位收集相关材料，如网络环境、硬件条件等	30	4
1.2	差异分析	组织进行差异分析，编写差异分析报告	20	2
1.3	编制调整方案	编写适应性调整方案并交实施单位确认，确定实施方案	14	2
2	数据收集及处理	收集项目实施所需的基础数据，进行必要的验证和处理所产生的工作量	81	8
2.1	编制数据收集方案	制定、确认数据清理和数据收集方案、计划，设计数据收集模板	14	2
2.2	数据收集及梳理	用户、权限数据收集，业务数据收集，编写、调试数据迁移工具，数据清理与转换	35	4
2.3	数据校核	配合实施单位人员校核、确认数据	32	2
3	系统部署及配置	进行软件产品的安装部署和数据初始化所产生的工作量	46	12
3.1	软件安装与配置	平台软件安装，程序包部署，系统配置	9	3
3.2	流程与权限配置	根据工作流程配置用户权限	14	5
3.3	初始化数据导入	根据系统模块应用情况，准备数据，开展初始化数据工作	23	4
4	系统测试	系统部署调试后进行功能、性能测试所产生的工作量	71	18
4.1	纵向贯通测试	系统内部上下级部署模块之间的测试	30	8
4.2	用户接受测试	配合用户确认功能配置的正确性	41	10

序号	工作任务	工作说明	工作量基数/人·天	
			一级部署（总部侧）	二级部署
5	培训	指对用户进行功能培训，对维护人员进行技术培训所产生的工作量	57	6
5.1	培训准备	确定用户规模，编写培训材料、准备培训及考核环境、编制培训计划	10	1
5.2	用户培训	对关键用户或全体最终用户进行培训，保障用户能顺利使用	20	2
5.3	运维人员培训	对运维人员进行培训，将运维知识转移	20	2
5.4	培训考核	对培训人员开展考核，保证培训达到预期效果	7	1
6	上线准备及切换	准备系统切换上线需要的方案、策略及应急预案所产生的工作量	46	12
6.1	编制上线方案	编写系统切换方案、应急预案、运维支持方案	7	2
6.2	业务数据导入	配合业务人员完成业务数据导入工作	30	6
6.3	系统切换	执行系统切换	9	4
7	上线试运行支持	系统上线后进行三个月的技术支持所产生的工作量	91	16
7.1	系统性能调优与运维技术支持	为保障系统能良好运行提供相应的技术支撑服务	36	6
7.2	用户使用支持	为保障用户能顺利开展工作，提供相应的用户使用支撑服务	55	10
	合计		456	80

注：1.试点实施工作量以表中的工作量基数为准；

2.推广实施工作量基于工作量基数进行适当的调整；

3.一级部署系统分部、省公司和直属单位工作量基数参考二级部署系统单位核定方式及工作量基数确定，一般不考虑系统部署及配置、系统测试、上线准备及切换、上线试运行支持等工作，按22人天计算。

例如，某一级部署系统在总部、6个分部、10个省公司和10个直属单位实施，则初步工作量=456×1+22×（6×0.125+10+10×0.125）=720人·天；某二级部署系统在总部、6个分部、10个省公司和10个直属单位实施，则初步工作量=80×（1.5+6×0.125+10+10×0.125）=1080人·天。

2.5.1.3.2 系统集成实施

根据系统集成WBS分解表（附录B.4），明确系统集成实施工作的各项内容。系统集成实施工作是指系统之间本端和对端的集成联调工作。若系统采用SG-UAP平台研发，则不考虑与I6000、统一权限、统一流程等平台系统集成实施工作量。

系统集成实施的初步工作量计算公式：初步工作量（人·天）=∑（3×本端实施单位数量+15）+∑（3×对端实施单位数量+15）。其中，∑为各集成系统的系统集成实施工作量求和。

2.5.1.4 业务运营类

根据业务运营WBS分解表（附录B.5），明确业务运营工作的各项任务。依照材料中的内容，确定其工作性质及运营范围。

业务运营工作的初步工作量由以下公式计算：

$$PW = \sum (D \times SOS)$$

式中：

PW——初步工作量；

∑——各工作任务工作量度量值求和；

D——一级工作任务工作量度量值，为一级任务所包含各项最小工作任务的工作量基数之和；

SOS——工作任务所涉及的业务运营范围数量。

此计算模型针对单个业务运营工作，涉及多个业务运营工作的项目须分别计算后将结果相加。

其中应用上云、性能优化等系统优化改造类工作可参照以下方式计算。

2.5.1.4.1 应用上云

系统应用上云是指把系统应用迁移到云平台的工作，涉及平台侧和业务系统侧配合支撑工作，包括前期调研、制定迁移方案、服务器准备及配置、切换前应用系统测试、系统切换、切换后应用系统测试、业务应用并轨、业务应用单轨等工作。

其初步工作量由以下公式计算：

$$初步工作量=\Sigma 工作量基数 \times 业务运营范围$$

式中：

业务运营范围——业务系统数量。

工作量基数如下表所示：

序号	工作任务	工作内容	工作量基数/人·天
1	前期调研	调研云平台是否支持现有业务系统正常运行，明确原有业务系统相关配置参数	2
2	制定迁移方案	根据迁移业务系统实际情况，开展业务应用迁移方案的编制	2
3	服务器准备及配置	包括服务器操作系统安装、云平台相关软件安装与设置等工作	9
4	切换前应用系统测试	验证云平台中的应用系统是否能够正常服务，并进行功能、性能测试	1
5	系统切换	系统切换、传输、方案制定，系统配置调整	3
6	切换后应用系统测试	验证云平台中的应用系统是否能够正常服务，并进行功能、性能测试	3
7	业务应用并轨	开展业务应用在云平台中的"并轨"运行，包括"并轨"运行情况的监测等	4
8	业务应用单轨	开展业务应用在云平台中的"单轨"运行，包括"单轨"运行情况的监测等	4
合　计			28

2.5.1.4.2 性能优化

系统性能优化主要是指为了解决业务响应耗时较长、系统架构设计不合理、系统运行不稳定、业务运行健壮性不足等问题，针对存储、主机、操作系统、数据库、中间件、网络等方面的调优工作。具体工作包含需求调研、分析诊断、方案测试和优化实施。

其初步工作量由以下公式计算：

$$初步工作量=\sum 工作量基数 \times 业务运营范围$$

式中：

业务运营范围——优化系统的部署单位数量。

工作量基数如下表所示：

序号	一级工作任务	二级工作任务	任务描述	工作量基数/人·天
1	需求调研	数据采集	采集数据包括存储、主机、操作系统、数据库、中间件、网络等相关数据	15
2		健康检查	编写健康检查报告	10
3		编制优化需求报告	针对调研发现的问题编写优化需求报告	10
4	分析诊断	业务峰谷期数据采样及分析诊断	监控系统运行状况，并对业务峰谷期数据采样，基于采样数据进行分析诊断	90
5		性能基线发布	根据分析的结果，建立系统性能指标基线，并编写性能评估报告	10
6	方案测试	编写性能及架构优化方案	编写系统级、应用级优化方案，评审优化方案	24
7		测试环境准备	测试环境准备	21
8		编写测试计划及用例	根据优化方案，编写测试计划和用例，开展功能、性能、用户体验测试	50
9	优化实施	编写优化实施方案	根据优化方案和测试的结果，编写优化实施方案	15
10		优化实施演练	在测试环境中进行优化实施演练，包括回退预演	25

序号	一级工作任务	二级工作任务	任务描述	工作量基数/人·天
11		优化现场实施	对生产机进行优化实施	27
12		优化效果评估	根据跟踪情况，编写优化效果评估报告	10
	合　计			307

其他为保障电网数字化建设和应用有序推进的常态化服务和专项支撑工作，其初步工作量综合考虑所需投入的人数和工期进行确定。

2.5.1.5 数据工程类

根据数据工程WBS分解表（附录B.6），明确数据工程工作的各项任务。依照材料中的内容，确定其工作性质及工程范围。

数据工程工作的初步工作量由以下公式计算：

$$PW = \sum (D \times SOP)$$

式中：

PW——初步工作量；

∑——各工作任务工作量度量值求和；

D——一级工作任务工作量度量值，为一级任务所包含各项最小工作任务的工作量基数之和；

SOP——工作任务所涉及的工程范围数量。

此计算模型针对单个数据工程工作，涉及多个数据工程工作的项目须分别计算后将结果相加。

其中数据接入、数据标准化、数据上传、数据下发、数据盘点、数据资源目录构建、数据质量治理、数据产品（应用）研发及实施工作可参照以下方式计算。

2.5.1.5.1 数据接入

数据接入是指将各业务系统信息数据，按照源端表结构复制，并执行清洗、转换等操作后接入目标端的工作过程。

其初步工作量由以下公式计算：

$$初步工作量 = \sum 工作量基数 \times 工程范围$$

式中：

工程范围——进行数据接入的源端系统数量。

工作量基数如下表所示：

序号	一级工作任务	二级工作任务	任务描述	工作量基数/人·天
1	需求分析与准备	数据需求收集与汇总	收集梳理数据共享需求，以及源端业务系统升级改造带来的数据变化等	3
2		数据需求分析	依据数据应用、数据共享需求内容及业务规则，梳理分析并形成数据需求表	3
3		数据溯源	针对数据需求表中的数据项，溯清来源业务系统、数据表、对应字段，厘清数据项之间的关联匹配关系	5
4		数据分级分类分析与准备	与数据生产部门沟通，针对业务开展数据分级分类分析，同时协调源端业务系统承建厂商开展数据接入前期准备工作	5
5	数据处理	数据接入技术路线设计	按照数据系统总体功能定位和技术路线要求，根据结构化、非结构化、采集量测、电网空间及外部数据等不同数据类型特点，与源端业务系统承建厂商共同完成数据接入技术路线设计，包括历史存量数据抽取技术路线设计、增量数据抽取技术路线设计	3
6		数据模型部署与优化	结合溯源结果，针对新增业务系统和已接入业务系统升级改造等变化情况，构建符合源端业务系统的物理模型及对原有数据模型优化	3
7		数据采集与提取	结合数据需求梳理及溯源验证结果，通过技术手段从业务系统以及外部系统中获取所需数据，包括存量数据和增量数据	10

序号	一级工作任务	二级工作任务	任务描述	工作量基数/人·天
8		数据清洗转换	制定数据清洗、转换规则，清洗无效数据，形成有效数据集	15
9	数据校验	数据质量校验	从一致性、及时性和准确性等方面，对业务明细数据开展数据校验，验证数据的可用性和有效性	4
10	链路维护	链路维护	由于源端业务系统升级改造，对原有数据链路进行调整和维护，以及监测数据传输和载入过程，及时发现并处理异常。开展数据传输链路常态保障，包括日常任务核查、根据源端表结构变化更新传输链路配置	15
	合计			66

2.5.1.5.2 数据标准化

数据标准化是指对源端各业务系统数据按照统一数据模型物理模型标准（数据表），执行数据清洗、转换、整合等操作，形成标准化数据，并接入目标端的工作过程。

其初步工作量由以下公式计算：

$$初步工作量=\sum 工作量基数 \times 工程范围$$

式中：

工程范围——进行数据标准化的源端系统数量。

工作量基数如下表所示：

序号	一级工作任务	二级工作任务	任务描述	工作量基数/人·天
1	数据准备	差异分析	将统一数据模型最新版本与目前已部署的统一数据模型进行对比分析，提出模型差异化结果，为后续数据标准化落地提供输入	10
2		数据溯源	基于差异化比对成果，以及实际接入系统数据进行差异化分析，梳理两者之间的映射关系	5

序号	一级工作任务	二级工作任务	任务描述	工作量基数/人·天
3		统一数据模型部署	按照统一数据模型建表语句，开展模型部署工作；检查建表语句执行情况，确保统一数据模型部署完成	5
4	数据处理	数据采集与提取	结合数据需求梳理及溯源验证结果，开展数据抽取接口设计，主要包括历史存量数据抽取程序设计、增量数据抽取接口设计，完成数据抽取开发及配置	10
5		数据整合转换	按照统一数据模型标准，对获取数据进行转换、融合等处理	10
6		数据清洗转换	制定数据清洗、转换规则，清洗无效数据，形成有效数据集	10
7	数据校验	数据质量校验	从一致性、及时性和准确性等方面，对业务明细数据开展数据校验，验证数据的可用性和有效性	20
8	链路维护	链路维护	由于源端业务系统升级改造，对原有数据链路进行调整和维护，以及监测数据传输和载入过程，及时发现并处理异常；开展数据传输链路常态保障，包括日常任务核查、根据源端表结构变化更新传输链路配置	15
合计				85

2.5.1.5.3 数据上传

数据上传是指将各分部、省（市）公司、直属单位等单位源端业务系统、数据中心等数据上传至总部的工作过程。

其初步工作量由以下公式计算：

$$初步工作量 = \sum 工作量基数 \times 工程范围$$

式中：

工程范围——进行数据上传的源端系统数量。

工作量基数如下表所示：

序号	一级工作任务	二级工作任务	任务描述	工作量基数/人·天
1	需求管理	需求收集与汇总	通过在线或者离线的方式收集各单位数据上传需求和必要的数据信息；调研数据上传表所属层级、来源业务系统、历史数据量、增量数据量、数据上传频率、增量上传识别字段、上传方式等，并与业务应用方开展数据上传需求确认；根据相关制度审定需求；在线维护需求清单；及时反馈需求落实情况	5
2		数据上传方案设计	根据数据上传需求梳理情况，确定业务系统数据上传方案，包括增量数据上传方案和历史数据上传方案，主要内容包括调整数据上传流程、传输方式、设置定时任务等	6
3	数据授权申请	数据分级分类分析	根据数据上传方案，对数据上传流程中涉及的数据进行以下操作：分析数据分级分类，明确数据用途、场景和范围，提报数据归口管理部门	5
4		数据通道授权	根据数据上传方案，对数据上传流程中涉及的通道使用，申请数据通道授权，完成数据通道配置	3
5	数据接收任务实施	数据接收	根据数据上传方案指导用户完成数据上传；接收并根据数据上传方案完成数据存储	4
6		数据校核	从记录数、数据容量等方面对数据进行校核	10
7		数据合并与整合	根据数据上传方案整合数据	8
8		数据上传技术支持	提供数据上传相关的文件组织、数据准备等技术支持	5
9	链路维护	链路维护	监测数据传输和载入过程，及时发现并处理异常。开展数据传输链路常态保障，包括日常任务核查、根据源端表结构变化更新传输链路配置	15
			合计	61

2.5.1.5.4 数据下发

数据下发是指将总部一级部署系统及总部业务应用数据，全量拆分下发至各分部、省（市）公司及直属单位部署系统的过程。

其初步工作量由以下公式计算：

$$初步工作量=\sum 工作量基数 \times 工程范围$$

式中：

工程范围——接收数据下发的目标端系统数量。

工作量基数如下表所示：

序号	一级工作任务	二级工作任务	任务描述	工作量基数 人·天
1	需求管理	需求收集	收集各单位的数据需求，明确数据范围、应用场景以及数据下发表所属层级、历史数据量、增量数据量、数据下发频率、增量下发识别字段、单位筛选条件、下发方式等	5
2		数据下发方案设计	根据数据下发需求梳理情况，确定业务系统数据下发方案，包括增量数据下发方案和历史数据下发方案，主要内容包括调整数据下发流程、传输方式，设置定时任务等	6
3	数据下发任务实施	数据拆分业务逻辑调研及拆分逻辑编制	根据数据需求以及数据下发方案，调研并设计数据拆分业务逻辑	4
4		数据拆分及拆分任务配置	制定数据拆分方案，配置数据拆分任务	3
5		数据下发任务实施	根据数据下发方案，开展相应的数据下发流程配置、定时任务设置等，涉及包括历史数据下发链路和增量数据下发链路在内的调整新增	4
6		数据下发技术支持	提供数据下发相关的文件接收、数据载入等技术支持	5

序号	一级工作任务	二级工作任务	任务描述	工作量基数/人·天
7		数据校验	从记录数、数据容量等方面对数据进行校核	10
8	链路维护	链路维护	监测数据下发和传输过程，及时发现并处理异常。开展数据传输链路常态保障，包括日常任务核查、根据源端表结构变化更新传输链路配置	15
		合计		52

2.5.1.5.5 数据盘点

数据盘点是指为厘清业务系统的数据情况，针对业务系统、数据中台等开展的数据表梳理、元数据信息完善、系统功能菜单与数据表关系匹配、数据表间关系梳理等工作。

其初步工作量由以下公式计算：

$$初步工作量 = \sum 工作量基数 \times 工程范围$$

式中：

工程范围——进行数据盘点的系统数量。

工作量基数如下表所示：

序号	一级工作任务	二级工作任务	任务描述	工作量基数/人·天
1	专项数据盘点实施	有效表梳理	抽取业务系统的全量库表信息，按照6条通用规则和若干条自定义规则，识别并剔除无效数据表，形成有效数据表清单	10
2		数据共享负面清单梳理	根据业务系统盘点有效表成果，遵循"最小化"原则，纳入负面清单的数据，均应有法律、法规或公司规章制度等依据，梳理形成数据共享负面清单	15
3		一级部署系统拆分逻辑梳理	按照省（市）公司维度，完成总部一级部署系统拆分逻辑梳理	20
4		数据库表信息完善	针对每张有效数据表，补充完善表中文名、表业务描述等9项表元数据信息，以及字段业务描述、计量单位、码值关系等9项字段元数据信息	30
5		系统功能清单和有效数据表关系匹配	导出业务信息系统的各级功能菜单，剔除无业务含义的功能菜单，形成有效功能清单，并结合有效数据表清单，梳理系统每个末级功能点与数据表的对应关系	10
6		有效数据表间关联关系梳理	各部门依据信息系统数据库中主外键关系、视图、存储过程和业务的工作流程管理规范等，梳理有效数据表间关联关系	15
7	盘点管控	盘点工作核查	核查无效数据表清单、元数据完善信息、无效功能菜单及数据表关系，避免盘点工作出现人为错误	10

序号	一级工作任务	二级工作任务	任务描述	工作量基数/人·天
8		信息补全或更正	针对核查工作的问题进行信息补全或更正	5
合计				115

2.5.1.5.6 数据资源目录构建

数据资源目录构建是指首次对业务系统数据开展的业务元数据采集整理以及资源目录体系构建工作。其初步工作量由以下公式计算：

$$初步工作量 = \sum 工作量基数 \times 工程范围$$

式中：

工程范围——进行数据资源目录构建的系统数量。

工作量基数如下表所示：

序号	一级工作任务	二级工作任务	任务描述	工作量基数/人·天
1	业务元数据采集实施	数据源维护	收集并整理源端系统数据库基本信息，配置数据库实例、IP、端口、只读用户等接口信息，达到测试通过要求	2
2		业务元数据采集实施	人工执行或利用调度任务采集数据库表、视图及字段的名称、类别、关联关系等信息	2
3		数据质量采集实施	人工执行或利用调度任务采集数据库字段空置率、唯一性、值频率等信息	2
4		血缘关系采集实施	人工执行或利用调度任务采集数据库表，字段在产生、传输、结束过程中的数据流向信息	10
5	业务元数据维护实施	资源关系维护	以数据盘点成果为输入，完成与技术元数据相关联的业务含义、业务描述等信息的补充维护	2

序号	一级工作任务	二级工作任务	任务描述	工作量基数/人·天
6		标签配置	对表、视图、字段等数据库对象增加自定义属性，包括业务属性、管理属性等，形成具备过滤条件的功能配置	3
7	构建资源目录体系实施	资源目录构建	以数据盘点成果为输入，完成各层级功能菜单的父子级对应关系的梳理，以及末级功能菜单与数据表的对应关系梳理	5
8		业务术语定义	依据数据盘点成果，以数据库表中文名称为对象，完成对象去重操作及功能路径合并后，制定数据库表名称的唯一性定义，形成业务术语	5
9		业务术语挂载	将业务术语与数据库表、字段等对象相关联，将业务术语挂载至对象上，形成数据库对象的标准化引用	3
合计				34

2.5.1.5.7 数据质量治理

数据质量治理是指针对系统进行数据质量管理与核查，以提供准确、可用的数据为目标，基于数据质量标准、规则，及时处理发现各种数据质量问题。

其初步工作量由以下公式计算：

$$初步工作量=\sum 工作量基数 \times 工程范围$$

式中：

工程范围——进行数据质量治理的系统数量。

工作量基数如下表所示：

序号	一级工作任务	二级工作任务	任务描述	工作量基数/人·天
1	数据质量梳理	范围确定	明确数据治理范围	2

序号	一级工作任务	二级工作任务	任务描述	工作量基数/人·天
2		业务数据质量梳理	根据数据治理范围，从数据的准确性、唯一性、一致性、完整性、时效性和规范性等维度，梳理涉及的业务规则、业务指标标准、数据元标准、参考数据标准，确定质量治理技术路线	30
3		数据质量规则库管理	根据数据质量梳理结果，编制并审核形成数据质量核查规则，构建并维护数据质量规则库	25
4		数据元管理	梳理数据元并构建、维护数据元知识库	15
5	数据质量核查	数据质量检查	基于数据质量核查规则进行数据核查	20
6		数据质量问题清单	基于数据核查结果，形成数据质量问题清单，编制数据质量核查报告。数据质量问题清单可从质量标准维度进行分类	15
7	数据问题整改	整改方案制定	基于数据质量问题清单，按照数据责任管控机制，针对不同专业、不同系统，分类制定数据质量问题整改方案	10
8		整改方案执行	推动数据质量问题整改，包括源头数据、流转数据以及系统的数据质量问题整改	5
合计				122

2.5.1.5.8 数据产品（应用）研发及实施

依托公司业务数据，开展数据产品（应用）的设计开发和实施，包含数据应用和数据展示两部分内容。其中数据应用是指依托公司业务数据，开展包括构建场景、收集数据、分析数据、解释结果等内容的一类项目；数据展示是指以价值展示为目的，围绕一个或者多个主题，对数据进行可视化展示的一类工作。

其初步工作量由以下公式计算：

初步工作量=开发工作量基数+∑实施工作量基数×工程范围

式中：

开发工作——项目需求分析与设计、数据准备、数据预处理和分析模型构建训练与应用四项工作；

实施工作——部署实施和成果应用两项工作；

工程范围——数据产品（应用）或展示的系统数量。

工作量基数如下表所示：

序号	一级工作任务	二级工作任务	任务描述	工作量基数 人·天	数据产品（应用）研发及实施	
					数据应用	数据展示
1	项目需求分析与设计	业务梳理	对项目的业务数据特征、数据质量、存储方式、管理方法、业务逻辑等方面的业务现状进行调查，并对调查结果进行分析研究	12	○	○
2		需求分析	在调研基础上，准确理解业务需求的具体要求，将业务需求转化为完整的需求定义	9	○	○
3		业务设计	以项目需求分析结果为依据，对项目需要实现的具体业务内容进行确定	12	○	○
4	数据准备	数据需求梳理与溯源	对项目的具体数据需求进行梳理并对数据来源进行确定	21	○	○
5		数据采集与提取	从内、外部业务系统或线下采集数据，并提取出需要的数据	14	○	○
6	数据预处理	分析层数据接入技术路线设计	按照系统总体架构要求，以数据需求的数据获取频度、业务规则、数据类型、数据存量、数据增量等信息为输入，完成数据接入技术路线设计，包括历史存量数据拍取技术路线设计、增量数据抽取技术路线设计	10	○	○

序号	一级工作任务	二级工作任务	任务描述	工作量基数 人·天	数据产品（应用）研发及实施	
					数据应用	数据展示
7		多维多层数据溯源	基于集市模型与源端表结构的差异化比对成果，以及非结构化、量测类来源数据情况，梳理两者间的映射关系	15	○	○
8		数据访问策略设计	根据数据来源针对性地设计数据获取策略，形成方案并开发相应的驱动、应用、服务、工具	15	○	○
9		跨平台数据安全策略设计	结合应用场景需求，采用安全多方计算、联邦计算等技术制定跨平台数据联合计算策略	50	○	○
10		数据获取	根据数据来源分别通过系统接口、工具配置、服务调用、协同计算、文件传递等方法从内部各数据层级、外部各应用系统获取所需数据	10	○	○
11		数据整合转换	按照一定的业务规则，对获取数据进行转换、融合等处理	6	○	○
12	数据预处理	数据清洗转换	制定数据清洗、转换规则，清洗无效数据，形成有效数据集	10	○	○
13		数据脱敏处理	结合应用场景需求，制定相应的数据安全规则，并根据规则进行数据脱敏、变形等低级数据安全处理	6	○	○

序号	一级工作任务	二级工作任务	任务描述	工作量基数/人·天	数据产品（应用）研发及实施	
					数据应用	数据展示
14		数据加解密处理	结合应用场景需求，制定相应的数据安全规则，并根据规则进行数据加解密处理等高级数据安全处理	15	○	○
15		数据审计	对数据内容及其元数据的安全性与合规性进行审查，发现各类潜在风险和隐患	10	○	○
16	分析模型构建、训练与应用	分析模型设计	按照分析主题场景，结合需求分析结果，借助统计分析、数据挖掘等方法构建维度模型和指标模型，对业务需求进行抽象化表达，构建适用于本分析主题的算法模型	75	○	×
17		分析模型构建	基于业务内容、业务规则及数据需求，构建业务数据模型或算法模型，对业务需求和算法进行抽象化和数据化表达	25	○	×
18	分析模型构建、训练与应用	分析模型训练与评估	通过已有数据，对算法模型中未知参数进行确定，算法模型的未知参数确定后即可得到完整的算法模型，再使用已有数据对完整的算法模型的效果进行评价	64	○	×
19		分析模型优化	通过改变模型参数或模型结构提升模型的精度、执行速度等指标	12	○	×

序号	一级工作任务	二级工作任务	任务描述	工作量基数/人·天	数据产品（应用）研发及实施	
					数据应用	数据展示
20	部署上线	运行环境搭建	依据数据应用的安装、数据交互、服务运行等指标要求，完成应用运行所需的系统环境、大数据资源的规划与安装配置工作	16	○	×
21		应用部署与验证	部署数据应用运行所需的数据计算处理服务、分析模型等安装部署工作，完成与用户指定平台或系统的集成，并完成对应的安全、性能、功能、稳定性的验证工作	16	○	×
22	成果输出	配置实施	将构建的模型以工具的形式部署到用户使用的平台或系统中	20	○	○
23		结果可视化输出	利用图形图像技术对项目结果进行可视化设计及展示	10	○	○
24		结果分析报告编制	利用可视化输出结果编制数据分析报告等成果，本结果是直接面向目标用户最终成果	6	○	×
合计					459	245
注：○代表包含此项工作，×代表不包含此项工作。						

2.5.2 调整系数计算

根据项目特征采集信息表（附录A）中描述的影响因子、取值和选项，确定项目各类工作的影响因子系数，基于影响因子计算公式得出调整系数，并与初步工作量相乘得到项目调整后的工作量。

其中，咨询设计类、业务运营类、数据工程类工作若涉及多项工作，应分别计算调整系数并与对应的初步工作量柤乘，最后累加得到调整后的工作量。

2.5.3 最终工作量度量

通过类推法和类比法，将调整后工作量与历史或类似项目进行比对分析和交叉验证，得出最终工作量。

2.5.4 项目投资费用测算

项目投资费用包括项目总体工作量费用和其他费用。

项目总体工作量费用通过各类工作的最终工作量乘以相应的人工费率得到，具体计算公式如下：

$$项目总体工作量费用=\Sigma 各类工作最终工作量 \times 人工费率$$

式中：

Σ——各类工作的总体工作量费用求和。

其他费用是结合公司项目管理要求列支的费用，一般包括可行性研究费、第三方测试费、项目法人管理费、项目验收费、知识产权费等。

序号	费用构成	费用说明	度量标准
1	可行性研究费	包括可研编制费和投资测算编制费两部分	见附录 C
2	第三方测试费	包括功能、非功能性测试费和安全性测试费	见附录 C
3	项目法人管理费	项目法人在项目管理工作中发生的日常管理费，如项目法人单位的会议费、评审费、材料费等，若在项目法人单位年度综合管理费用里列支可不计	项目法人单位根据自身管理要求确定计列标准
4	项目验收费	根据公司管理规定对项目验收发生的费用	根据项目子项数量与验收单价计算，项目验收单价为 3 万元/子项（按 20 人参加、9 位专家测算，会议费标准 450 元/人天，专家咨询费标准 1500～2400 元/人天），如多个子项目合并验收，则费用酌减
5	知识产权费	一般是针对咨询设计、系统开发和数据工程中数据产品（应用）项目列支	原则上不超过 3 万元

注：表中度量标准仅供参考，总部统推项目的可行性研究费、第三方测试费和项目法人管理费不列入项目其他费用，其他项目单位可根据自身管理要求细化补充。

附录A 项目特征采集信息表

A.1 咨询设计影响因子（IFC）

咨询设计影响因子=业务类型×影响程度×成果继承+设计深度+方案验证难度+新技术应用

序号	影响因子	影响因子取值
1	业务类型	根据设计任务的业务类型确定： A.特定领域的业务数字化总体设计或顶层设计，如营销 2.0 总体设计、多维精益管理体系总体设计等，取值范围 0.5 ~ 1.8 B.企业级平台或共享服务能力的总体设计或顶层设计，如企业中台总体设计、智慧物联体系顶层设计等，取值范围 0.5 ~ 1.8 C.前瞻性技术的专项研究，如人工智能技术在电网中的应用研究、区块链技术在电网中的应用研究等，取值范围 0.8 ~ 1.5 D.常态开展的专项设计，如统一数据模型设计、企业级总体架构设计等，取值范围 0.8 ~ 1.8
2	影响程度	根据设计内容的影响范围确定： A.对公司业务发展和企业总体架构的演进起辅助作用，仅对所在业务或技术领域产生一定影响，取值范围 0.8 ~ 1 B.对公司业务发展和企业总体架构的演进起显著作用，对所在业务或技术领域产生变革性影响，取值范围 1.1 ~ 1.5 C.对公司业务发展和企业总体架构的演进起突出作用，对多个业务或技术领域产生变革性影响，取值范围 1.6 ~ 1.8
3	成果继承	根据咨询设计内容是否有设计成果可继承确定： A.有设计成果可继承，并且本次工作仅在前期基础上进一步完善与补充，取值范围 0.6 ~ 1.0 B.没有设计成果可继承，取值 1.0
4	设计深度	加分项：按照成果交付物设计深度要求酌情给分，取值范围 0.1 ~ 0.5
5	方案验证难度	加分项：如设计成果需要进行验证后方可提交，根据方案的验证难度、验证范围等因素综合考虑，取值范围 0.1 ~ 0.5
6	新技术应用	加分项：是指在该项目中是否首次应用人工智能、区块链、边缘计算等新型技术，取值范围 0.1 ~ 1.0

A.2 系统开发影响因子（IFD）

系统开发包括系统功能开发和系统集成开发两部分，其中系统集成开发影响因子默认为1。

系统功能开发影响因子得分=（技术复杂度×权重+业务复杂度×权重+业务承载能力×权重+安全防护复杂度×权重）×（系统构建难度×权重+用户活跃度×权重）

序号	影响因子	因子解释	系数子项	影响因子取值	权重
1	技术复杂度	技术复杂系数描述技术层面实现的复杂程度，由架构层次复杂度、企业中台应用情况、系统集成情况、应用类型、灾备等级、新技术应用、微应用、模型算法等决定（因子取值=架构层次复杂度+企业中台应用情况+系统集成情况+应用类型+灾备等级+新技术应用+微应用+模型算法）	架构层次复杂度	参照技术架构层次（感知层、网络层、平台层、应用层），评价各系统的复杂度： A.不跨层，取值0.2 B.跨两层，取值0.5 C.跨三层，取值0.8 D.跨三层以上，取值1.0	30
			企业中台应用情况	依照是否基于企业中台开发确定： A.不基于企业中台开发，取值0.3 B.基于企业中台开发，取值0.6	
			系统集成情况	根据本期系统集成数量（不含基础平台类系统）确定： A.集成业务系统2个以内，取值0.2 B.集成业务系统2~4个，取值0.4 C.集成业务系统4~8个，取值0.6 D.集成业务系统8个以上，取值0.8	
			应用类型	根据系统应用类型确定： A.项目是公司一般业务，取值范围0.6~0.8 B.项目是公司核心业务，取值范围1.0~1.5 C.项目是信息支撑平台、基础软件，取值范围1.2~1.8 注:核心业务一般是指与支撑公司"三集五大"业务相关的业务	

序号	影响因子	因子解释	系数子项	影响因子取值	权重
			灾备等级	根据系统灾备等级确定： A.数据级灾备,取值0.15 B.应用级灾备,取值0.25 C.业务级灾备，取值0.4	
			新技术应用	加分项：是指在该项目中是否首次应用人工智能、区块链、边缘计算等新型技术，取值范围0.2~0.6	
			微应用	加分项： A.首次采用微应用架构，取值范围0.1~0.5 B.更新迭代的微应用开发，视情况酌情考虑0~0.3	
			模型算法	加分项：指项目中是否涉及复杂算法模型，如统计分析、时序模式、关联规则、聚类分析、分类回归分析等算法，取值范围0.1~0.4	
2	业务复杂度	业务复杂度由业务自身复杂度、用户类型、跨业务口径、业务成熟度、业务类型、个性化定制开发需要、用户交互调整情况和原创性设计等因素决定。非业务应用类依照其支撑的业	业务自身复杂度	根据业务自身复杂度确定： A.项目支撑业务的业务流程单一、稳定，取值0.1 B.项目支撑业务的业务规则复杂，业务流程存在多个分支，取值0.3 加分项：业务涉及现场作业的，加0.1	30
			用户类型	根据系统主要用户类型确定： A.系统主要用户为总部管理部门，取值0.1 B.系统主要用户为总部和各级单位管理部门，取值0.2 C.系统主要用户为一线作业人员，取值0.3 D.系统主要服务外部用户，取值0.4	

序号	影响因子	因子解释	系数子项	影响因子取值	权重
		务情况进行评分（因子取值=业务自身复杂度+用户复杂度+跨业务口径+业务成熟度+业务类型+个性化定制开发需要+用户交互调整情况+原创性设计）	跨业务口径	根据是否跨业务口径（指形成多业务融合数据）确定： A.项目不跨专业领域，取值 0.2 B.项目跨专业领域 1~4 个，取值 0.3 C.项目跨专业领域 4~8 个，取值 0.4 D.项目跨专业领域 8 个以上，取值 0.6	
			业务成熟度	根据业务成熟度确定： A.项目支撑传统业务，业务模式固定、变化小，取值范围 0.2~0.4 B.项目支撑业务模式处于转型调整阶段，在项目执行过程中可能会出现较大变化，取值范围 0.5~0.8 C.项目支撑创新性业务，具有一定探索性，取值范围 0.9~1.3	
			业务类型	根据业务类型确定： A.以分析决策类业务为主的系统，取值 0.2 B.以混合类业务为主的系统，取值 0.25 C.以事务处理类业务为主的系统，取值 0.3	
			个性化定制开发需要	加分项：对于多级应用系统，不同单位是否有个性化定制开发需要，取值范围 0.2~0.6	
			用户交互调整情况	加分项：项目需要对用户交互方式和用户界面进行较大调整，取值范围 0.1~0.3	
			原创性设计	加分项：项目从业务、技术等层面提出了新颖的模式或架构，取值范围 0.1~0.3	

序号	影响因子	因子解释	系数子项	影响因子取值	权重
3	业务承载能力	业务承载能力由活跃用户、最大并发用户、业务即时性要求、高可用性要求、数据规模、感知层接入终端规模等因素决定（因子取值=活跃用户+最大并发用户+业务即时性要求+高可用要求+数据规模+感知层接入终端规模）	活跃用户	根据单个部署单元预期活跃用户数确定： A.1000及以下，取值0.2 B.1000以上，取值0.4	20
			最大并发用户	根据单个部署单元并发用户数确定： A.100及以下，取值0.2 B.100～500，取值0.3 C.500以上，取值0.4	
			业务即时性要求	根据系统核心功能操作响应时延要求确定： A.核心功能要求分钟级响应，取值0.2 B.核心功能要求秒级响应，取值0.35 C.核心功能要求毫秒级响应，取值0.6	
			高可用要求	根据系统年可用率要求确定： A.年可用率99%，取值0.1 B.年可用率99.9%，取值0.2 C.年可用率99.99%，取值0.55 D.年可用率99.999%，取值0.8	
			数据规模	单个部署单元依照年产生的业务数据规模确定，得分=结构化数据量得分+非结构化数据量得分 结构化数据： A.10G及以下，取值0.1 B.10G～100G，取值0.2 C.100G以上，取值0.3 量测数据、非结构化数据： A.10T以下，取值0.1 B.10T～100T，取值0.2 C.100T以上，取值0.3	

序号	影响因子	因子解释	系数子项	影响因子取值	权重
			感知层接入终端规模	加分项：单个部署单元依照感知层接入终端规模确定 A.10000及以下，取值范围0~0.4 B.10000以上，取值范围0.4~0.8	
4	安全防护复杂度	安全防护复杂度由安全防护要求和安全防护等级等因素决定（因子取值=安全防护要求+安全防护等级）	安全防护要求	根据系统安全防护要求确定： A.内网应用，取值0.5 B.外网或内外网应用，取值0.6 C.跨安全区应用，取值0.7	20
			安全防护等级	根据系统安全防护等级确定： A.安全防护等级一级，取值0 B.安全防护等级二级，取值0.3 C.安全防护等级三级，取值0.5 D.安全防护等级三级以上，取值范围0.6~1.0	
5	系统构建难度	根据系统的新建、重构、完善状态进行评价	—	根据系统构建情况确定： A.新建系统，取值范围1.2~2.5 B.重构系统，取值范围1.5~2.5 C.完善系统，取值范围0.5~2.5	40
6	用户活跃度	根据系统预期用户活跃度、各个功能使用情况等进行评价	—	根据预期用户活跃度确定： A.系统用户活跃度低、低使用频度功能点多，取值范围0.5~0.8 B.系统用户活跃度中等、低使用频度功能点中等，取值范围1~1.5 C.系统用户活跃度高、低使用频度功能点少，取值范围1.2~2.5 注：对于安全、运行和基础平台类，以集成系统数量及IP交互调用频度为用户活跃度计算的参考	60

A.3 集成实施影响因子（IFI）

集成实施包括系统实施和系统集成实施两部分，其中系统集成实施影响因子默认为1。

系统实施影响因子得分=（实施复杂度×权重+数据收集整理难度×权重+安全防护复杂度×权重）×（系统构建难度×权重+用户活跃度×权重）

序号	影响因子	因子解释	系数子项	影响因子取值	权重
1	实施复杂度	实施复杂度包括实施工作范围、应用类型、业务成熟度、灾备等级、新技术应用、感知层业务支撑、适应性调整、非功能性调优等内容（因子取值=实施工作范围+应用类型+业务成熟度+灾备等级+新技术应用+感知层业务支撑+适应性调整+非功能性调优）	实施工作范围	依据实施工作范围确定： A.仅到总（分）部，取值 0.2 B.仅到省公司（直属单位），取值 0.5 C.覆盖到地市，取值 0.6 D.深入到县（工区），取值 0.7 E.深入到班组等基层单位，取值 0.8 加分项：涉及外部单位，取值 0.1	45
			应用类型	根据系统应用类型确定： A.项目是公司一般业务，取值范围 0.3 ~ 0.5 B.项目是公司核心业务，取值范围 0.5 ~ 1.0 C.项目是信息支撑平台、基础软件，取值范围 1.0 ~ 1.5 注：核心业务一般是指与支撑公司三集五大业务相关的业务	
			业务成熟度	根据业务成熟度确定： A.项目支撑传统业务，业务模式固定、变化小，取值范围 0.2 ~ 0.4 B.项目支撑业务模式处于转型调整阶段，在项目执行过程中可能会出现较大变化，取值范围 0.4 ~ 0.6 C.项目支撑创新性业务，具有一定探索性，取值范围 0.6 ~ 0.8	
			灾备等级	根据系统灾备等级确定： A.数据级灾备，取值 0.15	

序号	影响因子	因子解释	系数子项	影响因子取值	权重
				B.应用级灾备，取值 0.25	
				C.业务级灾备，取值 0.4	
			新技术应用	加分项：是指在该项目中是否首次应用人工智能、区块链、边缘计算等新型技术，取值范围 0.2～0.6	
			感知层业务支撑	加分项：指需要在现场针对感知层设备开展技术支撑工作，取值范围 0.3～1.0	
			适应性调整	加分项：套装软件实施过程中是否存在适应性调整，取值范围 0.2～0.4	
			非功能性调优	加分项：实施过程中是否存在非功能性调优等工作，取值范围 0.2～0.4	
2	数据收集整理难度	数据收集整理难度包含跨专业采集、现场采集数量、采集对象（因子取值=跨专业采集+现场采集数量+采集对象）	跨专业采集	需要跨专业进行采集，取值范围 0.3～0.6 A.项目不跨专业领域，取值 0.3 B.项目跨专业领域 1～4 个，取值 0.4 C.项目跨专业领域 5～8 个，取值 0.5 D.项目跨专业领域 8 个以上，取值 0.6	35
			现场采集数量	根据现场采集数量，取值范围 0.4～0.6 A.5 个及以下，取值 0.4 B.5～20 个，取值 0.5 C.20 个及以上，取值 0.6	
			采集对象	根据需要收集的业务对象数据的业务复杂度和数据量确定： A.仅用户账号权限数据，取值 0.2 B.业务流程配置数据，取值 0.3 C.涉及业务数据迁移、清洗，取值范围 0.4～0.6	

序号	影响因子	因子解释	系数子项	影响因子取值	权重
3	安全防护复杂度	安全防护复杂度包含安全防护要求、安全防护等级（因子取值=安全防护要求+安全防护等级）	安全防护要求	根据系统安全防护要求确定： A.内网应用，取值 0.5 B.外网或内外网应用，取值 0.6 C.跨安全区应用，取值 0.7	20
			安全防护等级	根据系统安全防护等级确定： A.安全防护等级一级，取值 0 B.安全防护等级二级，取值 0.3 C.安全防护等级三级，取值 0.5 D.安全防护等级三级以上，取值范围 0.6～1.0	
4	系统构建难度	根据系统的新建、重构、完善状态进行评价	—	根据系统构建情况确定： A.新建系统，取值范围 1.2～2.5 B.重构系统，取值范围 1.5～2.5 C.完善系统，取值范围 0.5～2.5	40
5	用户活跃度	根据系统预期用户活跃度、各个功能使用情况等进行评价	—	根据预期用户活跃度确定： A.系统用户活跃度低、低使用频度功能点多，取值范围 0.5～0.8 B.系统用户活跃度中等、低使用频度功能点中等，取值范围 1～1.5 C.系统用户活跃度高、低使用频度功能点少，取值范围 1.2～2.5 注：对于安全、运行和基础平台类，以集成系统数量及 IP 交互调用频度作为用户活跃度计算的参考	60

A.4 业务运营影响因子（IFO）

业务运营主要包括系统优化改造、应用敏捷迭代以及其他信息支撑等工作，其中应用上云、常态常规信息支撑类工作影响因子默认为1。

系统性能优化影响因子得分=技术复杂度×现场协调难度×运营规模

序号	影响因子	因子解释	系数子项	影响因子取值
1	技术复杂度	技术复杂度由架构层次复杂度和系统架构版本变化情况决定（因子取值=架构层次复杂度+系统架构版本变化情况）	架构层次复杂度	参照技术架构层次（感知层、网络层、平台层、应用层），评价各系统的复杂度确定： A.不跨层，取值0.5 B.跨两层，取值0.6 C.跨三层，取值0.7 D.跨三层以上，取值0.8
			系统架构版本变化情况	根据系统架构变化情况确定： A.无变化，取值0.5 B.在原有架构基础上调整，取值范围0.6~0.8 C.采用新系统架构，取值范围0.9~1.0
2	现场协调难度	现场工作的协调难易程度	—	根据协调业务部门的个数确定： A.协调部门数量为1~3个，取值1.0 B.协调部门数量为4~10个，取值范围1.1~1.2 C.协调部门数量为10个以上，取值范围1.3~1.5
3	运营规模	系统的运营范围	—	根据系统的运营范围确定： A.一级部署系统，取值1.0 B.同一套二级部署系统的运营范围小于等于6时，取值1.0 C.同一套二级部署系统的运营范围大于6时，取值为[6+（运营范围-6）×（0.91/运营范围+0.45）]/运营范围 注：运营范围最大值取30

A.5 数据工程影响因子（IFP）

数据工程影响因子包括数据接入、数据标准化、数据上传、数据下发、数据盘点、数据资源目录构建、数据质量治理、数据产品（应用）研发及实施影响因子。

（1）数据接入、数据标准化、数据上传、数据下发、数据盘点、数据资源目录构建、数据质量治理的影响因子，按不同的工作内容对应不同的影响因子，某一工作内容影响因子得分为本工作各影响因子的乘积。

例如：数据接入影响因子得分=数据表规模×数据类型复杂度×系统类型×跨多业务口径×前置成果×工程规模。如下表所示：

序号	影响因子	影响因子取值	适用范围
1	数据表规模	根据工程涉及的数据表数量确定： A.数据表规模为 500 张以内，取值范围 0.8～1.2 B.数据表规模为 501～1000 张，取值范围 1.3～1.5 C.数据表规模为 1001～2000 或工程以非关系数据库为主，取值范围 1.6～2.0 D.数据表规模大于 2000 张，取值范围 2.1～3.0	数据接入、数据标准化、数据上传、数据下发、数据盘点、数据资源目录构建、数据质量治理
2	数据类型复杂度	根据工程涉及的主要数据类型确定： A.结构化数据，取值 1.0 B.电网空间数据，取值 1.2 C.非结构化数据或采集量测数据，取值 1.3 加分项：涉及外部数据，加 0.1	数据接入、数据标准化、数据上传、数据下发、数据盘点、数据资源目录构建、数据质量治理
3	系统类型	根据工程涉及的信息系统类型确定： A.小型业务系统及企业中台，如离退休、后勤等，取值范围 0.5～0.8 B.中型系统，如计量生产调度子系统、协同办公系统等系统，取值范围 0.9～1.0 C.大型系统、较复杂系统及外部系统，如 ERP、财务管控、营销业务应用、PMS 等系统，取值范围 1.1～1.2	数据接入、数据标准化、数据盘点、数据资源目录构建、数据质量治理

序号	影响因子	影响因子取值	适用范围
4	跨多业务口径	根据工程涉及的业务领域确定： A.跨 1 个专业领域，取值 1.0 B.跨 2～4 个专业领域，取值 1.05 C.跨 5～8 个专业领域，取值 1.1 D.跨 8 个专业以上领域，取值 1.2	数据标准化、数据盘点、数据资源目录构建、数据质量治理
5	前置成果	根据是否针对此系统做过数据工程工作确定： A.已有前置成果，取值范围 0.4～0.8 B.没有前置成果，取值 1.0	数据接入、数据标准化、数据上传、数据下发、数据盘点、数据资源目录构建、数据质量治理
6	工程规模	根据工程规模确定： A.工程规模小于等于 6 时，取值 1.0 B.工程规模大于 6 时，取值为[6+（工程范围-6）×（0.91/工程规模 + 0.45）]/工程规模 注：工程规模最大值取 30	数据接入、数据标准化、数据上传、数据下发、数据盘点、数据资源目录构建、数据质量治理

（2）数据产品（应用）研发及实施影响因子得分=算法复杂度×数据表规模×跨多业务口径×数据获取复杂度×应用执行频次×工程规模+对外服务+大屏可视化。

序号	影响因子	影响因子取值
1	算法复杂度	根据应用中是否涉及复杂算法模型，如关联分析、聚类分析、分类算法、回归分析等算法确定： A.涉及 1 类算法，取值 1.0 B.涉及 2～3 类算法，取值 1.1 C.涉及 4～5 类算法，取值 1.2 D.涉及 6 类及以上算法，取值范围 1.3～1.8
2	数据表规模	根据应用涉及的数据表规模确定： A.数据表规模为 10 张以内，取值 0.7 B.数据表规模为 10～50 张，取值范围 0.8～1.0 C.数据表规模为 51～100 或产品以非关系数据库为主，取值范围 1.1～1.4 D.数据表规模大于 100 张，取值范围 1.5～1.8

序号	影响因子	影响因子取值
3	跨多业务口径	根据应用涉及数据所在的业务领域确定： A.跨 1 个专业领域，取值 1.0 B.跨 2~4 个专业领域，取值 1.05 C.跨 5~8 个专业领域，取值 1.1 D.跨 8 个以上专业领域，取值 1.2
4	数据获取复杂度	根据应用涉及数据的来源确定： A.工程所需数据需求数据中台可以满足，取值 0.7 B.工程所需数据需求数据中台无法满足，需要中台补充接入或进行必要提升，取值 0.8 C.工程所需数据需求数据中台无法满足，需要应用自行开展数据接入，取值范围 0.9~1.2
5	应用执行频次	根据应用执行频次确定： A.年度、季度、月度、日度，取值 1.0 B.小时，取值 1.1 C.分钟，取值 1.2 D.秒级，取值 1.4
6	工程规模	根据工程规模确定： A.工程规模小于等于 6 时，取值 1.0 B.工程规模大于 6 时，取值为[6+（工程规模–6）×（0.91/工程规模 + 0.45）]/工程规模 注：工程规模最大值取 30
7	对外服务	加分项：如应用成果须提供对外服务，取值 0.1
8	大屏可视化	加分项：如应用成果须进行大屏可视化展示，取值范围 0.1~0.2

附录B 项目工作分解结构（WBS）表

B.1 咨询设计WBS分解表

下表内容要与可研保持一致。

（1）"咨询设计任务"：以工作过程或工作成果为向导，按咨询设计任务或子任务进行拆分。

（2）"子任务"：要从任务内容、工作过程、成果物等方面综合考虑设计工作任务的完整性与独立性，不能单纯以工作内容拆分。

（3）"工作任务描述"：描述最小层级的工作任务内容。

（4）"工作成果"：罗列描述最小层级的工作成果。

（5）"预计投入总人数（人）"：输入最小层级须投入的总人员数量（填写整数）。

（6）"预计投入总天数（天）"：输入最小层级须投入的总工期，单位为工作日（填写整数）。

（7）WBS分解参考：此项仅供参考，参照WBS分解原则，工作任务的最小工作节点投入工期不超过10个工作日（1个工作日=8小时）。

需求内容						
序号	咨询设计任务	子任务	工作任务描述	工作成果	预计投入总人数（人）	预计投入总天数（天）

B.2 系统功能开发WBS分解表

下表内容要与可研保持一致。

（1）"业务需求"最多分解到二级。

（2）"一级业务项"：以建设目标为向导，按系统开发工作的子项进行拆分。

（3）"二级业务项"：WBS 拆分要以完成上级的工作任务为依据，充分考虑到系统开发工作的范围和对象，按照100%原则逐层拆分。

（4）"状态"：说明该二级业务项属于新增工作还是完善工作。

（5）"业务描述"：描述最小层级的业务项内容。

（6）"补充说明"：针对业务描述中的特殊情况进行补充说明。

技术路线						
序号	业务需求	一级业务项	二级业务项	状态	业务描述	补充说明

B.3 系统实施WBS分解表

下表内容要与可研保持一致。

集成实施工作：若涉及该项工作任务，则填写"是"，否则填写"否"或不填写。

实施范围						
部署方式						
实施单位数量		总部	分部	省公司	直属单位	三地数据中心
序号	工作任务	是否涉及该工作任务				
		总部	分部	省公司	直属单位	三地数据中心
1	**差异分析及方案设计**	是/否				
1.1	实施单位情况收集					
1.2	差异分析					
1.3	编制调整方案					
2	**数据收集及处理**					
2.1	编制数据收集方案					
2.2	数据收集及梳理					
2.3	数据校核					
3	**系统部署及配置**					
3.1	软件安装与配置					
3.2	流程与权限配置					
3.3	初始化数据导入					
4	**系统测试**					
4.1	纵向贯通测试					
4.2	用户接受测试					
5	**培训**					
5.1	培训准备					
5.2	用户培训					
5.3	运维人员培训					
5.4	培训考核					

6	上线准备及切换				
6.1	编制上线方案				
6.2	业务数据导入				
6.3	系统切换				
7	上线试运行支持				
7.1	系统性能调优 与运维技术支持				
7.2	用户使用支持				

B.4 系统集成WBS分解表

下表内容要与可研保持一致。

（1）"系统名称"：需集成系统名称。

（2）"集成状态"：表示对端系统是否首次与本端系统集成，："新增"表示是首次与本端系统集成，"非新增"表示不是首次与本端系统集成。

（3）"数据内容"：本期集成的内容。

（4）"本侧涉及实施单位（个）"和"对侧涉及实施单位（个）"：填写本侧、对侧涉及的实施单位数量，若有特殊情况在"备注"中注明原因。

序号	系统名称	集成状态	数据内容	本侧涉及实施单位（个）	对侧涉及实施单位（个）	备注

B.5 业务运营WBS分解表

下表内容要与可研保持一致。

（1）"工作类型"：包括系统优化改造、应用敏捷迭代和其他信息支撑等。

（2）"工作任务"：以工作过程或业务运营内容为向导，按业务运营工作的工作过程进行拆分，WBS 拆分要以完成上级的工作任务为依据，充分考虑到业务运营工作的范围和对象，按照 100%原则逐层拆分。

（3）"工作任务描述"：描述最小层级的工作任务内容。

（4）"工作成果"：罗列描述最小层级的工作成果，**必填**。

（5）"预计投入总人数（人）"：输入最小层级须投入**所有业务运营单位**的预期投入**总人员数量**（填写整数），若为信息支撑工作此项为**必填项**。

（6）"预计投入总天数（天）"：输入最小层级须投入**所有业务运营单位**的预期投入**总工期**，单位为工作日（填写整数），若为信息支撑工作此项为**必填项**。

（7）"运营范围"：罗列最小层级的运营范围，**必填**。

需求内容							
序号	工作类型	工作任务	工作任务描述	工作成果	预计投入总人数（人）	预计投入总天数（天）	运营范围

B.6 数据工程WBS分解表

下表内容要与可研保持一致。

（1）"工作类型"：包括数据接入、数据标准化、数据上传、数据下发、数据盘点、数据资源目录构建、数据质量治理、数据产品（应用）研发及实施（包括数据应用和展示）等工作类型。

（2）"工作任务"：以工作过程或工程内容为向导，按实际工作过程进行拆分，WBS拆分要以完成上级的工作任务为依据，充分考虑到数据工程的范围和对象，按照100%原则逐层拆分。

（3）"工作任务描述"：描述最小层级的工作任务内容。

（4）"预计投入总人数（人）"：输入最小层级须投入所有实施单位的预期投入总人员数量（填写整数）。

（5）"预计投入总天数（天）"：输入最小层级须投入所有实施单位的预期投入总工期，单位为工作日（填写整数）。

（6）"工程范围"：罗列最小层级的工程范围，**必填**。

需求内容						
序号	工作类型	工作任务	工作任务描述	预计投入总人数（人）	预计投入总天数（天）	工程范围

附录C 其他费度量标准

以下数据参考《电力信息化软件工程度量规范》（DL/T 2015—2019）。

C.1 可行性研究费度量标准

可行性研究费包括可研编制费和投资测算编制费两部分。

（1）可研编制基准费率最高标准及算例参见下表，不宜超过该标准。

项目总体工作量费用（万元）	可研编制基准费率	算例	
		项目总体工作量费用（万元）	可研编制费（万元）
0～100	4%	100	100×4%=4
101～300	3%	300	4+（300－100）×3%=10
301～500	2%	500	10+（500－300）×2%=14
501～1000	1.5%	1000	14+（1000－500）×1.5%=21.5
1001～3000	1%	3000	21.5+（3000－1000）×1%=41.5
>3000	0.8%	4000	41.5+（4000－3000）×0.8%=49.5

（2）投资测算编制基准费率最高标准及算例参见下表，不宜超过该标准。

项目总体工作量费用（万元）	投资测算编制基准费率	算例	
		项目总体工作量费用（万元）	投资测算编制费（万元）
0～100	2%	100	100×2%=2
101～300	1.8%	300	2+（300－100）×1.8%=5.6
301～500	1.5%	500	5.6+（500－300）×1.5%=8.6
501～1000	1.2%	1000	8.6+（1000－500）×1.2%=14.6
1001～3000	0.8%	3000	14.6+（3000－1000）×0.8%=30.6
>3000	0.5%	4000	30.6+（4000－3000）×0.5%=35.6

C.2 第三方测试费度量标准

第三方测试费包括功能、非功能性测试费和安全性测试费。

（1）功能、非功能性测试费。

功能、非功能性测试费宜根据系统开发费进行计算，并根据系统大小、难易程度、重要性等综合因素评估确认测试费用。根据对中国软件评测中心和电力工业通信设备质量检验测试中心等第三方测试机构进行调研的数据，功能、非功能性测试费标准见下表，不宜超过该标准，采用插值法进行计费。

系统开发费（万元）	（0,100]	（100,300]	（300,1000]	（1000,5000]	（5000,+∞）
功能、非功能性测试费（万元）	[0.8,10]	[11,17]	[18,25]	[26,60]	（60,200]

（2）安全性测试费。

安全性测试包括电力信息化应用软件系统、移动APP、源代码安全测试三部分。其中电力信息化应用软件系统测试根据安全等级计费；移动APP测试根据系统数量计费；源代码安全测试宜采用插值法，根据系统开发费计费，并根据系统大小、难易程度、重要性等综合因素评估确认测试费用。根据对中国信息安全测评中心、电力工业通信设备质量检验测试中心、公安部等级保护测评中心和上海信息安全测评认证中心等第三方测试机构进行调研的数据设置安全性测试计费标准。

①电力信息化应用软件系统安全性测试费标准见下表，不宜超过该标准。

序号	安全保护等级 a	安全性测试费（万元）
1	第二级	4~7
2	第三级	7~10

注：按 GB/T 22240—2020 的 4.1 中规定的分类，分为第一级、第二级、第三级、第四级、第五级。根据等级情况，目前已知无第一级和第五级应用软件系统，第四级为电力自动化系统，不在本标准范畴内。

②移动应用软件安全性测试费标准见下表，不宜超过该标准。

序号	系统数量	安全性测试费（万元）
1	iOS 或 Android 平台软件	4~7

③源代码安全性测试费标准见下表，不宜超过该标准。

系统开发费（万元）	（0,100]	（100,300]	（300,2000]	（2000,+∞]
安全性测试费（万元）	[3,8]	（8,12]	（12,23]	（23,30]

附录D 电网数字化项目费用测算报告模板

电网数字化项目费用测算报告
（不含购置类费用）
（模板）

项目名称：

编制单位：

年　　月

目　录

测算结果摘要 XX

1 前言 XX

2 测算的目的 XX

3 测算依据及原则 XX

4 投资分析 XX

5 子项1 XX

　5.1 咨询设计 XX

　5.2 系统开发 XX

　　5.2.1 系统功能开发 XX

　　5.2.2 系统集成开发 XX

　5.3 集成实施 XX

　　5.3.1 系统实施 XX

　　5.3.2 系统集成实施 XX

　5.4 业务运营 XX

　5.5 数据工程 XX

6 其他费用 XX

测算结果摘要

_____ 受 _____ 委托，根据国家电网有限公司（以下简称"公司"）相关规范要求的方法、过程及原则，按照必要的测算程序，对 _____ 的工作量及费用进行测算，现将测算结果报告如下。

测算结果呈现：

序号	名称		工作量（人天）	人工费率（万元）	费用（万元）
1	咨询设计费				
2	系统开发费	系统功能开发			
		系统集成开发			
3	集成实施费	系统实施			
		系统集成实施			
4	业务运营费				
5	数据工程费	数据产品（应用）研发			
		数据标准化、盘点、目录构建、质量治理等			
		数据接入、上传、下发，数据产品（应用）实施			
6	其他费用				
总　计					

"名称"：依据电网数字化项目涵盖的工作性质和工作内容形成的类别划分，划分依据参照《国家电网有限公司电网数字化项目工作量度量规范》。

"工作量"是指：从项目立项开始到项目完成验收之间，完成相关工作任务、项目管理及支持活动所需的人天数。

"人工费率"：综合人工单价，具体标准参照《国家电网有限公司电网数字化项目工作量度量规范应用指南（2020版）》。

"费用"：工作量乘以人工费率计算得到。

该项目的总费用为____万元。

以上内容摘自电网数字化项目费用测算报告（项目名称：___）。

1 前言

"_____"接受"_____"委托，根据公司相关规范要求的方法、过程及原则，本着客观、独立、公正、科学的原则，按照必要的测算程序，对委托项目"___"的工作量和费用进行测算。

本报告针对可研内容（见《___》），按照有关要求，对项目建设过程中的相关费用进行测算，确定项目总体投资。

2 测算的目的

本次测算的目的是确定"___"的初步测算结果，为公司针对该项目的可研评审提供参考依据。

3 测算依据及原则

（1）项目划分和项目工作量度量方法、过程及原则参照《国家电网有限公司电网数字化项目工作量度量规范》（以下简称《规范》）及《国家电网有限公司电网数字化项目工作量度量规范应用指南（2020版）》（以下简称《应用指南》）测算。

（2）按照《规范》《应用指南》规定，咨询设计类人工费率为2500元/人天；开发类人工费率为2100元/人天；集成实施类、业务运营类人工费率为1500元/人天；数据工程类人工费率分为三档，其中，数据接入、上传、下发及数据产品（应用）实施参照集成实施人工费率标准执行（1500元/人天），数据产品（应用）研发工作参考系统开发人工费率标准执行（2100元/人天），数据标准化、资源目录构建、治理等其他工作参考软件行业协会基准费率执行（1800元/人天）。

（3）本报告中人工费率即为综合人工单价，包括直接人力成本、直接非人力成本、间接人力成本、间接非人力成本及合理利润，但不包括购置类费用。

（4）本期不计取价差预备费及建设期贷款利息。

（5）工作量依据可研设计提资。

4 投资分析

本投资测算根据___建设内容（包含___等___个子项）进行测算，项目预估总投资为___万元，各项费用如下表所示：

序号	名称		工作量（人天）	人工费率（万元）	费用（万元）
1	咨询设计费				
2	系统开发费	系统功能开发			
		系统集成开发			
3	集成实施费	系统实施			
		系统集成实施			
4	业务运营费				
5	数据工程费	数据产品（应用）研发			
		数据标准化、盘点、目录构建、质量治理等			
		数据接入、上传、下发，数据产品（应用）实施			
6	其他费用		–	–	
总　计					

各项费用投资分析如下：

序号	系统名称	咨询设计	系统开发		集成实施		业务运营	数据工程	总计
			系统功能开发	系统集成开发	系统实施	系统集成实施			
1	子项1								
2	子项2								
3	......								
	其他								
合　计									

5 子项1

5.1 咨询设计

咨询设计工作包括咨询设计任务1、询设计任务2等。预估投入____人天，费用合计____万元。其中：咨询设计任务1，预估投入____人天；咨询设计任务2，预估投入____人天。

咨询设计工作量及费用总表

序号	工作任务	最终工作量（人天）	费用（万元）
1	咨询设计任务1		
2	咨询设计任务2		
合　计			

咨询设计任务1工作量及费用明细表

工作量基数（人天）		
初始工作量（人天）		
影响因子	业务类型	
	影响程度	
	成果继承	
	设计深度	
	方案验证难度	
	新技术应用	
	合计	
最终工作量（人天）		
人工费率（万元/天）		
费用（万元）		

咨询设计任务2工作量及费用明细表

工作量基数（人天）			
初始工作量（人天）			
影响因子		业务类型	
		影响程度	
		成果继承	
		设计深度	
		方案验证难度	
		新技术应用	
		合计	
最终工作量（人天）			
人工费率（万元/天）			
费用（万元）			

5.2 系统开发

5.2.1 系统功能开发

本系统包括需求1、需求2、需求3的研发，预估投入___人天，费用合计__万元。

初始规模测算结果

序号	需求名称	最小功能单元
1	需求1	
2	需求2	
3	需求3	
合 计		

工作量及费用明细表

规模初始测算结果 （最小功能单元）			
生产率 （人天/最小功能单元）			
初始工作量（人天）			
影响因子	技术复杂度 （权重：30）	架构层次复杂度	
		企业中台 应用情况	
		系统集成情况	
		应用类型	
		灾备等级	
		新技术应用	
		微应用	
		模型算法	
	业务复杂度 （权重：30）	业务自身复杂度	
		用户类型	
		跨业务口径	
		业务成熟度	
		业务类型	
		个性化定制 开发需要	
		用户交互 调整情况	
		原创性设计	
	业务承载规模 （权重：20）	活跃用户	
		最大并发用户	
		业务即时性要求	
		高可用要求	
		数据规模	
		感知层接入 终端规模	

	安全防护复杂度（权重：20）	安全防护要求	
		安全防护等级	
	系统构建难度（权重：40）		
	用户活跃度（权重：60）		
	合计		
工作范围			
最终工作量（人天）			
人工费率（万元/天）			
系统功能开发费用（万元）			

注：工作范围包含需求分析、系统设计（如系统的概要设计、详细设计、数据库设计、用例图等）和开发（包含系统功能开发、数据库开发、内部测试）三项工作内容，根据系统功能开发工作的实际开展情况调整工作量。

5.2.2 系统集成开发

系统集成开发工作包括系统1、系统2、系统3等___个系统的系统集成开发工作。预估投入___人天，费用合计___万元。

序号	系统名称	本端系统集成开发工作量（人天）	对端系统集成开发工作量（人天）
1	系统1		
2	系统2		
3	系统3		
最终工作量（人天）			
人工费率（万元/天）			
系统集成开发费用（万元）			

5.3 集成实施

5.3.1 系统实施

本次系统实施工作包括实施工作项1、实施工作项2等___项工作，预估投入___人天，费用合计___万元。

序号	实施二作项名称	工作量（人天）	费用（万元）
1	实施工作项 1		
2	实施工作项 2		
3	实施工作项 3		
合 计			

实施工作项1按一级部署方式，完成在总部部署、___个分部、___个省公司、___个直属单位、___个数据中心的实施工作，预估投入___人天，费用合计___万元。

实施工作项1工作量及费用明细表

一级部署（总部侧）工作量基数（人天）			
工作量基数（分部、省公司和直属单位）（人天）			
实施范围（除总部外）			
初始工作量合计（人天）			
影响因子	实施复杂度（权重：45）	实施工作范围	
		应用类型	
		业务成熟度	
		灾备等级	
		新技术应用	
		感知层业务支撑	
		适应性调整	
		非功能性调优	
	数据收集整理难度（权重：35）	跨专业采集	
		现场采集数量	
		采集对象	
	安全防护复杂度（权重：20）	安全防护要求	
		安全防护等级	
	系统构建难度（权重：40）		
	用户活跃度（权重：60）		
	合计		
工作内容			
最终工作量（人天）			
人工费率（万元/天）			
系统实施费用（万元）			

注：

1.初始工作量合计=一级部署（总部侧）工作量基数+工作量基数（分部、省公司和直属单位）×实施范围（除总部外）。

2.工作内容包含差异分析及方案设计、数据收集及处理、系统部署及配置、系统测试、培训、上线准备及切换、上线试运行支持工作七项任务，根据项目实施的实际开展情况调整工作量。

实施工作项2按二级部署方式，完成在总部、___个分部、___个省公司、___个直属单位、___个数据中心的实施工作，预估投入___人天，费用合计___万元。

实施工作项2工作量及费用明细表

二级部署工作量基数（人天）			
实施范围（实施单位数量折算）			
初始工作量合计（人天）			
影响因子	实施复杂度（权重：45）	实施工作范围	
		应用类型	
		业务成熟度	
		灾备等级	
		新技术应用	
		感知层业务支撑	
		适应性调整	
		非功能性调优	
	数据收集整理难度（权重：35）	跨专业采集	
		现场采集数量	
		采集对象	
	安全防护复杂度（权重：20）	安全防护要求	
		安全防护等级	
	系统构建难度（权重：40）		
	用户活跃度（权重：60）		
	合计		
最终工作量（人天）			
人工费率（万元/天）			
系统实施费用（万元）			
注：初始工作量合计=二级部署工作量基数×实施范围。			

5.3.2 系统集成实施

系统集成实施工作包括系统1、系统2、系统3等___个系统的系统集成实施工作。预估投入___人天，费用合计___万元。

序号	系统名称	本端系统集成实施工作量（人天）	对端系统集成实施工作量（人天）
1	系统1		
2	系统2		
3	系统3		
最终工作量（人天）			
人工费率（万元/天）			
系统集成实施费用（万元）			

5.4 业务运营

业务运营工作包括工作1、工作2等。预估投入___人天，费用合计___万元。

业务运营工作量及费用总表

序号	工作任务	工作类型	最终工作量（人天）	费用（万元）
1	工作1			
2	工作2			
合 计				

工作1工作量及费用明细表

工作类型	信息支撑及其他
初始工作量（人天）	
运营范围	
影响因子	1
最终工作量（人天）	
人工费率（万元/天）	
业务运营费用（万元）	
注：最终工作量=初始工作量×运营范围×影响因子。	

工作2工作量及费用明细表

工作类型			
工作量基数（人天）			
运营范围			
影响因子	技术复杂度	架构层次复杂度	
		系统架构版本变化情况	
	现场协调难度		
	运营规模		
	合计		
最终工作量（人天）			
人工费率（万元/天）			
业务运营费用（万元）			
注：最终工作量=工作量基数×运营范围×影响因子（合计）。			

5.5 数据工程

数据工程工作包括工作1、工作2等。预估投入___人天，费用合计___万元。

数据工程工作量及费用总表

序号	工作任务	工作类型	最终工作量（人天）	费用（万元）
1	工作 1			
2	工作 2			
合 计				

工作1工作量及费用明细表

工作类型		
工作量基数（人天）		
工程范围	一级部署系统数量	
	二级部署系统数量	
初始工作量（人天）		

影响因子	数据表规模	
	数据类型复杂度	
	系统类型	
	跨多业务口径	
	前置成果	
	工程规模	
	合计	
最终工作量（人天）		
人工费率（万元/天）		
数据工程费用（万元）		
注：最终工作量=工作量基数×工程范围×影响因子（合计）。		

工作2工作量及费用明细表

工作类型		
工作量基数（人天）		
工程范围	一级部署系统数量	
	二级部署系统数量	
初始工作量（人天）		
影响因子	算法复杂度	
	数据表规模	
	跨多业务口径	
	数据获取复杂度	
	应用执行频次	
	工程规模	
	对外服务	
	大屏可视化	
	合计	
最终工作量（人天）		
人工费率（万元/天）		
数据工程费用（万元）		
注：最终工作量=工作量基数×影响因子（合计）×工程范围。		

6 其他费用

其他费用___万元。

序号	项目名称	工作描述	金额（万元）
1	可行性研究费	包括可研编制费和投资测算编制费两部分	
2	第三方测试费	包括功能、非功能性测试费和安全性测试费	
3	项目法人管理费	项目法人在项目管理工作中发生的日常管理费，如项目法人单位的会议费、评审费、材料费等，若在项目法人单位年度综合管理费用里列支，可不计	
4	项目验收费	根据项目子项数量与验收单价计算，项目验收单价为3万元/子项，如多个子项目合并验收，可酌情考虑核减费用	
5	知识产权费	一般是针对咨询设计和系统开发类项目列支，原则上不超过3万元	
合　计			

2.5.5 项目投资费用测算示例

2.5.5.1 咨询设计类投资费用测算

2.5.5.1.1 咨询设计类度量模型

（1）度量模型。

咨询设计类费用= ∑（各咨询设计任务工作量度量值×影响因子）×人工费率

影响因子=业务类型×影响程度×成果继承+设计深度+方案验证难度+新技术应用

（2）度量要点。

进行咨询设计项目测算时，要注意评估测算力度，不能单纯以工作内容拆分多寡决定测算的颗粒度，要从任务内容、工作过程、成果物等方面综合考虑咨询设计任务的完整性与独立性，考虑业务类型、影响程度、成果继承、设计成果质量、方案验证难度、新技术应用等对项目的影响。

2.5.5.1.2 咨询设计类投资费用测算示例

序号	咨询设计任务	子任务	工作任务描述	工作成果
1	理论体系设计	背景与意义	从能源革命、数字革命、经济发展等层面分析电力物联网战略提出背景和意义。	体系设计报告
2		理论基础	从相关基础理论、产业发展基础、政策环境基础、技术发展基础、公司发展基础等方面，分析公司建设电力物联网已经具备全方位基础条件。	
3		功能定位设计	分析电力物联网在公司、电网、社会发展中的功能定位。	
4		目标形态设计	分析业务最终建成的物理形态和功能形态。物理形态研究和解释业务的技术架构，描述物理形态层面呈现的最终状态，以及对业务的物理支撑。功能形态重点研究和解释业务最终能够实现的核心功能，以及对业务的功能支撑。	
5		典型特征设计	重点分析业务在理念、建设路径、本质内涵等方面的典型特征。	
6		关键环节设计	重点分析业务建设中事关建设成效的关键问题或环节。	
7		应用体系设计	重点阐释业务的主要应用，解构业务技术架构的应用层。	
8		价值体系	分析业务建设对所有相关方产生的综合价值，包括对国家的价值、对行业的价值、对社会的价值、对利益相关方的价值等。	
9	运营模式设计	5G商业模式设计	分析未来5G发展的商业模式，针对不同商业模式的具体，测算该商业模式的投入产出比，分析公司在新兴市场中的盈利空间及能力。	商业模式设计报告
10		生态圈运行机制研究	研究生态圈的关键性及典型类型，聚焦生态圈运行关键环节，提出生态圈合作机制、治理机制等建设举措。	运行机制研究报告
11		平台业务管理模式与机制设计	研究企业平台业务属性与运行管理模式，提出公司平台业务的总体管理模式，并提出相应的业务动力机制、运营机制等相关策略。	业务管理模式与机制设计报告
12		市场竞争策略设计	研究典型业务主体市场布局和竞争策略，提出公司业务市场竞争策略和平台化发展建议。	市场竞争策略设计报告
13		典型业务场景设计	考虑业务功能发展需求和痛点，从成本集约、业务融合、效益协同等角度，研究价值共享共创模式。考虑地区差异、资源组合、网络效应等，提出差异化的多站融合典型业务场景。	型业务场景设计报告
14	评价指标体系设计	相关理论与实践研究	分析业务发展历程与发展趋势，梳理总结国内外先进能源电力企业向能源互联网企业转型升级的先进经验，明确国内外先进能源电力企业物联网相关建设关键驱动因素。	理论与实践研究报告
15		评价指标体系设计	从指标选取、度量方法、权重设置、评价依据等多方面系统梳理业务建设评价方法，构建业务评价指标体系和评价方法，分析公司业务建设目标的差距。	评价指标体系设计报告
16		关键问题研究	结合业务建设评价结果，分析公司业务建设总体态势，重点研究业务建设过程中遇到的管理模式、业务监管适应性策略等关键问题。	建设关键问题研究报告

（1）设计任务1：理论体系设计。

初步工作量= 264人天

影响因子=业务类型×影响程度×成果继承+设计成果质量+方案验证难度+新技术应用=2.1

核定工作量=264×2.1=554人天

（2）设计任务2：运营模式设计。

初步工作量= 264人天

影响因子=1.8

核定工作量=264×1.8=475人天

（3）设计任务3：评价指标体系设计。

初步工作量= 264人天

影响因子=1.4

核定工作量=264×1.4=370人天

人工费率=0.25万元/人天

咨询设计费=（554+475+370）×0.25=349.75万元

2.5.5.2 系统开发类投资费用测算

2.5.5.2.1 系统开发类度量模型

（1）度量模型。

系统开发费用=系统功能开发费用+系统集成开发费用

系统功能开发费用=∑（软件功能项等级系数×软件功能项等级对应的数量）×系统开发人工生产率×影响因子×人工费率

影响因子=（技术复杂度×权重+业务复杂度×权重+业务承载能力×权重+安全防护复杂度×权重）×（系统构建难度×权重+用户活跃度×权重）

系统集成开发费用=13×（本端系统数量+对端系统数量）×人工费率

（2）度量要点。

识别软件功能项及功能项等级系数；考虑人工生产率计算初步工作量。

若系统采用SG-UAP平台研发，则不考虑与I6000、统一权限、统一流程等平台系统集成开发工作量。

2.5.5.2.2 系统开发类投资费用测算示例

（1）系统建设目标。

通过信息手段对某专业项目评审业务进行管理，研发项目评审支撑管理系统。

（2）业务需求描述。

第一，会议通知管理要求。

①印发通知要求，包含评审会议名称、评审时间、评审地点、项目评审清单、参会人员名单等信息。

②参会专家管理要求，参会专家需从专家库中挑选。

③评审项目管理要求，从待评审项目库中选择项目。

④会议纪要管理，针对每个评审项目出具评审会议纪要。

第二，评审规则。

①80%及以上参会专家同意通过，评审项目予以通过。

②首次评审不通过的项目，进入复评库，按会议纪要修改后，重新上会评审。

③复评仍然不通过的项目，该项目作废，不予通过。

（3）系统开发模块投资费用测算。

①识别的软件功能项目：

会议通知管理，等级3；

专家库管理，等级3；

项目库管理，等级3；

会议纪要管理，等级3；

评审规则，等级3；

复评库，等级3。

②Σ软件功能项=18

系统开发人工生产率=8人天/功能项

③系统功能开发初步工作量=18×8=144人天

假设影响因子=（技术复杂度×权重+业务复杂度×权重+业务承载能力×权重+安全防护复杂度×权重）×（系统构建难度×权重+用户活跃度×权重）=1.5

④最终工作量=144×1.5=216人天

人工费率=0.21万元/人天

软件开发费=216×0.21=45.36万元

2.5.5.3 集成实施类投资费用测算

2.5.5.3.1 集成实施类度量模型

（1）度量模型。

集成实施费用=系统实施费用+系统集成实施费用

系统实施费用=Σ（一级工作任务工作量度量值×实施范围）×影响因子×人工费率

影响因子=（实施复杂度×权重+数据收集整理难度×权重+安全防护复杂度×权重）×（系统构建难度×权重+用户活跃度×权重）

系统集成实施费用=[$\sum$（3×本端实施单位数量+15）+$\sum$（3×对端实施单位数量+15）]×人工费率

（2）度量要点。

确认差异分析及方案设计、数据收集及处理、系统部署及配置、系统测试、培训、上线准备及切换、上线试运行支持工作七项任务的工作量基数，考虑实施范围确定初步工作量。

2.5.5.3.2 集成实施类投资费用测算示例

（1）实施范围及实施单位数量。

实施范围 （参考可研第4章节系统实施部分的实施范围）	二级部署，完成公司总部，国网天津、河北、冀北、山东、上海、湖北、四川、辽宁、吉林、陕西、青海电力，以及国网南瑞集团和国网技术学院的实施工作。				
实施单位数量 （根据实施范围自行计数获得）	总部	分部	省公司	直属单位	三地数据中心
	1		11	2	

（2）工作量基数。

序号	工作任务	工作说明	工作量基数（人天）	
			一级部署	二级部署
1	差异分析及方案设计	分析业务现状与系统设计间的差异，因地制宜制定实施方案所，规避实施风险	68	12
1.1	实施单位情况收集	制定实施单位情况收集模板，并向实施单位收集相关材料，如网络环境、硬件条件等	34	6
1.2	差异分析	组织进行差异分析，编写差异分析报告	20	4
1.3	编制调整方案	编写适应性调整方案并交实施单位确认，确定实施方案	14	2
……	……	……	……	……
合计			456	80

（3）集成实施费测算。

二级部署的工作量基数=80人天

系统实施范围=1×1.5+11×1+2×0.125=12.75

（注：对于二级部署系统，总部按1.5个省公司核算，分部和各直属单位按0.125个

省公司核算。）

影响因子=（实施复杂度×权重+数据收集整理难度×权重+安全防护复杂度×权重）×（系统构建难度×权重+用户活跃度×权重）=1

集成实施人工费率=0.15万元/人天

集成实施费=80×12.75×1×0.15=153万元

2.5.5.4 业务运营类投资费用测算

2.5.5.4.1 业务运营类度量模型

（1）度量模型。

业务运营费用=∑（一级工作任务工作量度量值×运营范围）×影响因子×人工费率

影响因子：业务运营主要包括系统优化改造、应用敏捷迭代以及其他信息支撑等工作，其中应用上云、常态常规信息支撑类工作影响因子默认为1。

系统性能优化影响因子=技术复杂度×现场协调难度×运营规模

（2）度量要点。

系统应用上云、系统性能优化根据工作量基数测算；信息支撑工作及其他工作综合考虑工期和人数测算。

2.5.5.4.2 业务运营类投资费用测算示例

序号	工作类型	工作任务	工作任务描述	工作成果
1	系统性能优化	中间件部署适配调整	（1）JDK的升级，因管理系统目前生产环境使用的JDK1.6，国产化环境下只支持JDK1.8及以上，系统JDK由原来的JDK1.6升级到JDK1.8，并进行适配、验证、调优。	升级方案
			（2）Tomcat适配验证与优化，因管理系统目前生产环境使用的是Weblogic，需要将中间件改为Tomcat进行适配、验证、调优。	适配操作方案
			（3）Nginx、Redis的适配验证与优化，因管理系统目前生产环境内、外网使用Nginx对静态文件进行代理，外网使用Redis对热点数据进行缓存，为了确保系统在国产化环境下性能能够满足用户需求，需要对Nginx和Redis进行适配、验证、调优。	代理适配方案
			（4）基于ARM版本的Sgrdb数据库的适配与优化，因管理系统目前生产环境数据库使用的是基于linux版本的Sgrdb（postgres）数据库，在国产麒麟操作系统下需要对基于ARM版本的Sgrdb数据库进行适配、验证、调优。	数据库适配方案
			（5）隔离装置与ARM版本的Sgrdb数据库的适配验证与优化，因管理系统目前生产环境的外网数据是通过联研院的隔离装置进行交互的，数据库版本改动后，需要隔离装置对基于ARM版本的Sgrdb数据库进行适配、验证、调优。	隔离装置适配方案

（1）工作内容：完成系统的性能优化工作。

（2）系统性能优化工作量基数=307人天

运营范围=1

影响因子=技术复杂度×现场协调难度×运营规模=1

人工费率=0.15万元/人天

业务运营费=307×1×0.15=46.05万元

2.5.5.5 数据工程类投资费用测算

2.5.5.5.1 数据工程类度量模型

（1）度量模型。

数据工程费用=∑（一级工作任务工作量度量值×工程范围）×影响因子×人工费率

影响因子：

①数据接入、数据标准化、数据上传、数据下发、数据盘点、数据资源目录构建、数据质量治理的影响因子，按不同的工作内容对应不同的影响因子，某一工作内容影响因子得分为本工作各影响因子的乘积。

数据接入影响因子=数据表规模×数据类型复杂度×系统类型×跨多业务口径×前置成果×工程规模

②数据产品（应用）研发及实施影响因子=算法复杂度×数据表规模×跨多业务口径×数据获取复杂度×应用执行频次×工程规模+对外服务+大屏可视化

（2）度量要点。

数据工程工作包含数据接入、数据标准化、数据上传、数据下发、数据盘点、数据资源目录构建、数据质量治理、数据产品（应用）研发及实施工作几个工作类；已经明确的工作类参照工作量基数进行计算。

2.5.5.5.2 数据工程类投资费用测算示例

（1）工作内容：完成系统（一级部署）约550张数据表的数据接入工作。

（2）数据接入工作量基数=66人天

工程范围=1（一级部署系统按一套计算）

影响因子=数据表规模×数据类型复杂度×系统规模×前置成果×工程规模=1.1

人工费率=0.15万元/人天

数据工程费=66×1×1.1×0.15=10.89万元

2.5.5.6 其他费用投资费用测算

2.5.5.6.1 其他费用度量模型

（1）度量模型。

其他费=可行性研究费+第三方测试费+项目法人管理费+项目验收费+知识产权费

（2）度量要点。

序号	费用构成	费用说明	度量标准
1	可行性研究费	包括可研编制费和投资测算编制费两部分	见附录 C
2	第三方测试费	包括功能、非功能性测试费和安全性测试费	见附录 C
3	项目法人管理费	项目法人在项目管理工作中发生的日常管理费，如项目法人单位的会议费、评审费、材料费等，若在项目法人单位年度综合管理费用里列支不计	项目法人单位根据自身管理要求确定计列标准
4	项目验收费	根据公司管理规定对项目验收发生的费用	根据项目子项数量与验收单价计算，项目验收单价为 3 万元/子项（按 20 人参加、9 位专家测算，会议费标准 450 元/人天，专家咨询费标准 1500～2400 元/人天），如多个子项目合并验收，则费用酌减
5	知识产权费	一般是针对咨询设计、系统开发和数据工程中数据产品（应用）项目列支	原则上不超过 3 万元

2.5.5.6.2 其他费用投资费用测算示例

（1）项目包含1个子项。

可行性研究费=0万元；第三方测试费=0万元；项目法人管理费=0万元；项目验收费=1×3万元=3万元；知识产权费=3万元。

最终得到：项目其他费=0+0+0+3+3=6万元

2.5.5.7 项目总费用投资费用测算

2.5.5.7.1 项目总费用度量模型

（1）度量模型。

项目总费用=Σ（子项费用）+其他费用

子项费用=Σ（各类工作费用）

（2）度量要点。

子项费用通过各类工作的最终工作量乘以相应的人工费率得到；其他费用是结合公司项目管理要求列支的费用，一般包括可行性研究费、第三方测试费、项目法人管理费、项目验收费、知识产权费等。

2.5.5.7.2 项目总费用投资费用测算示例

（1）某子项的五类工作的费用如下：

咨询设计费=45.36万元；

系统开发费=214.2万元；

集成实施费=153万元；

业务运营费=46.05万元；

数据工程费=10.89万元。

子项费用=45.36+214.2+153-46.05+10.89=469.5万元。

（2）假设项目只有一个子项项目，其他费为6万元。

项目总费用=469.5+6=475.5万元。

第三章 电网数字化项目可研报告编制

电网数字化项目可研报告是项目前期工作的重要内容和成果，是项目立项、建设的重要依据，必须综合论证项目建设的必要性、可行性、经济合理性、技术先进性和适应性等。

电网数字化项目可研报告作为项目立项的依据性文件，应在已审定的数字化规划基础上进行编制。经批复的可研报告成为编制和审批项目初步设计（概要设计）以及项目实施的依据。

本章节主要讲解电网数字化项目可研报告参考性应用方法，对不同项目类型电网数字化项目可行性研究报告的内容编制进行详细说明，并提供模板等参考标准。学习本章节内容有助于相关人员掌握电网数字化项目可行性研究报告的内容编制相关理论知识和实战方法，能够有效支撑其电网数字化项目可研报告编制工作。

3.1 电网数字化项目可研报告论证

电网数字化项目可研报告按照单项投资额度分为可行性研究报告和项目说明书两种形式。

（1）单项投资总额在200万元及以上的电网数字化项目须编制项目可行性研究报告。

（2）其他电网数字化项目可编制项目说明书或可行性研究报告。

（3）已通过可研评审的跨年度电网数字化项目，不再逐年编制可研报告。

电网数字化项目需求分析应从业务需求、历史成效评估、跨业务需求和数据需求等方面作充分分析，立足现状，明晰项目需求的范围和深度。

电网数字化项目可研报告应根据咨询设计类、开发实施类、业务运营类、数据工程类、产品购置类等项目的不同特点进行编制。

3.1.1 电网数字化项目可研报告

电网数字化项目可研报告主要包括以下内容：

（1）总论（主要包括主要依据、必要性分析、效益分析等）。

（2）现状分析（主要包括建设现状、应用情况、集成现状、部署环境现状等）。

（3）项目需求分析。

（4）项目方案（主要包括项目目标、预期成效、项目内容、技术方案、项目管理等）。

（5）软硬件初步设计方案。

（6）主要设备材料清册。

（7）估算书。

（8）附件等。

3.1.2 电网数字化项目说明书

电网数字化项目项目说明书三要包括以下内容：

（1）项目必要性。

（2）项目内容和方案。

（3）投资估算书等。

项目说明书模板如下：

电网数字化项目说明书

项目名称				
项目类别				
项目申报单位				
项目实施时间				
项目必要性	基本情况			
	问题及必要性			
项目内容和方案	目标和范围			
	实施方案			
项目投资估算（万元）		总投资	资本性	成本性

效益分析				
主要设备及材料				
名称	规格及型号	数量	单价（万元）	合价（万元）
编制：		审核：		批准：

注：其他需要说明的问题可另附页。

3.1.3 电网数字化项目可研报告测算

电网数字化项目可研报告应合理确定造价，参照《电子建设工程预算定额》《国家电网有限公司电网数字化项目工作量度量规范》《国家电网有限公司电网数字化项目工作量度量规范应用指南（2020版）》等编制项目费用测算报告。具体方法可参见第二章电网数字化项目投资费用测算章节内容。

3.2 电网数字化项目可研报告评审与批复

3.2.1 电网数字化项目可研报告评审

电网数字化项目可研报告评审要求如下：

（1）评审单位受数字化职能管理部门委托，根据项目规模、专业等特征组织项目可行性研究报告（项目说明书）评审会议。

（2）评审人员应熟悉电网数字化项目建设管理相关规定，人员组成应覆盖评审项目所涉及的专业。

（3）进行项目可研报告评审前，数字化职能管理部门应提前征求相关专业意见，加强工作沟通，确保项目可研报告的完整性和正确性。

（4）项目可研报告评审应着重于项目必要性、项目主要技术方案及投资估算，主要包括以下内容：

①项目可研报告编制所依据的相关规程、规范、标准的执行情况；

②项目可研报告文件的完整程度、编制深度满足规定的情况；

③项目需求分析的充分性、准确性和必要性；

④项目现状、目标、范围和内容的明晰程度；

⑤项目建设方案的合理性、先进性、经济性；

⑥项目建设工期安排的科学性；

⑦项目实施环境符合程度；

⑧核定项目工作量、投资、取费标准、产品价格等。

（5）项目可研报告评审会议应形成评审会议纪要，并确定项目投资估算，可研报告编制单位应根据评审会议纪要于7个工作日内提交项目可研报告最终稿。

（6）评审单位收到可研报告最终稿7个工作日内出具评审意见。

3.2.2 电网数字化项目可研报告批复

电网数字化项目可研报告批复要求如下：

（1）数字化职能管理部门对通过的项目可研报告，根据评审意见行文批复，批复内容应包括项目内容、建设工期、投资估算等。

（2）国网数字化部负责根据可研报告评审意见对统一组织建设项目、总部独立组织建设项目和各单位独立组织建设单项投资估算1000万元及以上项目可研报告进行批复。各单位数字化职能管理部门根据可研报告评审意见，对本单位单项投资估算低于1000万元的独立组织建设项目可研报告进行批复。

3.3 电网数字化项目可研报告编制评审工作流程

3.3.1 电网数字化项目可研报告编制工作流程

项目可研报告编制单位按要求完成项目可行性研究报告编制工作，其中多个步骤涉及与项目组或业务部门交互的情况，按照下面流程进行工作。当可行性研究报告全套材料符合《国家电网有限公司关于印发电网数字化项目工作量度量规范及其应用指南》（国家电网互联〔2020〕606号）要求时，形成送审稿，进入专家评审流程。

项目组须提供可研所需的初始资料，相关资料提交时应严格按标准提交，便于查验。如"国网黑龙江电力-数字化项目可行性研究报告编制-业务运营项目（20231209）第一版.rar"。

3.3.2 电网数字化项目可研报告评审工作流程

项目可行性研究报告经数字化职能管理部门、省级电力技经单位、项目可研报告编制单位组成的专家组评审之后，由项目可研报告编制单位专家组对项目可研报告修订情况进行复核。如果修订合规，则提交至数字化职能管理部门；如果修订不合规，给予两次返回修改机会，仍不合规的则重新进入专家组评审。

3.4 电网数字化项目可研报告编制指南

3.4.1 电网数字化项目命名规则

电网数字化项目命名关键要素主要包括所属单位、内容名称、项目性质、项目类别，按照"所属单位+内容名称+项目性质+项目类别"对其进行命名。主要含义如下：

所属单位	内容名称	项目性质	项目类别
1.国网 XX 电力 2.国网 XX 电力 XX 地市 3.国网 XX 电力 XX 地市 XX 县公司	XXXX	不写一期、二期或深化应用等字样，用主要功能或模块代替	设计开发项目 设计开发实施项目 实施项目 软硬件购置项目 数据工程项目 业务运营项目

注：所属单位、内容名称、项目类别属于项目名称必填要素；项目性质根据实际情况选择填写，为非必填要素。

示例：

国网XX电力-安全接入XXXX扩容-设计开发实施项目；

国网XX电力-2022年XXXX微应用-设计开发项目；

国网XX电力-2022年XXXX微应用实施部署-实施项目；

国网XX单位-智慧XXXX平台-软硬件购置项目；

国网XX供电公司-机房基础设施XXXX建设-软硬件购置项目；

国网XX供电公司-基于中台数据进行XXXX服务预警分析-数据工程项目；

国网XX电力-2022年XXXX微应用运营-业务运营项目。

说明：

（1）国网XX电科院和国网XX信通公司"所属单位"直接使用"国网XX电力"，例如：国网XX电力-XXXX-XX项目。

（2）其他单位"所属单位"须使用规范化简称，例如：国网XX供电公司-XXXX-软硬件购置项目。

（3）业务运营类项目，每年常态化开展运营工作，项目立项时可添加年份进行区分，避免重复立项，例如：国网XX电力-2022年XXXX微应用运营-业务运营项目。

3.4.2 电网数字化项目可研报告模板

3.4.2.1 电网数字化项目可研报告模板种类

目前评审的电网数字化项目主要包括咨询设计项目、设计开发项目、实施项目、设计开发实施项目、业务运营项目、软硬件购置项目、数据工程项目，其中，设计开发项目和软硬件购置项目为资本类，其余为成本类。每个类别的项目均有对应模板，项目可研报告编制单位定期更新全套模板，编写可行性研究报告之前应确认使用的是否是最新模板，必须严格按照模板进行可行性研究报告编写。

3.4.2.2 项目可研全套资料中的一致性要求

（1）在项目可研全套材料中，项目名称、进度、部署范围、资金分配、所属类型等，在所有文档中应保持一致。

（2）在可行性研究报告中项目的功能模块应与各个附件中的功能模块对应一致。

3.4.3 电网数字化项目可研报告撰写与评审意见格式

3.4.3.1 电网数字化项目可研报告撰写格式

（1）目录：数字后面空两个格；各级目录中最小只到三级标题，其他无关内容不要体现；目录各级标题字体须统一；须严格按照目录内容进行正文编写，除附件名称外目录中内容不能修改。

（2）全篇正文段落格式：首行缩进2字符，行距为固定值18磅，段前、段后均为0行；各级标题序号使用保持统一，不要使用与标题一样的序号。

（3）表格：全文表格尽量保持统一，字体为宋体，字号为五号，行距为固定值18磅，表格首行标题应居中、加粗。

（4）图片：布局为嵌入式，单倍行距，对齐方式为居中，无首行缩进，图中不要体现设备型号及IP等敏感信息。

3.4.3.2 电网数字化项目可研报告评审意见格式

（1）大标题字体为方正小标宋_GBK，字号为二号，行距为固定值28磅，居中。

（2）标题字体为方正黑体_GBK，字号为三号，行距为固定值28磅，首行缩进2字符。

（3）正文字体为方正仿宋_GBK，字号为三号，行距为固定值28磅，首行缩进2字符。

3.4.4 电网数字化项目可研报告注意事项

3.4.4.1 电网数字化项目可研报告撰写注意事项

（1）模板中所有内容项不可缺失。

（2）项目可研报告中首次提到公司名称应写全称，如国家电网有限公司（以下简称国家电网公司），国网黑龙江省电力有限公司（以下简称国网黑龙江电力），后续如果再出现使用标准简称。

（3）不要出现国网公司、国网总部、国家电力、总部、龙江公司、龙江电力、黑龙江公司、黑龙江电力公司、集团、公司等非标准全简称字样。

（4）"项目背景"和"必要性"等分析材料应简洁明了，不应出现大量官话套话，应点名项目建设的背景、必要性。不应出现不符合数字化建设目标背景的词汇，不应出现已经修订或者废止的法律法规、管理规定、公司要求等。

（5）主要依据：须添加与项目内容相关的文件，一定要有文号，格式遵循模板上的9个文件的写法。

（6）必要性分析：建议结合上下文合理地融入"三导向"中"解决的问题"，不用完全复制。

（7）首次评审时文中体现"三导向"的内容需要标记黄色。

（8）经济效益：结合项目本身的经济效益展开文字分析。经济效益量化分析部分，可以从项目每年创造利润角度（新增利润、提升效率效益等效利润、其他方面的等效利润等）、项目节省投资角度（节约工程损失、节约管理成本、节约人力成本、节约运行维护费用、节约抢修费用、其他节省费用等）提出项目节支和创效的能力，项目节支+项目创利得到项目经济效益。将项目总投资和项目总效益进行对比分析，提出回收成本目标。

（9）管理效益：与项目切实相关的内容，不要写假大空的套话。

（10）建设目标：结合上下文，平滑合理地融入"三导向"中"目标结果"内容，不要完全复制"三导向"内容。

（11）建设现状、需求分析、建设内容等：应明确项目的需求情况，应详细说明往期建设情况。重点说明将要开展的工作与往期项目、其他类似的在运项目相比，拥有哪些特点、差异，为排除重复立项或者重复工作打好基础。

（12）技术方案：应严格按照模板的要求编写技术方案。设计开发项目要明确表达各级架构及与现有运行方式之间的关系，应考虑到性能、安全、可用及维护全方面的情况；所有项目应符合国家电网公司发展方向，符合国网黑龙江电力现有业务运行情况、服务器存储及网络设备的部署情况、云资源调配情况、接口管理情况；所有实施类项目应包括硬件资源的解释和介绍；所有购置类项目应符合公司采购清单的要求，也应说明硬件资源选择的依据；所有运营类数据盘点类项目应说明工作体量的依据；不能出现需要采购产品的品牌、型号、厂家等，只能是描述性能要求。

（13）设备现状：其中实施和设计开发项目必须写清楚现有的服务器资源，利旧情况；如果需要新增服务器，一定要清楚、详细地描述服务器需求和其他所需软硬件需求；软件授权写到服务器需求部分，需要写明是否需要正版软件授权；对云资源的申请要详细说明。

（14）安全等级及设备需求：一定要写清楚安全等级。

（15）投资分析：金额保留到小数点后两位；如有第三方测试费在其他费用处加以说明。

3.4.4.2 电网数字化项目可研报告评审意见撰写注意事项

（1）技术方案中内容与可研报告中技术方案内容对应；评审意见中不要有图片或表格。

（2）投资估算中金额保留到小数点后两位；在投资估算章节，另起一行补充经济效益内容，与可研报告中经济效益内容保持一致。

3.5 电网数字化项目可研报告模板汇编

3.5.1 电网数字化项目需求报告模板

需求报告模板共分四类，分别适用于以下情况。

（1）模板一：适用于咨询设计类、业务运营类、数据工程类（含数据标准化、盘点、质量治理等）等需求。

（2）模板二：适用于开发实施类业务需求（含专业管理部门数据分析、展示等）、跨业务需求及基础平台支撑等需求。

（3）模板三：适用于数据工程类（含数据应用、数据展示等）等需求。

（4）模板四：适用于软硬件产品购置类需求。

1-1

电网数字化专项业务需求报告
（模板一）

申报部门：国网XX部（盖章）

申报时间：XXXX年XX月

1 概述

1.1 主要依据

简要说明支撑需求建设的依据，包括相关文件名称、签发单位、文号。依据可以是国家规定、公司签报呈报、党组会议内容、公司发展规划及其他相关参考文件。

1.2 必要性分析

可针对政策战略、生产经营、客户服务、技术发展等方面对业务需求的必要性进行阐述。

1.3 效益分析

可针对经济效益、管理效益、社会效益等方面对业务需求的预期效益进行定量和定性说明。

1.4 业务目标

提出本期业务需求的业务目标。

2 业务需求

2.1 XXXXX（具体业务名称，适用于咨询设计的业务需求）

业务总体情况：结合公司管理要求及当前业务现状，描述该项业务总体情况。

本期电网数字化专项业务需求：概括描述本期咨询设计业务需求。

业务需求描述：详细描述本期咨询设计业务需求及设计成果。

2.2 XXXXX[具体业务名称，适用于业务运营、数据工程（含数据标准化、盘点、质量治理等）等业务需求]

业务总体情况：结合公司管理要求及当前业务现状，描述该项业务总体情况。

本期电网数字化专项业务需求：概括描述本期业务运营、数据工程等业务需求。

2.2.1 业务需求描述

详细描述本期业务运营、数据工程等业务需求。

2.2.2 业务数据

描述业务需求所产生的数据项。

序号	业务信息	产生数据项
1	项目总体投资情况	...
2	项目来源投资情况	...
...	...	...

2.2.3 集成需求

描述本业务须从其他业务集成的数据项、集成频率、传输方向以及具体的集成内容。

序号	获取数据项	传输方向	传输频率	数据内容
1				
2				
...				

3 实施范围

说明本期需求的实施范围和应用范围。如需求项实施范围有差异情况，需要额外说明。

电网数字化专项业务需求报告

（模板二）

申报部门：国网XX部（盖章）

申报时间：XXXX年XX月

1 XX业务（具体业务名称）

1.1 业务总体情况

结合公司管理要求及当前业务现状，描述本项业务总体情况。

1.2 业务需求

详细描述本业务本期涉及的新增电网数字化建设业务需求，如涉及多项，须逐项进行描述。

1.2.1 XX业务需求

1.2.1.1 业务需求描述

（1）业务情况。

①描述本项业务情况，包括业务内容、业务应用对象、现有系统支撑及问题情况，以及业务成效。

②本期计划新增/完善业务需求，包括业务需求内容、具体使用有哪些人员、相关人员的数量、使用业务频次，并将核心内容填入表格。

（详细文字描述：略。）

新增/完善业务需求表

业务需求类别	业务需求描述	业务应用对象				业务频次
		层级	专业名称	岗位名称	使用人数	
新增/完善		省/地市/县				

（2）跨专业需求。

如有跨专业需求，须详细描述本业务对其他专业相关业务的需求，如业务协同、数据共享等，以及当前系统支撑情况，并将核心内容填入表格。

（详细文字描述：略。）

跨专业需求表

专业名称	跨专业需求	当前系统支撑情况

（3）基础平台支撑需求。

如有基础平台支撑需求，须详细描述本业务对公司数据中台、物联管理平台、电网 GIS 平台、统一视频平台、统一权限平台、移动门户等基础平台支撑需求，以及现有系统支撑情况，并将核心内容填入表格。

（详细文字描述：略。）

基础平台需求表

基础平台	支撑需求	当前基础平台支撑情况
数据中台		
物联管理平台		
电网 GIS 平台		
统一视频平台		
统一权限平台		
移动门户		
…		

1.2.1.2 必要性分析

分析本项业务的必要性。

1.2.1.3 覆盖范围

描述本业务计划覆盖范围。

1.2.1.4 预期目标

描述本项业务达成目标，如发挥的作用、解决的问题、对基层的支撑、体现的价值，原则上需要有可量化、可评估目标。

1.2.2 XX业务需求

1.2.2.1 业务需求描述

1.2.2.2 必要性分析

1.2.2.3 覆盖范围

1.2.2.4 预期目标

2 XX业务（具体业务名称）

2.1 业务总体情况

结合公司管理要求及当前业务现状，描述本项业务总体情况。

2.2 业务需求

详细描述本业务本期涉及的新增电网数字化建设业务需求，如涉及多项，须逐项进行描述。

2.2.1 XX业务需求

2.2.1.1 业务需求描述

（1）业务情况。

①描述本项业务情况，包括业务内容、业务应用对象、现有系统支撑及问题情况，以及业务成效。

②本期计划新增/完善业务需求，包括业务需求内容、具体使用有哪些人员、相关人员的数量、使用业务频次，并将核心内容填入表格。

（详细文字描述：略。）

新增/完善业务需求表

业务需求类别	业务需求描述	业务应用对象				业务频次
		层级	专业名称	岗位名称	使用人数	
新增/完善		省/地市/县				

（2）跨专业需求。

如有跨专业需求，应详细描述本业务对其他专业相关业务的需求，如业务协同、数据共享等，以及当前系统支撑情况，并将核心内容填入表格。

（详细文字描述：略。）

跨专业需求表

专业名称	跨专业需求	当前系统支撑情况

（3）基础平台支撑需求。

如有基础平台支撑需求，应详细描述本业务对公司数据中台、物联管理平台、电网GIS平台、统一视频平台、统一权限平台、移动门户等基础平台支撑需求，以及现有系统支撑情况，并将核心内容填入表格。

（详细文字描述：略。）

基础平台需求表

基础平台	支撑需求	当前基础平台支撑情况
数据中台		
物联管理平台		
电网 GIS 平台		
统一视频平台		
统一权限平台		
移动门户		
…		

2.2.1.2 必要性分析

分析本项业务必要性。

2.2.1.3 覆盖范围

描述本业务计划覆盖范围。

2.2.1.4 预期目标

描述本项业务达成目标，如发挥的作用、解决的问题、对基层的支撑、体现的价值，原则上需要有可量化、可评估目标。

2.2.2 XX业务需求

2.2.3 ……

1-3

电网数字化专项业务需求报告

（模板三）

申报部门：国网XX部（盖章）

申报时间：XXXX年XX月

1 概述

1.1 主要依据

说明本期需求的支撑依据，如依据党组会议内容或公司发展规划或公司发文（附文号）等。

1.2 业务现状

结合项目现状，从公司有关要求、数据应用及展示存在的问题、业务需求本身和业务面临形势出发，总体描述业务现状。

1.3 必要性

数据应用：详细描述本期数据应用的总体必要性。

数据展示：详细描述本期数据展示的总体必要性。

1.4 效益分析

描述建设数据应用后为企业带来的经济效益、管理效益、社会效益，对项目效益进行定量或定性说明。经济效益包括直接经济效益和间接经济效益，应采取定量为主、定性为辅的原则，重点从提升企业经济增长、成本节约、损耗降低等方面收集各种历史数据和当前数据，进行量化；管理效益从节约时间、人力、资源成本，提高工作效率，提升风险管控能力方面考虑，也可以从信息集成共享、管理模式规范化、决策支持高效化、业务协同化、综合服务便捷化等方面考虑；社会效益从企业在行业信息化中的地位和水平、项目对社会的示范性作用、企业承担的社会责任和公众形象、企业向社会提供的服务能力等方面说明。

如涉及多个数据应用需求，须分别描述。示例如下：

数据应用 1：……

数据应用 2：……

数据展示：……

1.5 业务目标

数据应用：详细描述本期数据应用需求的总体目标。

数据展示：详细描述本期数据展示需求的总体目标。

2 业务需求

2.1 数据应用

2.1.1 XXXXX（具体数据应用的名称）

2.1.1.1 业务目标

详细描述本数据应用需求的业务目标。

2.1.1.2 业务现状

详细描述本数据应用或类似数据应用在公司总部、各分部、公司各单位的应用情况。

2.1.1.3 必要性

详细描述本数据应用需求的必要性。

2.1.1.4 工作内容

详细描述本数据应用的业务内容。

2.1.1.5 工作步骤

本业务包括 XXXX、XXXX、XXXX 等 X 个工作步骤。

详细描述每个步骤的工作内容。

2.1.1.6 关键技术及方法

描述本数据应用所使用的关键技术及方法等。

2.1.1.7 数据需求及获取方式

描述建设本数据应用所涉及的专业及数据来源。

2.1.1.8 预期成果

描述本数据应用所产生的预期成果等。

2.1.1.9 实施范围

描述本数据应用的实施范围。

2.1.2 XXXXX（具体数据应用的名称）

……

2.2 数据展示

2.2.1 XXXX（分类名称或展示场景名称）

2.2.1.1 工作内容

详细描述展示场景建设的业务内容。例如：新增 XX 个展示场景，XX 个展示主题。

2.2.1.2 工作步骤

本业务包括 XXXX、XXXX、XXXX 等 X 个工作步骤。

详细描述每个步骤的工作内容。

2.2.1.3 数据需求及获取方式

描述建设展示场景所涉及的专业及数据来源。

2.2.1.4 实施范围

描述本数据展示的实施范围。

2.2.2 XXXX（分类名称或展示场景名称）

······

1-4

电网数字化专项业务需求报告
（模板四）

申报部门：国网XX部（盖章）

申报时间：XXXX年XX月

1 基本信息

明确本期项目建设内容、必要性、最大在线用户数、部署方式、部署地点等内容。

2 系统现状

2.1 软件产品现状

明确系统在各部署地的软件产品现状。

2.2 硬件设备现状

明确系统在各部署地的服务器、存储、专用设备等硬件设备现状。

3 软硬件需求分析

3.1 系统部署方案

详细说明本项目的部署方案,包含系统部署架构图及文字说明,部署架构图应体现软硬件部署地,对于延续性项目,部署架构图应区分原有和新增设备,其中新增设备使用虚线框选。

3.2 软件需求说明

说明项目建设所需软件资源需求原因,对软件产品选型进行分析,说明本项目对软件产品的配置要求。

3.3 硬件需求说明

说明项目建设所需硬件资源需求原因,详细描述硬件资源需求测算过程,说明本项目对硬件数量、配置、辅材的需求。

4 软硬件需求汇总清单

根据部署地,对软件产品、硬件产品需求分别进行汇总。

3.5.2 电网数字化项目可研报告模板

2-1 通用

电网数字化项目可行性研究报告

项目名称：

项目申报单位：

编制单位：

年　　月　　日

编　制：

校　核：

审　核：

批　准：

1 总论

1.1 基本情况

简述项目背景，说明项目采源，概述与项目有关的前期工作或决策情况；说明项目性质，如新建、续建，概述建设内容（新建项目应包含建设背景、建设内容等；续建项目应包含建设情况、建设内容等）。

1.2 主要依据

简要说明可研报告的编制依据，包括相关文件名称、签发单位、文号，编制依据可以是国家规定、公司签报呈报、党组会议内容、公司发展规划及其他相关参考文件等。

1.3 必要性分析

可从政策战略、生产经营、客户服务、技术发展等方面对项目立项必要性进行分析。

1.4 效益分析

描述系统应用后为企业带来的预期成效，包含但不限于经济效益、管理效益、社会效益等，并对项目效益进行定量或定性说明。

2 现状分析

2.1 建设现状

新建类项目：说明业务现状，包括业务范围、内容、管理模式等方面。

续建类项目：梳理历史项目功能开发、系统实施等建设内容。

系统整合类项目：说明新建系统与现有系统的演变关系，即新系统由哪些现有系统整合而成、现有系统的作用及功能、系统整合原因等。

2.2 应用情况

描述系统主要用户群体、注册用户数、并发用户数、活跃用户数、功能应月率、建设质量、易用性、支撑业务情况等内容。

2.3 集成现状

说明系统集成现状。

2.4 部署环境现状（延续性项目须提供）

说明本项目的部署方式及部署方案，以配图加说明性文字的形式描述。

3 项目需求分析

3.1 业务建设需求

描述具体业务建设需求。

3.2 集成需求

描述具体集成需求。

3.3 非功能需求

结合业务应用需求，描述系统性能与可靠性、信息安全、应用及运行监控、可维护性、易用性、系统灾备设计等方面的需求。

4 项目方案

4.1 项目目标

分析各方的实际需要，确定本期电网数字化项目所达到的预期目标。

4.2 预期成效

描述通过本期项目建设所达到的预期成效。

4.3 项目内容

将确定的建设需求转换成建设功能。

（1）咨询设计类项目：主要包括咨询设计工作任务、工作成果等。

（2）开发实施类项目：主要包括系统设计、系统开发（包括建设需求与建设功能对应关系等）、系统集成实施（包括差异分析及方案设计、数据收集及处理、系统部署及配置、系统测试、培训、上线准备及切换、上线试运行支持等）、集成工作等。

（3）业务运营类项目：主要包括业务运营工作任务、工作成果等。

（4）数据工程类项目：主要包括数据应用、数据展示及其他数据工程类建设内容等。

4.4 技术方案

遵循国网统一技术政策，充分论证系统架构（如业务架构、应用架构、数据架构、技术架构、安全架构等）、技术政策（如技术选型、开发平台等）、非功能要求（如性能、信息安全、可靠性、易用性等）等。

4.5 项目管理

包括项目管理、项目岗位要求、项目进度、项目会议、项目培训需求（如有需要）。

5 软硬件初步设计方案

5.1 部署方案

明确硬件部署方式（一级、二级等）、部署地点[公司总部、省（市）公司、数据中心等]以及硬件部署架构说明。

5.2 软硬件需求

根据本期建设需求，结合本系统建设现状，提出本期硬件需求。

6 主要设备材料清册

对电网数字化项目软硬件资源进行统筹分析与估算，完成主要设备材料清单的编制工作。

7 估算书

7.1 概述

针对上述内容，按照有关要求，对项目建设过程中的相关费用进行估算，确定项目总体投资。

7.2 编制原则和依据

7.3 投资分析

7.4 经济性评价分析

从选取类似项目情况介绍、与类似项目相似程度分析、与类似项目投入成本量化比较分析等方面说明本项目的经济效益性足以支持本项目建设。

表-1

项目总投资估算表（模板）

序号	名称		工作量（人天）	人工费率（万元）	费用（万元）
1	建安工程费				
2	软件购置费				
3	硬件购置费				
4	咨询设计费				
5	系统开发费	系统功能开发			
		系统集成开发			
6	集成实施费	系统实施			
		系统集成实施			
7	业务运营费				
8	数据工程费	数据产品（应用）研发			
		数据标准化、盘点、目录构建、质量治理等			
		数据接入、上传、下发，数据产品（应用）实施			
9	其他费用				
总　计					

表-2

各项费用投资分析表（模板）

序号	系统名称	咨询设计	系统开发		集成实施		业务运营	数据工程	小计
			系统功能开发	系统集成开发	系统实施	系统集成实施			
1	子项1								
2	子项2								
3	……								
4	其他								
合 计									

表-3

各单位实施费用分摊表（模板）

0				
1	国网北京电力			
2	国网天津电力			
3	国网河北电力			
4	国网冀北电力			
5	国网山西电力			
6	……			
合 计				

2-2 产品购置模板

电网数字化项目可行性研究报告

项项目名称：

项目申报单位：

编制单位：

年　月　日

编　制：

校　核：

审　核：

批　准：

1 总论

1.1 主要依据

参考可研模板–通用 1.2 章节。

1.2 必要性分析

参考可研模板–通用 1.3 章节。

1.3 效益分析

参考可研模板–通用 1.4 章节。

2 需求分析

描述具体软硬件需求。

3 建设方案

3.1 建设目标

参考可研模板–通用4.1章节。

3.2 建设内容

完成 XX 电网数字化项目所需软硬件资源及基础环境软硬件资源的购置工作。

4 设计方案

4.1 部署范围

论证硬件部署方式（一级、二级等）、部署地点[公司总部、省（市）公司、数据中心等]。

4.2 部署方案

论证系统部署方案，新增硬件在部署架构示意图中用虚线框标识。

4.3 软硬件需求

根据本期建设需求，结合本系统建设现状，提出本期硬件需求。

5 主要设备材料清册

对电网数字化项目软硬件资源进行统筹分析与估算，完成主要设备材料清单的编制工作。

6 估算书

6.1 概述

参考可研模板–通用7.1章节。

6.2 编制原则和依据

参考可研模板–通用7.2章节。

6.3 投资分析

参考可研模板–通用7.7章节。

6.4 经济性评价分析

参考可研模板–通用7.4章节。

表-1

项目总投资估算表（模板）

序号	名称		工作量（人天）	人工费率（万元）	费用（万元）
1	软件购置费				
2	硬件购置费				
3	咨询设计费				
4	系统开发费	系统功能开发			
		系统集成开发			
5	集成实施费	系统实施			
		系统集成实施			
6	业务运营费				
7	数据工程费	数据产品（应用）研发			
		数据标准化、盘点、目录构建、质量治理等			
		数据接入、上传、下发，数据产品（应用）实施			
8	其他费用				
总　计					

表-2

软硬件购置费用汇总表（模板）

单位：万元

单位名称	部署地	软件购置费	硬件购置费	小计
总计				

表-3

软硬件购置费用明细表（模板）

单位：万元

出资单位	部署地	软硬件	设备类型	配置	单位	单价	数量	合计
总计								

3.5.3 电网数字化项目说明书模板

电网数字化项目说明书

项目名称				
项目类别				
项目申报单位				
项目实施时间				
项目必要性	基本情况			
	问题及必要性			
项目内容和方案	目标和范围			
	实施方案			
项目投资估算（万元）	总投资		资本性	成本性
效益分析				
主要设备及材料				
名称	规格及型号	数量	单价（万元）	合价（万元）
编制：		审核：		批准：

注：其他需要说明的问题可另附页。

3.6 电网数字化项目可研报告注释版汇编

3.6.1 软硬件购置项目可研报告注释版

3.6.1.1 软硬件购置项目需求分析报告

数字化项目需求分析报告
国网黑龙江电力 xxx 供电公司–xxx–
软硬件购置项目

（名称一定是三段式命名规则）

申报部门：国网黑龙江省电力有限公司（盖章）

申报时间：20xx 年 xx 月（申报时间与可行性研究报告编制时间一致）

目　录

1 概述……………………………………………………………………………… xx

1.1 系统建设现状………………………………………………………………… xx

1.2 建设目标……………………………………………………………………… xx

2 业务需求………………………………………………………………………… xx

2.1 软件需求……………………………………………………………………… xx

2.1.1 软件 1 需求………………………………………………………………… xx

2.1.2 软件 2 需求………………………………………………………………… xx

2.1.3 ……………………………………………………………………………… xx

2.2 硬件需求……………………………………………………………………… xx

2.2.1 硬件 1 需求………………………………………………………………… xx

2.2.2 硬件 2 需求………………………………………………………………… xx

2.2.3 ……………………………………………………………………………… xx

3 实施范围………………………………………………………………………… xx

4 其他需求………………………………………………………………………… xx

（内容修改完后需要按目录规则更新目录。）

1 概述

对项目进行概要描述，内容可参考可行性研究报告的总论部分。

1.1 系统建设现状

对系统建设现状进行描述。

1.2 建设目标

对建设目标进行描述，可参考可行性研究报告中的 4.1 建设目标部分。

2 业务需求

对业务及业务需求进行描述或进行分项描述。

2.1 软件需求

说明项目建设所需软件资源需求原因，对软件产品选型进行分析，说明本项目对软件产品的配置要求。

2.1.1 软件1需求

2.1.2 软件2需求

2.1.3 ……

2.2 硬件需求

说明项目建设所需硬件资源需求原因，详细描述硬件资源需求测算过程，说明本项目对硬件数量、配置、辅材的需求。

2.2.1 硬件1需求

2.2.2 硬件2需求

2.2.3 ……

2.3 实施范围

国网黑龙江电力 xx 机房。实施范围参考可行性研究报告的 4.3 实施范围部分。

2.4 其他需求

说明项目建设所需的其他必要性需求。

3.6.1.2 软硬件购置项目可研报告

数字化项目可行性研究报告

项目名称：国网黑龙江电力 xxx 供电公司-xxx-软硬件购置项目
（名称一定是三段式命名）
项目申报单位：国网黑龙江省电力有限公司 xxx 供电公司
（申报单位为国网黑龙江省电力有限公司或者国网黑龙江省电力有限公司
xxx 供电公司，一定是全称）

编制单位：国网黑龙江省电力有限公司电力科学研究院
（编制单位均为国网黑龙江省电力有限公司电力科学研究院）
二〇二 x 年 xx 月
（月份为当前评审月份）

编　制：

校　核：

审　核：

批　准：

（编制、校核、审核、批准等信息不需要填写，由电科院填写）

目 录

1 总论 xx

1.1 主要依据 xx

1.2 必要性分析 xx

1.3 效益分析 xx

1.3.1 经济效益 xx

1.3.2 管理效益 xx

1.3.3 社会效益 xx

2 建设现状 xx

2.1 信息系统现状 xx

3 项目需求分析 xx

3.1 业务功能需求 xx

3.1.1 网络设备需求 xx

3.1.2 空调需求 xx

3.1.3UPS 电源需求 xx

3.1.4 办公大楼 WiFi 需求 xx

3.2 集成需求 xx

4 建设方案 xx

4.1 建设目标 xx

4.2 建设内容 xx

4.3 实施范围 xx

4.4 技术方案 xx

4.4.1 网络设备 xx

4.4.2 空调系统 xx

4.4.3 电源系统 xx

4.4.4 XX 设备 xx

5 硬件设计 XX

5.1 部署方案 XX

5.1.1 部署位置说明 XX

5.1.2 部署内容说明 XX

6 主要设备材料清册 XX

6.1 编制说明 XX

6.2 主要设备材料表 XX

7 估算书 XX

7.1 概述 XX

7.2 编制原则和依据 XX

7.3 投资分析 XX

1 总论

对项目进行总体说明。

示例：

国网黑龙江省电力有限公司 XX（以下简称国网 XX 供电公司）是国网黑龙江省电力有限公司（以下简称国网黑龙江电力）的全资子公司，随着业务的不断扩展、工作量加剧，现有设备已不能充分满足现有业务需求，为使各项业务顺利有序开展，亟须对国网黑龙江电力有限公司 XX 供电公司各机房内设备进行更新改造。

1.1 主要依据

（1）《国家电网有限公司关于印发电网数字化项目工作量度量规范及其应用指南》（国家电网互联〔2020〕606 号）。

（2）《国家电网有限公司关于进一步加强数字化建设统筹工作的通知》（国家电网互联〔2021〕562 号）。

（3）《国家电网有限公司关于印发〈国家电网有限公司数字化建设统筹管理规范（试行）〉等两项管理规范的通知》（国家电网互联〔2021〕641 号）。

（4）《国家电网有限公司关于印发〈国家电网有限公司电网数字化项目技术管理办法〉等 6 项通用制度的通知》（国家电网企管〔2021〕170 号）。

（5）《国家电网有限公司电网数字化建设管理办法–修订》（国家电网企管〔2020〕849 号）。

（6）《国家电网有限公司电网数字化项目可研工作管理办法–修订》（国家电网企管〔2020〕849 号）。

（7）《国家电网有限公司电网数字化项目竣工验收管理办法–修订》（国家电网企管〔2020〕849 号）。

（8）《国家电网有限公司信息系统上下线管理办法–修订》（国家电网企管〔2020〕849 号）。

须添加与项目内容相关的文件，一定要有文号，格式遵循上面 8 个文件的写法（上面是数字化项目的相关管理办法，适当删减，注意新增加的依据一定要和本项目相关）。

1.2 必要性分析

针对项目作出必要性分析，不要写空话套话。建议结合上下文合理地融入"三寻向"中"解决的问题"，不用完全复制。

示例：

国网黑龙江电力 XX 供电公司–2024 年机房基础设施升级改造和网络优化提升–软硬件购置项目建设的主要目的是解决中心机房空调超期服役、汇聚机房电源系统供电需改造、信息内外网交换机设备老旧的问题，从而进一步满足整个信息内外网对运行可靠、数据吞吐性能的需求。增设 WiFi 信号覆盖的 AP 和交换设备，从而进一步满足国网 XX 供电公司江南新办公大楼 WiFi 信号的覆盖和稳定可靠运行、数据吞吐性能的需求。本次升级改造将实现各节点电源设备功能、性能、管理配置上的统一，并设定设备参数标准，做到整齐划一，为打造稳定运行智能电网打下坚实的辅助基础。

1.3 效益分析

1.3.1 经济效益

需要对项目所产生的经济效益进行描述，可从不同的角度进行描述，并对项目成本回收进行测算。

示例：

在经济效益上，通过对本项目的投资，降低了电源系统故障处理次数，节约了人员支出成本，减少了设备供电系统过压造成的损坏及其带来的经济损失。机房空调系统经过改造，保障了机房不发生由环境温度导致的设备宕机，从而避免了八级安全事件的发生。同时，大幅降低人员运维成本，在配合环境监控系统的前提下，仅需定期对机房进行巡检和空调维护，而无须进行设备维修。消除中间网络节点的瓶颈，提高网络节点 90% 以上光转发能力，建设成具有高速传输数据能力的网络，相比较性价优势明显。通过购置 WiFi 信号的覆盖设备，有效改善了公司核心办公区 WiFi 的现状，加强了外网信息网络覆盖和外网信号稳定运行，保障了办公区外网基础建设，提高了工作效率。相对于实时性网络速率要求日益提高的电力系统来说，等效节约以往人工运维成本为 XX 万元/年，本项目投资为 XX 万元，项目效益（项目节支）运维成本回收目标为 XX 年。

1.3.2 管理效益

示例:

在管理效益上,通过对本项目的投资,提升了设备供电稳定性,保证了信息机房的供电可靠性。从发展的角度看,改造老旧设备,能够显著提高设备的稳定性、可靠性。本次网络设备升级改造建设,不仅提高了企业员工的办公效率,一定程度上优化了企业信息化体系结构,也利于网管设备管理。新增购置 WiFi 信号的覆盖设备,可有效改善公司办公区 WiFi 的现状,加强外网信息网络覆盖和外网信号稳定运行,提升信息安全指标,提供办公便捷性、降低劳动强度,提高工作效率,保障国网 XX 供电公司信息系统健康稳定运行,确保业务系统可靠运行。

1.3.3 社会效益

示例:

国网 XX 供电公司安全稳定的网络是安全生产和优质服务的最低保障,稳定可靠的信息内网网络,可保障各类业务系统的连续性与可用性,大大提高业务办理能力,提升用户的满意度。快速的信息网络使数据能够快速、准确地获得及存取,提高了业务系统执行效率,从而使其更高效为各专业技术提供支撑并提升质量,并在提高国网 XX 供电公司管理效率的同时,降低了社会舆论风险。

2 建设现状

示例 1:

XX 供电公司生产营销楼主体建设计划于 2021 年 7 月竣工,信息机房为 XX 供电区信息网络及业务系统提供支撑环境。

目前 XX 供电公司没有单独设立信息中心,原信息设备摆放于通信机房内,供配电系统不满足 C 类机房建设规范,空调运行状态不稳定,无门禁系统及基础环境监控系统,无法确保信息网络的正常运行及业务系统不中断。

示例 2:

目前 XX 供电公司不满足《XX》等相关规范要求。为保障 XX 供电公司信息系统健康稳定运行,确保业务系统工作不中断,需对 XX 供电公司新生产营销楼信息机房基础环境进行建设,亟须新建机房系统。

3 项目需求分析

3.1 业务功能需求

示例：

国网 XX 供电公司-2024 年机房基础设施升级改造和网络优化提升-软硬件购置项目应该考虑如下需求内容。

3.1.1 网络设备需求

国网 XX 供电公司信息内外网二层接入交换机在网时间已超过 12 年，大量设备老化问题突出，电源故障频发，无法通过购买备件的方式解决隐患，影响信息网可靠运行，网络可靠性亟待解决，须考虑购置更换二层接入交换机 30 台（2021 至今存在故障及报警记录的内外网接入设备共计 30 台），解决因设备老化及设备性能不足带来的信息网稳定性及运行效率低下的问题。

3.1.2 空调需求

中心机房原有空调 2 台，超期服役，存在故障频发、室温不达标的情况。超期运行会导致设备运行环境异常，缩短设备使用寿命，为保障信息与信息设备的稳定运行，须购置并安装 20kW 机房精密空调 2 台，对原有空调设备进行更换。

3.1.3 UPS 电源需求

国网 XX 供电公司 5 个县信息机房原有 5 套 UPS 系统，购置后运行已超 10 年，目前已无法运行，需要购置新 UPS 设备。

3.1.4 办公大楼 WiFi 需求

对国网 XX 供电公司江南新办公大楼办公区域外网 WiFi 新增设备，外网实际应用不断增加，为保证外网正常使用，信息网安全可靠运行，网络设备问题亟待解决。在设备选择上，根据现有主楼 20 层、调度中心楼 3 层以及基础建筑布局、廊道举架、楼体钢结构设计参数，考虑增设 AP 设备 60 个、AP 控制器 1 个和 POE 交换机设备 10 台。在本次改造中，须考虑设备与现在网络负载，做到升级后无缝管理运维。

3.2 集成需求

无。

4 建设方案

4.1 建设目标

示例：

新建 XX 公司生产营销楼信息机房系统，包括综合布线系统 1 套，动环监控控制系统 1 套，空调 4 套，服务器机柜、列头柜等 8 面，机房交直流配电系统 1 套，通过机房系统建设，满足运维可视化的信息机房管理要求，达到国家电网公司信息机房 C 类机房标准，提高 xxx 地区的电力数字化建设及运维管理水平，不发生由机房环境导致的应用故障，动力环境监控系统平均无故障时间大于 1 个月，为 xxx 供电公司信息系统健康稳定运行、确保业务系统工作不中断提供基础保障。

4.2 建设内容

示例：

国网 XX 供电公司–2024 年机房基础设施升级改造和网络优化提升–软硬件购置项目主要包括以下几个部分：

网络设备：国网 XX 供电公司办公楼内外网 30 台二层接入交换机升级替换工作。

UPS 系统：5 套，10kVA 含 32 节电池。

空调改造：在核心机房安装 2 套 20kW 机房精密空调。

办公 WiFi 覆盖：在 XX 新办公大楼办公区进行 WiFi 覆盖，增设 AP 设备 60 台、AP 控制器 1 台、POE 交换机 10 台。

4.3 实施范围

示例：

XX 供电公司生产营销楼一楼信息机房、专用电源室、电池室。

4.4 技术方案

4.4.1 网络设备

二层以太网交换机，支持 48 个 10/100/1000BASE–T PoE+电口（AC 370W，DC 740W），支持 4 个 100/1000BASE–X SFP 端口，支持 4 个 GE Combo 口，支持 AC/DC。配套 2 个光模块–SFP–GE–多模模块–（850nm，0.55km，LC）。

4.4.2 空调系统

（1）制冷量：不低于 20kW。

（2）送风方式：上送风或下风送（两者可选，非都支持）。

（3）风量：不低于 6000m3/h。

（4）温度调节范围：+15℃ ~ +35℃；温度调节精度：默认 3℃，可设定范围（1℃ ~ 5℃）。

（5）温度波动超限应能发出报警信号。

（6）具有高显热比，显热比不小于 0.85（室内回风条件 24℃，50%湿度，室外 35℃工况下）。

（7）具备 RS232 和 RS485（或 RS422）接口。

（8）可存储 500 条历史告警信息。

（9）平均无故障时间 MTBF 不低于 10 万小时。

（10）提供检测报告。

4.4.3 电源系统

（1）UPS 主机功率：10kVA。

（2）输入电压范围：100 ~ 288V。

（3）频率范围：40 ~ 70Hz。

（4）电流谐波含量：<5%。

（5）输出功率因数：1。

（6）过载能力：过载 125%，10min；150%，1min；>150%，200ms。

（7）UPS 兼容单单、三单转换。

（8）UPS 具有灵活的电池配置方式，电池节数 ± 12 ~ 20 节可调，并兼容铅酸、镍镉和铁锂等电池类型。

4.4.4 XX设备

5 硬件设计

5.1 部署位置说明

示例：

部署位置包括 XX 供电公司生产营销楼一楼信息机房、专用电源室、电池室。

5.2 部署内容说明

示例：

（1）综合布线。

完成 XX 综合布线内容。

（2）动环监控控制系统。

机房电力系统分别引自 A、B 两段母线，并通过上级母线联络柜实现联系；各级开关均采用断路器。机房供电系统图如下图所示：

（需要有部署图。）

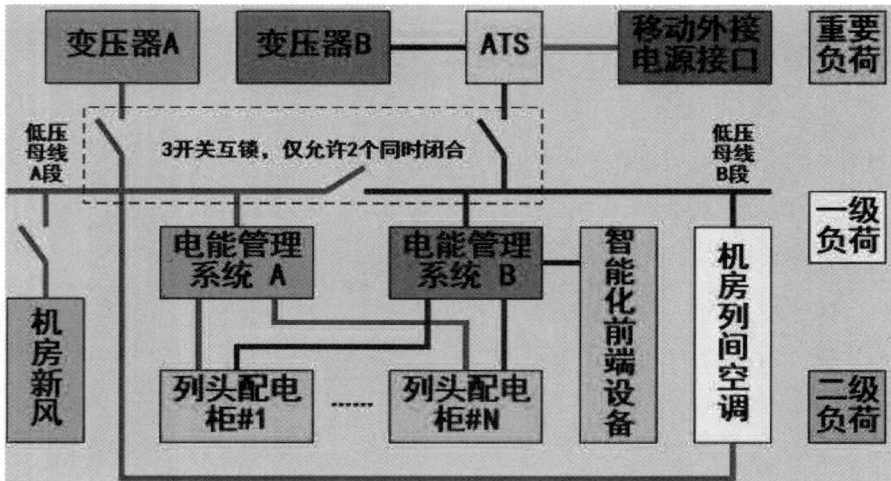

6 主要设备材料清册

6.1 编制说明

示例：

国网黑龙江电力 XX 供电公司–生产营销楼信息机房系统建设–软硬件购置项目，包括：XX。依据设计及本期部署方案，制订如下设备材料清单。

6.2 主要设备材料表

软硬件需求列表

序号	用途	设备类型	数量	配置	备注
1	XX	硬件设备	1		
2	XX	硬件设备	1		
3	XX	硬件设备	4		

注：详细描述如何测算，每家单位要用多少个设备，要有详细的计算方式。

7 估算书

7.1 概述

针对上述内容，按照有关要求，对项目建设过程中的相关费用进行估算，确定项目总体投资。

7.2 编制原则和依据

（1）项目划分和软件开发成本度量方法、过程及原则参照《国家电网有限公司关于印发电网数字化项目工作量度量规范及其应用指南》（国家电网互联〔2020〕606号），进一步核实投资估算费用。

（2）主要设备、材料价格参照国家电网公司近期同类工程招标价计列。

（3）本期不考虑基本预备费。

（4）本期不计取价差预备费及建设期贷款利息。

（5）工程量依据本可研设计提资。

7.3 投资分析

本期项目成本依据同类产品的通用市场价格计列。项目预估总投资为xx万元，各项费用如下表。

序号	名称		数量	单价（万元）	金额（万元）
1	软件购置费		xx	xx	xx
2	硬件购置费		xx	xx	xx
3	咨询设计费				
4	系统开发费	系统功能开发			－
		系统集成开发			
5	集成实施费	系统实施			
		系统集成实施			
6	业务运营费				

序号	名称		数量	单价（万元）	金额（万元）
7	数据工程费	数据产品（应用）研发			
		数据标准化、盘点、目录构建、质量治理等			
		数据接入、上传、下发，数据产品（应用）实施			
8	其他费用		–	–	
总　计					xx

注：如果涉及多类型设备，数量写总数，单价空着，总价正常写。

各项费用投资分析如下。

（1）软件购置费。

不涉及。

（2）硬件购置费。

硬件总费用为 xxx 万元，费用参考市场价。

序号	产品名称	规格参数	单位	数量	单价（万元）	小计（万元）	备注
1							
	UPS 输入柜		个	xx	xx	xx	UPS 输入柜
	小计						
2							
	小计						
3							
	小计						
合计							

注：设备费用价格要参照省公司最新公开的招标价格，不得高于该价格。

（3）咨询设计费。

不涉及。

（4）系统开发费。

不涉及。

（5）集成实施费。

不涉及。

（6）业务运营费。

不涉及。

（7）数据工程费。

不涉及。

（8）其他费用。

不涉及。

3.6.1.3.软硬件购置项目说明书

数字化项目说明书

项目名称	国网黑龙江电力 XX 供电公司–XX–软硬件购置项目		
项目类别	软硬件购置项目		
项目申报单位	国网黑龙江电力 XX 供电公司		
项目实施时间	XX 个月（项目所用的时间）		
项目必要性	基本情况	项目的基本情况	
	问题及必要性	问题：项目存在的问题有哪些 必要性：购置项目的必要性	
项目内容和方案	目标和范围	目标：项目要达到什么样的目标 范围：实施的范围或者应用的范围	
	实施方案	详细写明	
项目投资估算（万元）	总投资	资本性	成本性
	XX	XX	XX
效益分析	效益分析内容参考可行性研究报告的 1.3 效益分析部分		
主要设备及材料			

名称	规格及型号	数量	单价（万元）	合价（万元）
编制：		审核：		批准：

3.6.1.4.软硬件购置项目可研经济性评价表

单体项目效益不可测算的可研经济性评价指标计算表

项目名称：国网黑龙江电力 XX 供电公司–XX–软硬件购置项目		
1	选取类似项目情况介绍	国网 XX 供电公司 XX 项目共用资 xx 万元，信息机房新建
2	与类似项目相似程度分析	国网黑龙江电力 XX 供电公司–XX 建设–软硬件购置项目主要是针对 XX 供电公司生产营销楼信息机房模块化建设，与国网 XX 供电公司 XX 项目实施范围相似度 95%以上
3	与类似项目投入成本量化比较分析	国网 XX 供电公司 XX 项目共用资 xx 万元，国网黑龙江电力 XX 供电公司–XX 项目建设总金额约 xx 万元，节省资金约 xx 万元，达到了同样的安全提升效果，性价比突出

注1：类似项目相似程度分析应包括但不限于项目所处地域（原则上应处于同一地市）、类似项目发生时间、项目类别性质、项目未来产生现金流量方式。

注2：量化分析参考公式用资=类似项目实际投资成本×项目投资规模的修正系数×通货膨胀率。

注3：项目投资规模的修正系数=本项目投资线路长度（或变电容量）/类似项目投资线路长度（或变电容量）。非电网建设项目参照执行。

注4：通货膨胀率=1+类似项目至本项目之间各年度CPI之和。

注5：表中"投入成本"是指该项目总体投资规模。

3.6.1.5.软硬件购置项目可研评审意见

国网黑龙江省电力有限公司经济技术研究院关于"国网黑龙江电力xxx供电公司–xxx–软硬件购置项目"可行性研究报告的评审意见

示例:

一、必要性

目前 XX 没有单独设立信息中心,原信息设备摆放于通信机房内,供配电系统不满足 C 类机房建设规范,空调运行状态不稳定,无法确保信息网络的正常运行及业务系统不中断,不满足《国家电网公司信息网络机房设计及建设规范–2014》等相关规范要求。为保障 XX 信息系统健康稳定运行,确保业务系统工作不中断,须对 XX 供电公司新生产营销楼信息机房基础环境进行建设。

二、项目目标

新建XX生产营销楼信息机房模块化系统,包括XX。通过模块化系统建设,确保XX信息网络核心机房具有稳定可靠的电源环境,为保障XX信息系统健康稳定运行、确保业务系统工作不中断提供基础保障。

三、主要内容

模块化系统新建工程主要包括以下几个部分:

略。

四、技术方案

新建XX生产营销楼信息机房系统,包括综合布线系统1套,动环监控控制系统1套,空调4套,服务器机柜、列头柜等8面,机房交直流配电系统1套,通过机房系统建设,为xxx信息系统健康稳定运行、确保业务系统工作不中断提供基础保障。

五、投资估算

项目总投资xx万元,其中,软件购置费为xx万元,硬件购置费为xx万元。

经测算,对本项目进行投资,可减少信息网络设备系统故障处理次数,节约人员支出成本,同时减少信息设备运行隐患造成的经济损失;消除网络安全运行隐患,提高信息系统运行维护的处理能力,保障网络具有高效、安全传输数据能力,相比较性价优势明显。本项目投资为 xx 万元,等效节约以往人工运维成本为 xx 万元/年,项目效益(项目节支)运维成本回收目标为 xx 年。

3.6.2 设计开发实施项目可研报告注释版

3.6.2.1 设计开发实施项目需求分析报告

数字化项目需求分析报告
国网黑龙江电力 xxx 供电公司–xxx–
设计开发实施项目

（名称一定是三段式命名规则）

申报部门：国网黑龙江省电力有限公司（盖章）

申报时间：2023 年 x 月
（与可行性研究报告编制时间一致）

目　录

1 概述... xx

1.1 系统建设现状... xx

1.2 必要性分析... xx

1.3 建设目标... xx

2 业务需求... xx

2.1 标准管理... xx

2.2 清单管理... xx

2.3 项目申报... xx

3 集成需求... xx

4 实施范围... xx

5 其他需求... xx

1 概述

对项目进行概要描述，内容可参考可行性研究报告的总论部分。

1.1 系统建设现状

对系统建设现状进行描述。

示例：

XX业务由国网黑龙江省电力有限公司（以下简称国网黑龙江电力）本部办公室统一负责，统一管理全省通讯录的应用，制定标准和组织培训，直属单位和地市单位各级办公室按要求指定人员维护各自单位的职工联信信息；各级办公室定期组织电话号码的制定与核对，及时发布最新电话号码表。

1.2 必要性分析

建议结合上下文合理地融入"三导向"中"解决的问题"，不用完全复制。

示例：

目前国网黑龙江电力通讯录信息存在多系统维护未实现系统间同步、通讯录信息的及时更新性和正确性无法保障等问题。由于通讯录信息无唯一源管理和无法及时更新，管理部门每年定期编制各种纸质本通讯录，需要花费大量的人力物力收集信息、核对信息、发布信息等，通讯录更新周期长，不利于通讯录的多场景应月。为增强通讯录的准确性和实时性，解决员工信息分级管理、电话号码电子版本、话机通讯录自动更新等问题，提出本系统建设。

1.3 建设目标

对建设目标进行描述，可参考可行性研究报告中的4.1建设目标部分。

示例：

明确以XX为企业通讯录的唯一权威数据源，建立组织机构和企业通讯录的常态运营机制，同步到XX通讯录，保证组织机构和职工联系信息的多源及时性、准确性和一致性。以企业通讯录权威数据为基础，支撑企业通讯录多种形式应用，如电话号码表应用和智能话机应用，并且支持员工的分级授权管理，提升国网黑龙江电力职工的办公效果，提升企业核心竞争力。

2 业务需求

对业务及业务需求进行描述或进行分项描述。具体示例如下。

2.1 标准管理

2.1.1 业务需求描述

制定和实现外包项目费用的标准管理，完成业务外包项目的 XX 大类 XX 小类的项目费用参考标准制定，为各单位申报项目提供参考标准。

2.1.2 业务流程

无。

2.1.3 业务数据

序号	业务信息	数据项
1	检修标准制定	包括 11 个 1 级小类、19 个 2 级小类项目的费用标准制定，主要包括标准名称、标准内容、标准类型、标准级别、标准值等信息
2	营销标准制定	包括 4 个 1 级小类、9 个 2 级小类项目的费用标准制定，主要包括标准名称、标准内容、标准类型、标准级别、标准值等信息
3	物资标准制定	包括 5 个 1 级小类项目的费用标准制定，主要包括标准名称、标准内容、标准类型、标准级别、标准值等信息
4	后勤标准制定	包括 3 个 1 级小类、6 个 2 级小类项目的费用标准制定，主要包括标准名称、标准内容、标准类型、标准级别、标准值等信息
5	经营标准制定	包括 1 个 1 级小类项目的费用标准制定，主要包括标准名称、标准内容、标准类型、标准级别、标准值等信息
6	安保标准制定	包括 4 个 1 级小类项目的费用标准制定，主要包括标准名称、标准内容、标准类型、标准级别、标准值等信息

2.2 清单管理

2.2.1 业务需求描述

实现业务外包清单管理和辅助性项目、限制性外包业务、负面清单业务回收管理。

2.2.2 业务流程

无。

2.2.3 业务数据

序号	业务信息	数据项
1	外包清单	包括项目名称、项目描述、外包类型、外包内容、外包方要求、交付时间、交付方式、评估标准等信息
2	辅助性项目	包括项目名称、项目描述、项目类型、项目目标、项目范围等信息
3	限制性外包业务	包括限制性业务描述、外包类型、限制条件、外包内容、外包要求等信息
4	负面清单业务回收	包括回收程序、业务描述、数据处理、合规整改、清单类型等信息

2.3 项目申报

2.3.1 业务需求描述

实现业务外包项目申报管理，包括计划编制、计划申报、计划审核和汇总，支持多级申报与审核，申报过程中参考费用标准评估项目预算。

2.3.2 业务流程

项目申报流程如下图所示。

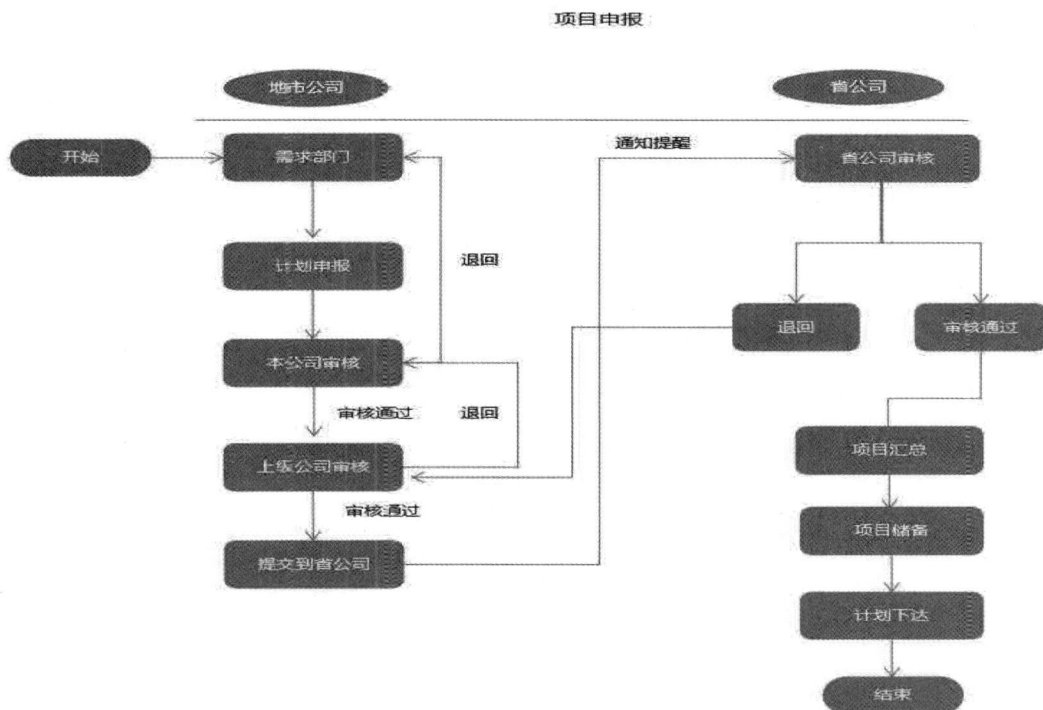

2.3.3 业务数据

序号	业务信息	数据项
1	计划编制	项目编号、项目名称、项目建设年度、项目类别、建设形式、总投资金额、资金计划年度、资金计划文号等信息
2	计划申报	申报人、申报内容、申报日期、申报状态、申报意见等信息
3	计划审核	审核人、审核内容、审核日期、审核状态、审核意见等信息
4	计划下达	下达日期、接收单位、下达范围、项目编号、项目名称、项目内容等信息
5	计划变更	计划变更时间、变更人、变更内容、变更状态、变更结果等信息
6	计划执行	计划执行状态、执行内容、执行进度、执行状态、执行结果等信息
7	计划汇总	计划申报汇总、计划审核汇总、计划变更汇总、计划查询汇总等信息
8	分级管理	分级管理员管理、人员信息分级管理、等级权限设置、用户等级授权等信息
9	审批流程	审批名称、审批节点、审批角色、审批机构、审批人员等信息

3 集成需求

序号	数据内容	集成信息系统
1	业务数据信息	数据中台

4 实施范围

示例：

按照国网黑龙江电力本部二级部署方式，部署在信息内网。

5 其他需求

示例：

（1）性能与可靠性。

（2）信息安全。

项目符合系统安全防护设计二级等保设计要求，可最大限度保障国家电网公司相关业务系统的安全、可靠和稳定运行。

（3）数据安全。

（4）应用及运行监控。

（5）可维护性。

（6）易用性。

（7）系统灾备要求。

3.6.2.2 设计开发实施项目可研报告

数字化项目可行性研究报告

项目名称：国网黑龙江电力-XXX-设计开发实施项目

项目申报单位：国网黑龙江省电力有限公司

（项目名称遵照三段式命名规则，所属单位标准简称+内容名称+项目类别）

（申报单位为国网黑龙江省电力有限公司或者国网黑龙江省电力有限公司 XXX 供电公司，一定是全称）

编制单位：国网黑龙江省电力有限公司电力科学研究院

（编制单位均为国网黑龙江省电力有限公司电力科学研究院）

二〇XX 年 XX 月

（月份为当前评审月份）

编　制：

校　核：

审　核：

批　准：

（编制、校核、审核、批准等信息不需要填写，由电科院填写）

目　录

1 总论 xx

1.1 主要依据 xx

1.2 必要性分析 xx

1.3 效益分析 xx

1.3.1 经济效益 xx

1.3.2 管理效益 xx

1.3.3 社会效益 xx

2 建设现状 xx

3 项目需求分析 xx

3.1 业务功能需求 xx

3.2 集成需求 xx

3.3 非功能需求 xx

3.3.1 性能与可靠性 xx

3.3.2 信息安全 xx

3.3.3 数据安全 xx

3.3.4 应用及运行监控 xx

3.3.5 可维护性 xx

3.3.6 易用性 xx

3.3.7 系统灾备要求 xx

4 建设方案 xx

4.1 建设目标 xx

4.2 建设内容 xx

4.2.1 设计工作 xx

4.2.2 研发内容 xx

4.2.3 实施工作 xx

4.2.4 系统集成 xx

4.3 实施范围 xx

4.4 技术方案 xx

4.4.1 系统架构 xx

4.4.2 架构遵从 xx

4.4.3 技术路线 xx

4.4.4 关键技术 xx

4.5 项目管理 xx

4.5.1 项目管理 xx

4.5.2 项目人员 xx

4.5.3 项目进度 xx

4.5.4 项目会议 xx

4.5.5 项目培训 xx

5 硬件设计 xx

5.1 部署方案 xx

5.2 服务器需求测算 xx

5.2.1 设备现状 xx

5.2.2 设备利旧 xx

5.2.3 服务器需求说明 xx

5.2.4 其他说明 xx

5.3 基础环境需求 xx

5.3.1 存储估算 xx

5.3.2 网络接入需求 xx

5.3.3 存储网络接入需求 xx

5.3.4 负载均衡接入需求 xx

5.3.5 安全等级及设备需求 xx

6 主要设备材料清册 xx

6.1 编制说明 xx

6.2 主要设备材料表 xx

7 估算书 xx

7.1 概述 xx

7.2 编制原则和依据 xx

7.3 投资分析 xx

附件1 业务应用功能明细表 xx

附件2 需求分析工作量表 xx

附件3 需求分析工作量明细表 xx

附件4 方案设计工作量表 xx

附件5 方案设计工作量明细表 xx

附件6 开发工作量表 xx

附件7 开发工作量明细表 xx

附件8 实施工作量明细表 xx

附件9 实施工作量明细表 xx

1 总论

文中首次提到公司名称请写全称，如国家电网有限公司（以下简称国家电网公司）、国网黑龙江省电力有限公司（以下简称国网黑龙江电力），后续如果再出现使用标准简称。

不要出现国网公司、国网总部、国家电力、总部、龙江公司、龙江电力、黑龙江公司、黑龙江电力公司、集团、公司等非标准全简称字样。

示例：

国网黑龙江省电力有限公司（以下简称国网黑龙江电力）各专业每年有大量的业务外包项目，目前的管理模式是采用各业务线条逐级申报审批的方式，最小申报单位为区县，报送时间为每年 10 月至 11 月报第二年的项目，审批通过的项目计划最后汇总后报财务部。为落实国家电网有限公司（以下简称国家电网公司）业务外包有关要求，进一步规范公司外包行为，充分利用内外部资源，国网黑龙江电力制定了业务外包规范管理指导意见，对初版指导意见进行了修订，进一步明确各专业部门的职责界面，按"统一管理、有序实施"的管理原则，合理有效地控制业务外包规模，并对管理流程做了进一步的优化。

1.1 主要依据

（1）《国家电网有限公司关于印发电网数字化项目工作量度量规范及其应用指南》（国家电网互联〔2020〕606 号）。

（2）《国家电网有限公司关于进一步加强数字化建设统筹工作的通知》（国家电网互联〔2021〕562 号）。

（3）《国家电网有限公司关于印发〈国家电网有限公司数字化建设统筹管理规范（试行）〉等两项管理规范的通知》（国家电网互联〔2021〕641 号）。

（4）《国家电网有限公司关于印发〈国家电网有限公司电网数字化项目技术管理办法〉等 6 项通用制度的通知》（国家电网企管〔2021〕170 号）。

（5）《国家电网有限公司电网数字化建设管理办法–修订》（国家电网企管〔2020〕849 号）。

（6）《国家电网有限公司电网数字化项目可研工作管理办法–修订》（国家电网企管〔2020〕849 号）。

（7）《国家电网有限公司电网数字化项目竣工验收管理办法-修订》（国家电网企管〔2020〕849号）。

（8）《国家电网有限公司信息系统上下线管理办法--修订》（国家电网企管〔2020〕849号）。

（9）《国家电网有限公司企业标准〈信息系统非功能性需求规范〉》（Q/GDW 11212-2018）。

须添加与项目内容相关的文件，一定要有文号，格式遵循上面的9个文件的写法（上面是数字化项目的相关管理办法，适当删减，注意新增加的依据一定要和本项目相关）。

1.2 必要性分析

针对项目作出必要性分析，不要写空话套话。建议结合上下文合理地融入"三导向"中"解决的问题"，不用完全复制。

示例：

依据《国网黑龙江省电力有限公司关于印发业务外包规范管理指导意见（试行）的通知》（黑电人资〔2023〕344号）的管理要求，以国家及国家电网有限公司相关法律和规定为统领，优化业务外包管理的职责界面和管理流程，建立权责对等、规范高效的业务外包管控体系。明确职责分工，公司专业部门要加强政策研究、明确管理要求，各级实施单位在消除冗员、盘活存量的前提下，合理控制业务外包规模。明确公司负面清单业务范围，在提升企业运营效率的同时，提升企业的核心竞争力。

实现各类外包项目融合共享，建立健全外包项目费用参考标准制定，各单位申报项目时参考标准，提升项目预算规范性。同时完成各类专业的项目编制、申请、审批、汇总等业务，实现多级联动的流程化管理，规范项目申报管理过程，实现申报项目计划的自动化汇总，并对外包项目实施过程中的安全、质量和进度进行全面的管理，定期对发包单位成本、利润效益和承包单位的资质、质量、进度、安全进行评价和考核。

1.3 效益分析

1.3.1 经济效益

结合项目本身的经济效益开展文字分析。

经济效益量化分析部分，可以从项目每年创造利润角度（新增利润、提升效率效益等效利润、其他方面的等效利润等）、项目节省投资角度（节约工程损失、节约管理成本、节约人力成本、节约运行维护费用、节约抢修费用、其他节省费用）提出项目节支和创利的能力，项目节支+项目创利得到项目经济效益。将项目总投资和项目总效益进行对比分析，提出回收成本目标。

示例：

系统的建设与应用，使项目费用核算有据可循，申报过程电子化，进一步促使参与业务外包业务的相关人员减少了时间投入，能够辅助提升企业员工的工作效率，有利于推动国网黑龙江电力行业可持续发展，产生良好的经济效益。

1.3.2 管理效益

内容要与项目切实相关，不要写假大空的套话。

示例：

系统的建设与应用，在管理效益方面表现为通过制定项目费用参考标准，规范了业务流程，让各级业务外包管理人员日常工作有章可循、有规可依，全面提高了工作效率，减轻了工作人员工作负担。

1.3.3 社会效益

示例：

以国家、国家电网有限公司相关法律和规定为统领，优化业务外包管理的职责界面和管理流程，建立权责对等、规范高效的业务外包管控体系。按照"公平、公正、择优"的原则确定外包单位，过程管理、考核评价全面透明，数据和信息全面公开，进一步提升国网黑龙江电力社会形象和品牌价值。

2 建设现状

示例：

本项目是首次建设。通过安全生产风险管控平台可实现监控人员对生产检修、基建工程、大修技改、营销作业、农网工程、配网工程、信息通信、产业单位承揽的客户工程等各专业施工现场的远程视频管控。现有移动布控球视频终端 1116 台，移动作业单兵终端 1996 台，全面覆盖运检一二三类、基建三四五级风险，以及其他专业高风险或复杂工序现场。目前，以远程监控配合现场督察的方式，实现对现场作业的安全监督管控，缺少基于 AI 技术开展典型违章行为的视频智能识别的管理方式。

3 项目需求分析

3.1 业务功能需求

示例：

本期业务功能需求如下。

与统一视频平台和人工智能平台集成，通过人工智能平台对关联作业计划信息的现场视频进行识别分析，实现对违章行为的精准识别和实时告警，并对违章信息自动抓拍、存储，进行违章取证；基于人工智能平台抓取实时违章视频数据，实现快速生成作业违章的创建，进行违章查处的流程化管理。

各单位开展安全教育培训及安全等级评价分析展示。安全等级评价由理论考试、实操考试和动态评价三部分组成，自动生成加权平均分与最终得分，实现定期开展一线员工动态评价，记入个人安全档案。

3.2 集成需求

序号	对端系统名称	集成工作说明
1	统一视频平台	现场布控球视频数据
2	人工智能平台	业务数据信息

3.3 非功能需求

3.3.1 性能与可靠性

示例（红字部分仅供参考，请勿直接使用）：

（1）系统设计推荐采用动静分离模式，用户高并发访问的信息显示功能（如公告等），应通过静态资源（如 html）等实现。最大并发用户数不低于 xxx，当系统进行多用户并发操作时，应满足如下要求：

①首页访问平均响应时间不应超过 2 秒；

②系统登录平均响应时间不应超过 3 秒；

③执行简单查询、添加和删除业务平均响应时间不应超过 3 秒；

④执行复杂的综合业务（如统计型、事务型等业务）平均响应时间不应超过 5 秒；

⑤在执行统计业务时，月统计业务的平均响应时间不应超过 15 秒，年统计业务的平均响应时间不宜超过 20 秒。

（2）当信息系统并发用户数达到设计要求的上限时，各事务平均响应时间不应超过 70%并发用户数下平均响应时间的 4 倍。

3.3.2 信息安全

示例（红字部分仅供参考，请勿直接使用）：

本项目信息系统的安全防护依据《国家电网有限公司网络与信息系统安全管理办法》（国网（信息/2）401-2020）要求，坚持"同步规划、同步建设、同步使用"的理念，遵循"管业务必须管安全"的原则，严格落实网络安全管理责任，建立网络安全保障体系和监督体系。

3.3.3 数据安全

示例（红字部分仅供参考，请勿直接使用）：

完成对自身数据资产的系统梳理，并根据数据的敏感程度进行分级分类，制定出数据接入处理流程。同时，在执行数据接入的过程中，应遵循业务角色最小化原则，对数据进行有针对性的脱敏处理，做到安全、合理地使用数据。

3.3.4 应用及运行监控

示例（红字部分仅供参考，请勿直接使用）：

实现对服务器的实时监控，系统管理人员可以随时通过系统管理后台获知应用服务器的运行状态，并在服务器出现异常的情况下及时收到报警信息。需要实现以下技术要求：

（1）日志文件监控。此项功能实现对服务器日志文件的功能。

（2）应用层服务器监控。对应用层服务器的实时监控，当发现受监控的应用层服务器不能正常提供服务时，自动重新启动该服务，使其能够正常运行，并将应用层服务器发生问题的时间和处理信息写入日志文件，以供管理人员进行分析。

3.3.5 可维护性

示例（红字部分仅供参考，请勿直接使用）：

系统的稳定性非常重要，系统上线后，要保证系统 7×24 小时可用。在系统的日常运行过程中，可能会出各种各样的故障，如某个服务器节点坏了，系统需要自动地发现这些问题，并自动告警，自动处理，将这个坏掉的服务器节点从集群中去掉，保证系统仍然可用。当有新的服务器节点加入进来的时候，系统需要做到自动化配置，自动化启动服务，将新的服务节点加入系统集群中。

3.3.6 易用性

示例（红字部分仅供参考，请勿直接使用）：

用户体验（User Experience，简称 UE/Ux）是一种纯主观的、在用户使用产品过程中建立起来的感受，系统的界面设计、流程设计、功能设计必须保证易用性。

3.3.7 系统灾备要求

示例（红字部分仅供参考，请勿直接使用）：

分布式数据库存储与复制，是在分布式数据库系统的多个数据库间拷贝和维护数据库对象的过程。这个对象可以是整个表、部分列或行、索引、视图、过程或者它们的组合等，系统维护一定关系的几个完全相同的副本（拷贝），各个副本存储在不同的物理节点上。因此，分布式数据库通过复制的应用，使自身具备了良好的容灾能力。本次项目实现数据级灾备。

4 建设方案

4.1 建设目标

示例：

（1）通过对作业现场违章智能识别分析的应用，有效提升监控人员对作业现场的管控效率，有效解决作业现场安全行为靠人眼看的监督问题。

（2）可有效解决对作业现场管控不过来造成的安全死角和漏掉不易察觉的违章现象等问题，不仅大大提高督察人员的工作效率，同时也极大地提升反违章工作成效，使安全执规标准更客观、更透明，取证更为精准。

建设目标章节，结合上下文，平滑合理地融入"三导向"中"目标结果"内容，但不要完全复制"三导向"内容。

4.2 建设内容

示例：

完成一级模块人工智能平台交互（包含3个二级模块）、一级模块作业管理（包含2个二级模块）、一级模块作业现场违章智能违章管理（包含4个二级模块）、一级模块作业现场违章智能识别大屏展示（包含3个二级模块）、一级模块安全等级评价资源管理（包含6个二级模块）、一级模块安全等级评价（包含7个二级模块）、一级模块安全等级评价分析管理（包含3个二级模块）的设计开发工作。

4.2.1 设计工作

序号	工作内容	成果	备注
1	**需求调研**：结合单位实际情况，开展功能调研，应与实施单位一起通过现场需求调研、联络会等方式明确需求内容，形成需求调研报告，并根据需求调研内容，编制需求规格说明书	需求确认单、需求规格说明书	
2	**需求梳理**：依据调研结果，提炼功能点，规范功能，形成功能总体设计。对功能调研结果进行梳理，明确需求内容、展现形式等，形成需求清单		
3	**需求确认**：就梳理出的功能点与用户进行确认，并形成会议纪要或用户确认单，最终形成需求规格说明书。研发过程中，若有需求变更须经各方评审且报业务部门审批		
4	**功能设计**：根据需求确认单，明确系统总体架构、功能视图、数据视图、组件视图、系统集成视图、部署视图等内容	系统概要设计报告或系统详细设计报告	
5	**安全防护设计**：开展总体防护架构和物理安全、边界安全、应用安全、数据安全、主机安全、网络安全、终端安全等安全防护措施设计		
6	**灾备设计**：结合国家电网公司数字化系统的灾备要求和灾备现状，开展本项目涉及内容的灾备设计		
7	**可视化设计**：根据功能需求，开展可视化操作界面设计		
8	**数据库设计**：结合应用数据需求，开展数据库设计，包含概念数据模型、逻辑数据模型、数据分类、数据流转、数据存储与分布等设计	数据字典或数据库设计说明书	

4.2.2 研发内容

示例：

完成一级模块人工智能平台交互（包含3个二级模块）、一级模块作业管理（包含2个二级模块）、一级模块作业现场违章智能违章管理（包含4个二级模块）、一级模块作业现场违章智能识别大屏展示（包含3个二级模块）、一级模块安全等级评价资源管理（包含6个二级模块）、一级模块安全等级评价（包含7个二级模块）、一级模块安全等级评价分析管理（包含3个二级模块）的设计开发工作。

注意模块及功能的合理性。

系统名称	一级功能	状态	二级功能	状态	三级功能	状态
安全生产风险管控平台	人工智能平台交互	新增	作业计划数据管理	新增	作业计划绑定	新增
					作业状态通知	新增
					视频流读取	新增
					识别结果反馈	新增
	作业管理	新增/完善	作业现场管理	新增	作业现场智能识别违章现场视频	新增
					作业现场识别	新增
					APP 作业开工	完善
					APP 作业终结	完善
	作业现场智能识别违章管理	新增	AI 违章管理	新增	违章信息查阅	新增
					违章告警详情	新增
					违章生成	新增
					AI 智能识别违章录像回放	新增
					AI 智能识别违章图片查阅	新增
					AI 智能识别违章审核	新增

系统名称	一级功能	状态	二级功能	状态	三级功能	状态
			AI 识别违章导出	新增	AI 智能识别违章信息导出	新增
					AI 智能识别违章图片导出	新增
					识别率分析	新增
					违章行为统计分析	新增
					人员违章频次分析	新增
	作业现场违章智能识别大屏展示	新增	作业现场展示	新增	作业现场展示	新增
					AI 智能识别违章现场视频	新增
					违章信息实时展示	新增
					违章详情展示	新增
	安全等级评价资源管理	新增	法律法规	新增	法律法规数据管理	新增
					导入法律法规资源	新增
			事故案例	新增	事故案例数据管理	新增
					导入事故案例资源	新增
			典型违章	新增	典型违章数据管理	新增
					导入典型违章资源	新增

系统名称	一级功能	状态	二级功能	状态	三级功能	状态
			安全文化	新增	安全文化数据管理	新增
					导入安全文化资源	新增
			培训课件	新增	培训课件数据管理	新增
					导出培训课件资源	新增
			安全专家库	新增	安全专家数据获取	新增
					安全专家数据管理	新增
					导入安全专家信息	新增
	安全等级评价	新增/完善	培训计划管理	新增	培训计划管理	新增
					培训成果展示	新增
			题库管理	完善	安全等级评价题库管理	完善
					导入安全等级评价题库	完善
			试卷管理	完善	安全等级评价试卷管理	完善
					发布安全等级评价试卷	完善
			主业人员安全等级评价	新增	参试主业人员信息综合展示	新增
					主业人员安全等级评价	新增
					主业人员评价信息导出	新增

系统名称	一级功能	状态	二级功能	状态	三级功能	状态
			产业人员安全等级评价	新增	参试产业人员信息综合展示	新增
					产业人员安全等级评价	新增
					产业人员评价信息导出	新增
			员工动态评价	新增	员工动态评价	新增
			等级评价结果公示	新增	等级评价结果公示	新增
	安全等级评价分析管理	新增	队伍人员现状分析	新增	队伍人员现状分析	新增
			培训计划执行分析	新增	培训计划执行分析	新增
			安全等级评价分析	新增	安全等级评价分析	新增

具体业务应用功能详见附件1。

4.2.3 实施工作

示例：

实施工作主要包括差异分析及方案设计、数据收集及处理、系统部署及配置、系统测试、培训、上线准备及切换、上线试运行支持等。

序号	工作项	工作内容
1		差异分析及方案设计
1.1	实施单位需求收集	调研并汇总各单位相关业务领域数据适用情况，收集业务数据需求；调研各单位应用场景需求，统计收集所需的业务场景
1.2	差异分析	根据实施单位相关业务数据需求，进行差异分析
1.3	编制调整方案	根据实施单位相关业务数据需求和应用场景需求，编制实施方案及整体系统调整方案，制定平台设计方案
2		数据收集及处理
2.1	编制数据收集方案	制定数据收集方案及数据收集模板
2.2	数据收集及梳理	现场收集、调研并整理用户及权限、业务数据
2.3	数据校核	根据收集结果，确认数据收集内容，核对数据准确性
3		系统部署及配置
3.1	软件安装与配置	系统程序包部署
3.2	流程与权限配置	规则本地化配置调整、任务配置及用户权限配置等；已集成稽核结果集成需求变动程序配置
3.3	初始化数据导入	初始化数据导入及核对、调整
4		系统测试
4.1	纵向贯通测试	编写测试计划及用例，进行系统模块测试
4.2	用户接受测试	用户测试，用户确认功能配置的正确性；集团对标全流程管控优化功能测试
5		培训
5.1	培训准备	编写培训计划、培训材料，准备培训环境，编写本地化培训计划、培训材料
5.2	用户培训	用户分批次培训
5.3	运维人员培训	培训及运维材料移交
5.4	培训考核	对培训人员进行考核，验证人员培训情况

序号	工作项	工作内容
6	上线准备及切换	
6.1	编制上线方案	编写系统切换方案、应急预案、支持方案
6.2	业务数据导入	风控系统原始数据整理及数据导入
6.3	系统切换	系统调整、系统切换、传输、方案编制
7	上线试运行支持	
7.1	系统性能调优与运维技术支持	现场及远程运维支持（省公司业务部门及下属公司）
7.2	用户使用支持	业务应用支持（省公司业务部门及下属公司）

4.2.4 系统集成

本系统数据均来源于数据中台，但是跨 PMS 系统、SG186 系统、配网自动化系统、智能化供服指挥系统等业务系统，通过多源数据的融合，形成人工智能数字孪生平台。

序号	对端系统名称	集成方式	集成关系
1	数据中台	数据集成	业务数据信息

4.3 实施范围

示例：

按照国网黑龙江电力本部二级部署方式，部署在信息内网。

4.4 技术方案

4.4.1 系统架构
总体架构图如下所示。

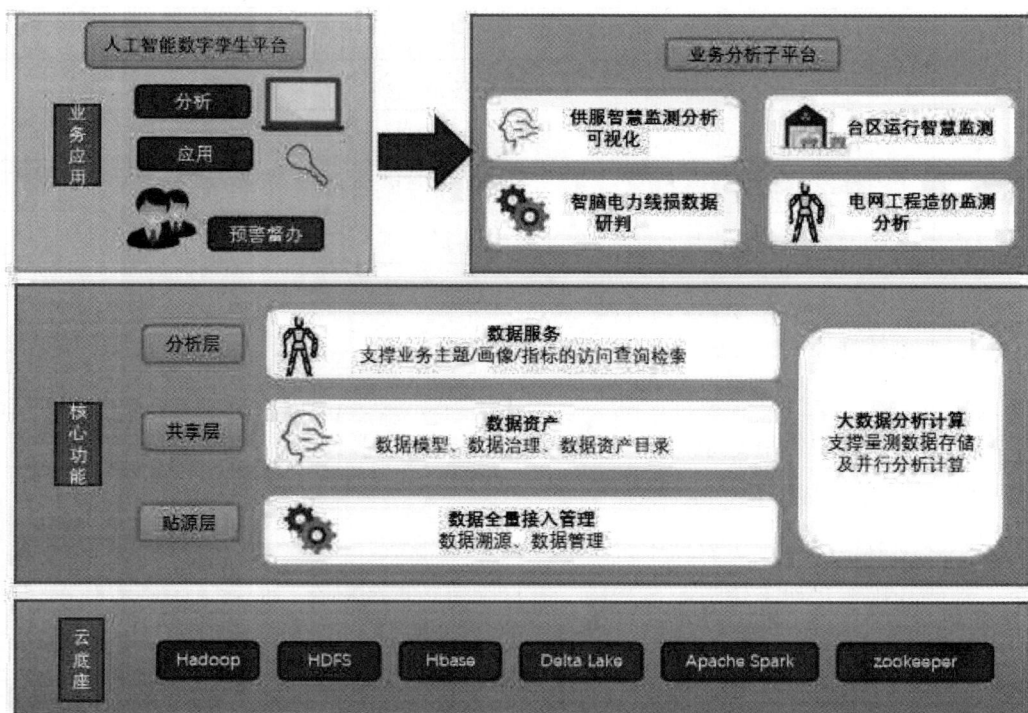

示例：

本项目重点围绕数据接入整合、数据存储计算、数据服务和系统部署管理四个方面展开，系统安全设计和数据资产运营管理遵循国网数据中台架构。

数据接入整合：按照数据中台技术路线，由人工智能孪生平台主题涉及的业务数据源系统接入数据中台贴源层进行数据接入和清洗工作，并接入数据中台贴源层。

系统部署管理：XXX统一部署在统一云管平台，数据库业务应用统一存储在数据中台。

4.4.2 架构遵从

（1）业务架构。

业务架构图如下。

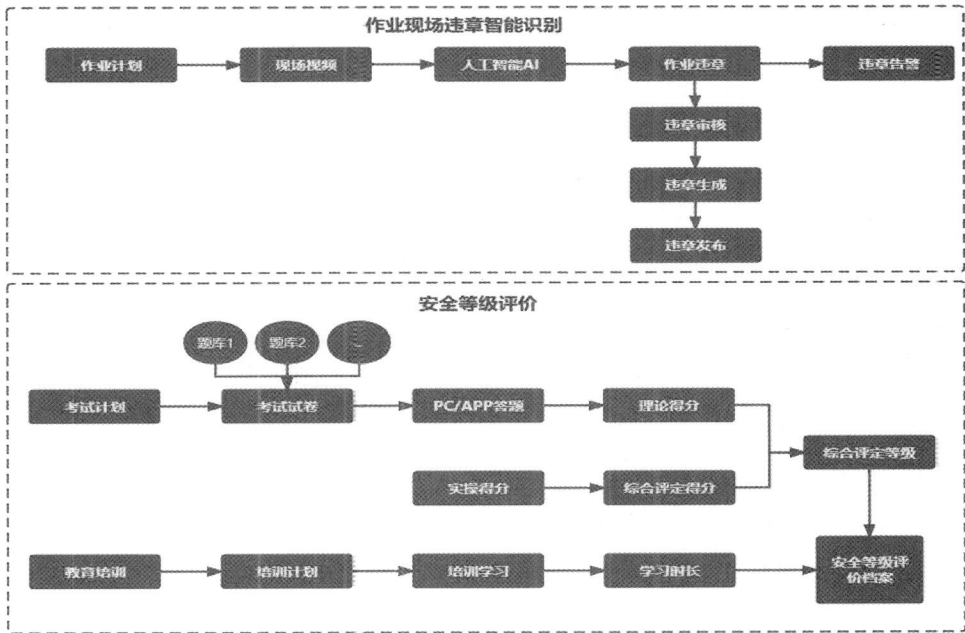

（2）应用架构。

遵从国家电网公司数字化架构管控要求，严格遵循应用完整性、横向整合、业务驱动性及架构柔性原则，合理设计应用架构。应用架构图如下。

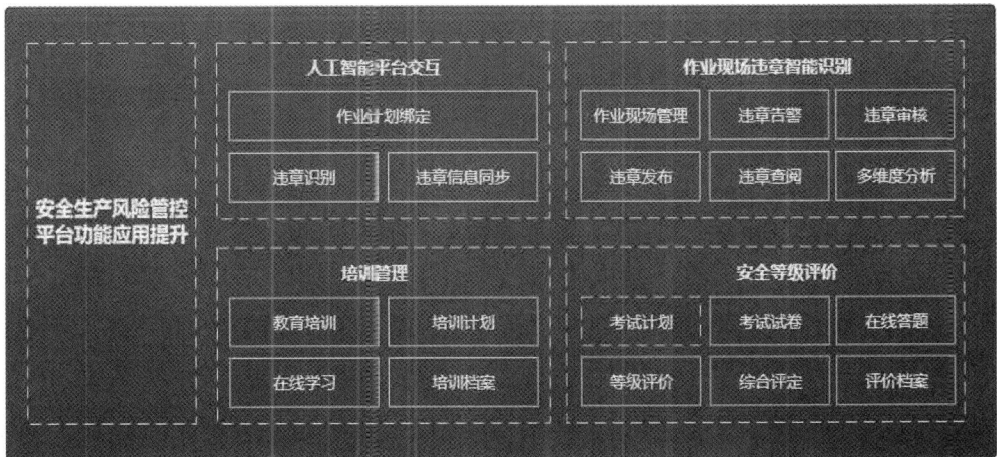

（3）数据架构。

国网黑龙江电力-XXX-设计开发实施项目沿用安全生产风险管控平台系统数据

架构。内部数据通过云服务总线获取，数据主要来源于安全生产风险管控平台，包括作业计划基础数据、人员基础数据、安全专家库数据、视频设备视频流数据、告警信息等。数据架构图如下。

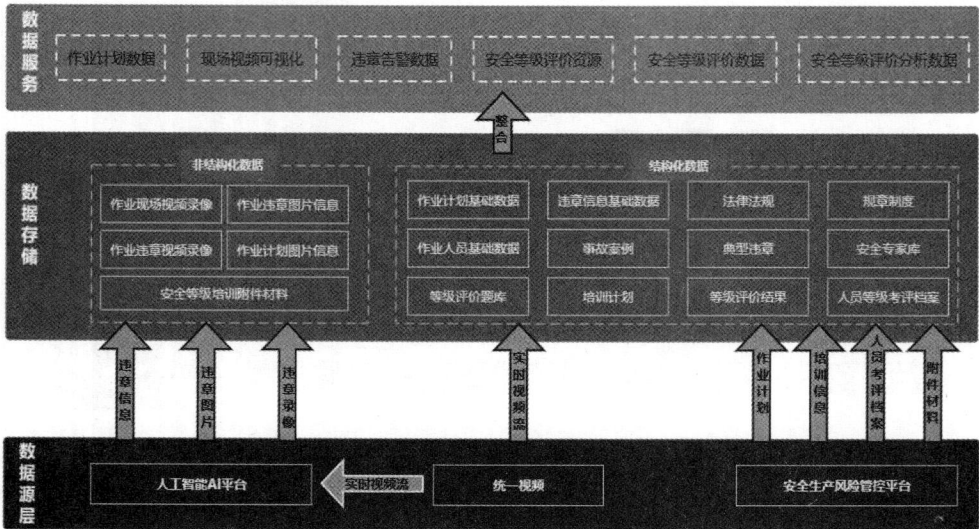

（4）技术架构。

技术架构分为4层：数据源层、数据存储层、应用服务层和展示层。数据存储层完成对业务数据的存储与使用；数据服务层负责为前端应用展示提供交互服务功能；展示层采用前、后端分离技术，负责完成系统与用户的交互。技术架构图如下。

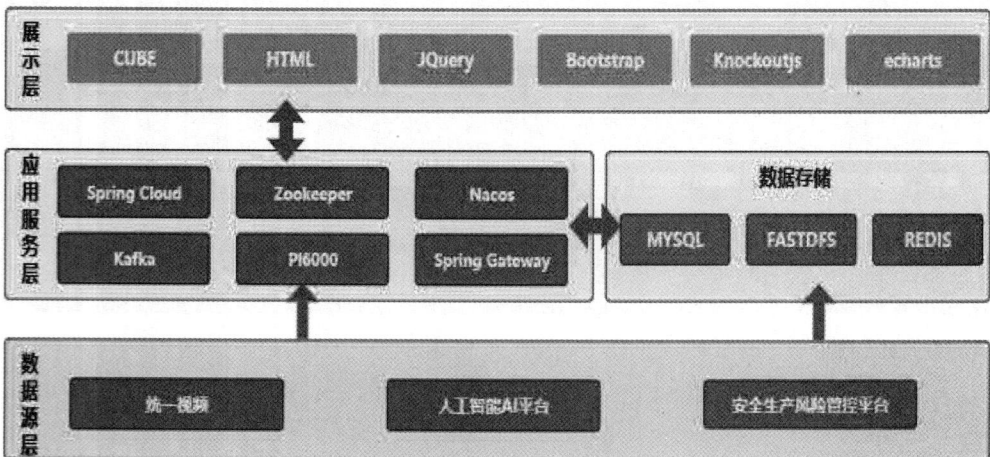

（5）安全架构。

本项目部署在信息内网，PC端用户通过信息内网访问，APP端用户在信息外网访问系统时，服务端通过安全交互平台、隔离装置、防火墙与内网系统进行交互。安全架构图如下。

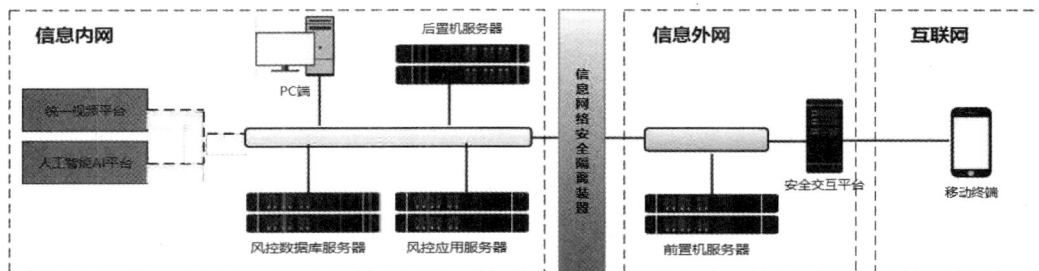

4.4.3 技术路线

项目	内容
技术选型	服务端架构技术采用分布式架构、XXX 进行架构设计； 界面展现技术采用成熟界面展现技术，包括 HTML5、XXX 等； 服务端开发技术采用 Java、XXXX 等； 数据存储采用 XXX 等
开发平台	SG–UAP

4.4.4 关键技术

示例：

（1）数据处理：从系统表层抽取数据并经由各项审计、安全、流程、集成引擎进行数据获取管理。

（2）技术兼容：基于数据中台技术实现方式，兼容中台推荐的数据报表组件和分析工具。

（3）权限控制：数据产品应具备统一权限管理，门户登录后通过链接实现应用登录。

技术选型	组件说明	场景应用
Spark	Apache Spark 使用先进的 DAG 调度程序，查询优化程序和物理执行引擎，实现批量和流式数据的高性能	提供在线数据处理及内存计算
Kafka	Kafka 是一个分布式、多订阅者，基于 zookeeper 协调的 MQ 系统，用于 web/nginx 日志、访问日志，消息服务等	用于不同系统间的数据交流和传递

4.5 项目管理

4.5.1 项目管理

示例：

项目管理方式与内容：对岗位职责及人员安排做细致的安排，以便做到责权明确、科学管理，确保项目顺利完成。

4.5.2 项目人员

示例：

从事该项目的骨干人员应对电力业务具有深刻的认识，对项目的建设管理工作具有丰富的管理经验。建设人员应对该项目的关键技术充分掌握，应具备一定的数据库开发经验，并具备良好的沟通能力和职业素养。项目组人员共计XX人。

序号	岗位	职责	人员数量
1	项目管理	负责调研和实施协调、管理工作，以及文档版本控制、项目进度管控、重大问题解决方案的确认等工作	1
2	软件设计	负责业务需求、功能需求的调研；负责系统需求设计、概要设计、数据库设计等工作	1
3	软件开发	参与需求调研设计工作，负责数据处理、模块开发工作	3
4	实施管控	根据 PMO 制定的方案、方针、策略，监控各实施单位的工作，确保项目按照预期目标和进度进行	1
5	系统联调测试	提供项目实施过程中的软件联调及系统功能测试；协助对发布版本及补丁内容进行的内部测试	2
6	实施	负责项目在各实施点的实施工作	1

4.5.3 项目进度

示例：

项目工期 XX 个月。

设计开发实施部分：

序号	阶段	工期	提交成果	备注
1	需求调研	0.5 个月	需求分析报告 用户需求分析说明书	
2	系统设计	1 个月	概要设计、详细设计 数据库设计说明书	
3	系统开发	3 个月	源代码、数据库脚本	
4	系统测试	0.5 个月	系统集成测试报告 第三方测试报告 安全测试报告	
5	系统部署	1 个月	系统部署方案 用户确认测试报告 技术服务承诺书 用户手册 系统管理员手册 系统应急预案及快速恢复方案 上线试运行申请单 系统试用（使用）报告	
6	项目试运行	3 个月	用户测试报告	
7	项目试运行验收	0.25 个月	上线试运行验收报告	
8	项目验收	0.25 个月	项目验收报告	

4.5.4 项目会议

序号	项目	内容	项目要求
1	项目启动会	项目启动	人×天：1人×1天
2	项目需求评审会	需求评审	人×天：1人×1天
3	项目概要设计评审会	项目概设评审	人×天：1人×1天
4	项目实施方案评审会	实施方案评审	人×天：1人×1天
5	项目试运行验收	项目试运行验收	人×天：1人×1天
6	项目竣工验收	项目竣工验收	人×天：1人×1天

4.5.5 项目培训

序号	培训内容	项目单位要求
1	系统管理人员培训	人×天：1人×1天
2	系统运维人员培训	人×天：1人×1天

5 硬件设计

5.1 部署方案

示例：

使用现有云平台资源。部署架构图如下。

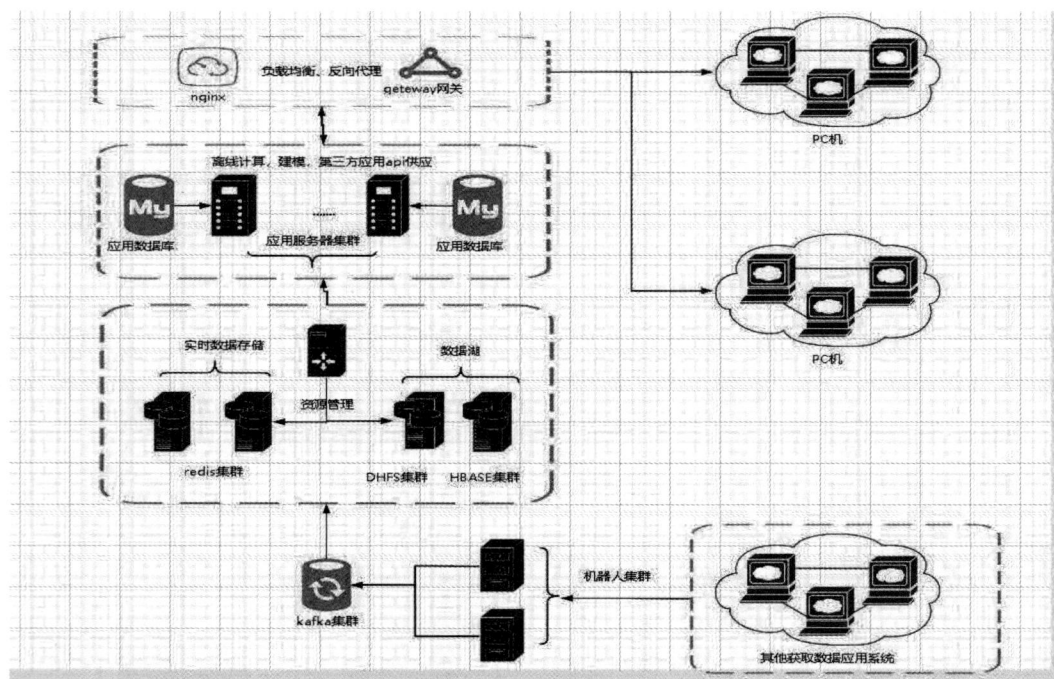

5.2 服务器需求测算

5.2.1 设备现状

（1）必须写清楚现有的服务器资源、利旧情况。如果需要新的服务器，一定要写清楚服务器需求和软硬件需求，并且需要写详细，如果不写后期评审不能通过。

（2）软件授权也写到服务器需求部分，需要正版软件授权的要写清楚。

（3）对云资源的申请要详细说明。

5.2.2 设备利旧

示例：

使用现有XX资源。

5.2.3 服务器需求说明

说明是否需要新的服务器资源。

示例：

序号	角色	介质	配置	高可用	备注
1	应用负载均衡	Nginx	8C/16G/100G	主	Keepalived 实现主备份
2		Nginx	8C/16G/100G	备	
3	中间件服务器	Weblogic	8C/16G/200G	集群	中间件服务器包括应用服务和文件服务
4	中间件服务器	Weblogic	8C/16G/200G	集群	中间件服务器包括应用服务和文件服务
5	数据库服务器	MySQL5.7	8C/16G/300G	集群	云平台数据库服务器
6	数据库服务器	MySQL5.7	8C/16G/300G	集群	

5.2.4 其他说明

需要正版软件授权的要写清楚。

5.3 基础环境需求

5.3.1 存储估算

示例：

每年 10GB 存储需求。

5.3.2 网络接入需求

示例：

系统接入信息内网。

5.3.3 存储网络接入需求

不涉及。

5.3.4 负载均衡接入需求

不涉及。

5.3.5 安全等级及设备需求

一定写清楚安全等级。

示例：

本项目安全等级为等保二级。

6 主要设备材料清册

如项目不涉及硬件内容，本章写不涉及。

6.1 编制说明

不涉及。

6.2 主要设备材料表

不涉及。

7 估算书

7.1 概述

针对上述内容，按照有关要求，对项目建设过程中的相关费用进行估算，确定项目总体投资。

7.2 编制原则和依据

（1）项目划分和项目工作量度量方法、过程及原则参照《国家电网有限公司电网数字化项目工作量度量规范》（以下简称《规范》）及《国家电网有限公司电网数字化项目工作量度量规范应用指南（2020 版）》（以下简称《应用指南》）测算。

（2）按照《规范》《应用指南》规定，咨询设计类人工费率为 2500 元/人天；开发类人工费率为 2100 元/人天；集成实施类、业务运营类人工费率为 1500 元/人天；

数据工程类人工费率分为三档，其中，数据接入、上传、下发及数据产品（应用）实施参照集成实施人工费率标准执行（1500元/人天），数据产品（应用）研发工作参考系统开发人工费率标准执行（2100元/人天），数据标准化、资源目录构建、治理等其他工作参考软件行业协会基准费率执行（1800元/人天）。

（3）本报告中人工费率即为综合人工单价，包括直接人力成本、直接非人力成本、间接人力成本、间接非人力成本及合理利润，但不包括购置类费用。

（4）本期不计取价差预备费及建设期贷款利息。

（5）工作量依据可研设计提资。

7.3 投资分析

国网黑龙江电力–XX–设计三发实施项目，本投资测算根据《国家电网有限公司关于印发电网数字化项目工作量度量规范及其应用指南的通知》（国家电网互联〔2020〕606号）对建设内容（需求分析、系统设计和开发三部分）按照设计研发类工作量度量模型AE（总工作量）= S×PDR（各工作任务工作量度量值求和）×IFD（设计开发类工作量影响因子）进行测算，项目预估工作量评估共XX人天，投资估算为XX万元。对建设内容（包含差异分析及方案设计、数据收集及处理、系统部署及配置、系统测试、培训、上线准备及切换和上线试运行支持）按照实施类工作量度量模型进行测算，项目预估工作量评估共XX人天，投资估算为XX万元。项目预估总投资为XX万元，各项费用如下表。

序号	名称	计算基础及计算公式	工作量（人天）	人工费率（万元/人天）	金额（万元）
1	建安工程费				—
2	软件购置费				—
3	硬件购置费				—
4	咨询服务费				—
5	系统设计开发费	（S×PDR）×IFD	XX	0.21	XX
	系统集成开发费				
6	系统实施费	AE=∑（D×SOI）×IFI	XX	0.15	XX
	系统集成实施费				
7	其他费用		—	—	
总　计					XX

各项费用投资分析如下（如有额外费用可增加小节说明）。

（1）咨询设计费。

不涉及。

（2）系统开发费。

系统设计开发详情如下。

本系统开发包括标准管理、申报管理、实施管理、考核评价、台账管理的需求分析、方案设计、系统开发。

设计研发类工作量度量模型：AE（总工作量）=S×PDR×IFD

其中：

S——软件功能规模，$S = \sum（F×C）$；

F——各等级软件功能规模求和，本项目共45个二级功能，因此F取45；

C——各软件功能项等级系数,本项目C取1,2;

PDR——工作任务二作量度量值,本项目PDR取8。系统功能开发影响因子得分(IFD)=(技术复杂度×权重+业务复杂度×权重+业务承载能力×权重+安全防护复杂度×权重)×(系统构建难度×权重+用户活跃度×权重)。

其中各项分值如下。

技术复杂度=架构层次复杂度+企业中台应用情况+系统集成情况+应用类型+灾备等级+新技术应用+微应用+模型算法=0.5+0.3+0.4+0.6+0.15+0+0.4+0=2.35;

业务复杂度=业务自身复杂度+用户类型+跨业务口径+业务成熟度+业务类型=0.3+0.2+0.2+0.3+0.3=1.3;

业务承载能力=活跃用户+最大并发用户+业务即时性要求+高可用要求+数据规模=0.2+0.2+0.35+0.2+0.3=1.25;

安全防护复杂度=安全防护要求+安全防护等级=0.5+0.3=0.8;

系统构建难度=1.5;

用户活跃度=1.0;

IFD=(2.35×0.3+1.3×0.3+1.25×0.2+0.8×0.2)×(1.5×0.4+1.0×0.6)=1.806。

IFD——设计开发类工作量影响因子,本项目IFD=XX;

开发类人工费率为2100元/人天;

综上,AE=(36×1×8+9×2×8)×XX=XX人天,向下取值780人天,费用合计=XX×0.21=XX万元。

计算得,本项目预估需要XX人天,费用合计XX万元。其中,需求分析包括需求调研、需求梳理、需求确认三部分,预估需要XX人天,工作量明细详见附件2、附件3;方案设计包括功能设计、数据库设计、安全防护设计、灾备设计、可视化设计五部分,预估需要XX人天,工作量明细详见附件4、附件5;开发包括功能开发、数据库开发、内部测试三部分,预估需要XX人天,工作量明细详见附件6、附件7。

设计开发工作量表

工作内容	需求分析	方案设计	系统开发	小计		
	工作量（人天）			工作量（人天）	人天单价（万元/人天）	费用（万元）
标准管理	17	17	52	86	0.21	XX
清单管理	12	12	35	59	0.21	XX
项目申报	32	32	95	159	0.21	XX
过程管理	66	66	199	331	0.21	XX
台账管理	20	20	61	101	0.21	XX
系统管理	9	9	26	44	0.21	XX
合计	XX	XX	XX	XX	**0.21**	XX

（3）集成实施费。

完成标准管理、申报管理、实施管理、考核评价、台账管理、系统管理共6个一级功能模块在国网黑龙江电力的实施。预估需要118人天，费用合计17.7万元。具体计算方式如下：

实施类工作量度量模型：AE（总工作量）=∑（D×SOI）×IFI

其中：

D——一级工作任务工作量度量值，本项目按照二级部署方式部署，因此D取72；

SOI——工作任务所涉及的实施数量，本项目在国网黑龙江电力实施，因此SOI取1；

实施类工作量集成实施影响因子IFI=（实施复杂度×权重+数据收集整理难度×权重+安全防护复杂度×权重）×（系统构建难度×权重+用户活跃度×权重）。

其中各项分值如下：

实施复杂度=实施工作范围+应用类型+业务成熟度+灾备等级+新技术应用+感知层业务支撑+适应性调整+非功能性调优=0.5+0.4+0.4+0.15+0+0+0+0.3=1.75；

数据收集整理难度=跨专业采集+现场采集数量+采集对象=0.5+0.4+0.3=1.2；

安全防护复杂度=安全防护要求+安全防护等级=0.5+0.3=0.8；

系统构建难度=1.5；

用户活跃度=1；

IFI=（1.75×0.45+1 2×0.35+0.8×0.2）×（1.5×0.4+1×0.6）=XX

IFI——实施类工作量影响因子，本项目IFI=XX；

实施类人工费率为1500元/人天；

系统实施参照集成实施人工费率标准执行为1500元/人天。

综上，AE（总工作量）=∑（D×SOI）×IFI =（72×1）×1.641=XX人天，向下取值XX人天，费用合计=XX×0.15 =XX万元。

实施工作包括差异分析及方案设计、数据收集及处理、系统部署及配置、系统测试、培训、上线准备及切换和上线试运行支持。其中，差异分析及方案设计包括实施单位需求收集、差异分析、编制调整方案三部分，预估投入13人天；数据收集及处理包括编制数据收集方案、数据收集及梳理、数据校核三部分，预估投入13人天；系统部署及配置包括软件安装与配置、流程与权限配置、初始化数据导入三部分，预估投入20人天；系统测试包括用户接受测试一部分，预估投入16人天；培训包括培训准备、用户培训、运维人员培训、培训考核四部分，预估投入10人天；上线准备及切换包括编制上线方案、业务数据导入、系统切换三部分，预估投入20人天；上线试运行支持包括系统性能调优与运维技术支持、用户使用支持两部分，预估投入26人天。工作量明细详见附件9。

实施工作量表

序号	工作内容	工作量（人天）	费用（万元）
1	差异分析及方案设计	13	XX
2	数据收集及处理	13	XX
3	系统部署及配置	20	XX
4	系统测试	16	XX
5	培训	10	XX
6	上线准备及切换	20	XX
7	上线试运行支持	26	XX
合计		XX	XX

（4）业务运营费。

不涉及。

（5）数据工程费。

不涉及。

（6）其他费用。

其他费用XX万元。

序号	项目名称	工作描述	金额（万元）
1	第三方 测试费	功能、非功能性测试费	XX
2		安全性测试费	XX
合计			XX

附件 1 业务应用功能明细表

业务应用功能明细表

系统名称	一级功能	状态	二级功能	状态	C等级系数	三级功能	状态	功能点说明	涉及用户
安全生产风险管控平台	人工智能平台交互	新增	作业计划数据管理	新增	1	作业计划绑定	新增		
						作业状态通知	新增		
						…	新增		
			违章识别管理	新增	1	视频流读取	新增		
						识别结果反馈	新增		
						…	新增		
	作业管理	新增/完善	作业现场管理	新增	2	作业现场	新增		
						智能识别现场视频	新增		
						作业现场识别	新增		
						…	新增		
			安全专家库	新增	1	安全专家数据获取	新增		
						安全专家数据管理	新增		
						…	新增		
			安全等级评价分析	新增	2	安全等级评价分析	新增		
						…	新增		

附件 2 需求分析工作量表

需求分析工作量表

单位：人天

序号	一级功能 模块名称	需求调研	需求梳理	需求确认	合计
1	人工智能平台交互	3	4	3	10
2	作业管理	2	2	3	7
3					
4					
5					
6					
7					
合计		XX	XX	XX	XX

附件3 需求分析工作量明细表

XXX-需求分析工作量明细表

功能模块描述		需求分析			合计工作量（人天）	单价（万元/人天）	费用（万元）
一级功能	二级功能	需求调研	需求梳理	需求确认			
人工智能平台交互	作业计划数据管理					XX	
	违章识别管理					XX	
作业管理	作业现场管理					XX	
	安全专家库					XX	
	安全等级评价分析					XX	
	XX					XX	
合计		XX	XX	XX	XX	XX	

注：人天数小于等于8，且为整数，如果二级功能大于8项，那么将三级功能细化。

附件 4 方案设计工作量表

XX-方案设计工作量表

单位：人天

序号	一级功能模块	功能设计	数据库设计	安全防护设计	灾备设计	可视化设计	合计
1	人工智能平台交互	10	7	0	0	0	17
2	作业管理	6	5	0	0	1	12
3							
4							
5							
6							
7							
合计		XX	XX	XX	XX	XX	XX

附件 5 方案设计工作量明细表

XXX-方案设计工作量明细表

功能模块描述		方案设计					合计工作量（人天）	单价（万元/人天）	费用（万元）
一级功能	二级功能	功能设计	数据库设计	安全防护设计	灾备设计	可视化设计			
人工智能平台交互	作业计划数据管理	1				1	XX	XX	XX
	违章识别管理	2				2	XX	XX	XX
	违章信息同步	12				1	XX	XX	XX
作业管理	作业现场管理								
	作业计划管理								
合计		XX				XX	XX	XX	XX

附件 6　开发工作量表

XXX-开发工作量表

单位：人天

序号	一级功能模块	功能开发	数据库开发	测试	合计
1	人工智能平台交互	28	7	7	42
2	作业管理	18	5	5	28
3					
4					
5					
6					
7					
合　计		XX	XX	XX	XX

附件 7　开发工作量明细表

XXX-开发工作量明细表

功能模块描述		系统开发				合计工作量（人天）	单价（万元/人天）	费用（万元）
一级功能	二级功能	功能开发	数据库开发	内部测试	外部测试			
人工智能平台交互	作业计划数据管理	3	1	XX	XX	XX	XX	XX
	违章识别管理	3	2	XX	XX	XX	XX	XX
	违章信息同步	4	1	XX	XX	XX	XX	XX
作业管理	作业现场管理							
	作业计划管理							
合计		XX	XX	XX	XX	XX	XX	XX

附件 8　实施工作量明细表

XX实施项目工作量表

序号	工作任务	合计工作量（人天）
1	差异分析及方案设计	XX
2	数据收集及处理	XX
3	系统部署及配置	XX
4	系统测试	XX
5	培训	XX
6	上线准备及切换	XX
7	上线试运行支持	XX
合计		XXX

附件 9 实施工作量明细表

XX实施工作量明细表

序号	工作任务	工作量基数（人天）	合计工作量（人天）	单价（万元/人天）	费用（万元）
1	差异分析及方案设计	8	13	0.15	XX
1.1	实施单位需求收集	4	7	0.15	XX
1.2	差异分析	2	3	0.15	XX
1.3	编制调整方案	2	3	0.15	XX
2	数据收集及处理	8	13	0.15	XX
2.1	编制数据收集方案	2	3	0.15	XX
2.2	数据收集及梳理	4	7	0.15	XX
2.3	数据校核	2	3	0.15	XX
3	系统部署及配置	12	20	0.15	XX
3.1	软件安装与配置	3	5	0.15	XX
3.2	流程与权限配置	5	8	0.15	XX
3.3	初始化数据导入	4	7	0.15	XX
4	系统测试	10	16	0.15	XX
4.1	纵向贯通测试	0	0	0.15	XX
4.2	用户接受测试	10	16	0.15	XX
4.2.1	源代码审核	3	5	0.15	XX
4.2.2	配置脚本审核	2	3	0.15	XX
4.2.3	可执行程序测试	5	8	0.15	XX
5	培训	6	10	0.15	XX
5.1	培训准备	1	2	0.15	XX
5.2	用户培训	2	3	0.15	XX
5.3	运维人员培训	2	3	0.15	XX
5.4	培训考核	1	2	0.15	XX
6	上线准备及切换	12	20	0.15	XX
6.1	编制上线方案	2	3	0.15	XX
6.2	业务数据导入	6	10	0.15	XX

序号	工作任务	工作量基数（人天）	合计工作量（人天）	单价（万元/人天）	费用（万元）
6.2.1	基础数据导入	4	6	0.15	XX
6.2.2	标准数据导入	2	4	0.15	XX
6.3	系统切换	4	7	0.15	XX
7	**上线试运行支持**	16	26	0.15	XX
7.1	系统性能调优与运维技术支持	6	10	0.15	XX
7.1.1	系统性能调优	2	3	0.15	XX
7.1.2	运维技术支持	4	7	0.15	XX
7.2	用户使用支持	10	16	0.15	XX
7.2.1	普通用户支持	4	6	0.15	XX
7.2.2	专业部门用户支持	2	4	0.15	XX
7.2.3	人资用户支持	4	6	0.15	XX
合计		XX	XX	XX	XX

3.6.2.3 设计开发实施项目说明书

数字化项目说明书

项目名称		国网 XX 电力 XX 供电公司–XX–设计开发实施项目
项目类别		设计开发实施项目
项目申报单位		国网黑龙江省电力有限公司
项目实施时间		XX 个月（项目所用的时间）
项目必要性	基本情况	项目的基本情况
	问题及必要性	问题：项目存在的问题有哪些 必要性：购置项目的必要性
项目内容和方案	目标和范围	目标：项目要达到什么样的目标 范围：实施的范围或者应用的范围
	实施方案	详细写明

项目投资估算（万元）	总投资	资本性	成本性
	XX	XX	XX

效益分析	效益分析内容参考可行性研究报告的 1.3 效益分析部分

主要设备及材料

名称	规格及型号	数量	单价（万元）	合价（万元）

编制：	审核：	批准：

注：其他需要说明的问题可另附页。

3.6.2.4 设计开发实施项目（WBS）表

国网黑龙江电力xxx供电公司–xxx–设计开发实施项目–数字化建设工作分解结构（WBS）表如下。

B.2 系统功能开发WBS分解表

下表内容要与可研保持一致。

（1）业务需求最多分解到二级。

（2）"一级业务项"：以建设目标为向导，按系统开发工作的子项进行拆分。

（3）"二级业务项"：WBS拆分要以完成上级的工作任务为依据，充分考虑到系统开发工作的范围和对象，按照100%原则逐层拆分。

（4）"状态"：说明该二级业务项属于新增工作还是完善工作。

（5）"业务描述"：描述最小层级的业务项内容。

（6）"补充说明"：针对业务描述中的特殊情况进行补充说明。

技术路线							预计投入总人数（人）	预计投入总天数（天）	预计投入总人天数（人天）
序号	需求	一级业务项	二级业务项	状态	业务描述	补充说明			
1	需求分析	数据融合服务	数据共享	新增	实现各应用系统之间的数据共享		1	3	3
			数据交换	新增	实现各应用系统之间的数据交换		1	3	3
			API注册	新增	提供数据API接口，为后期的展现层提供接口服务支撑		1	3	3
		人工智能应用支撑	应用服务平台	新增					
			应用运营平台	新增					

2	方案设计	数据融合服务	数据共享	新增					
			数据交换	新增					
			API注册	新增					
			数据分析展示	新增					
			运行监控中心	新增					
3	开发	数据融合服务	数据共享	新增					
			数据交换	新增					

B.3 系统集成WBS分解表

下表内容要与可研保持一致。

（1）"系统名称"：需集成系统名称。

（2）"集成状态"：表示对端系统是否首次与本端系统集成。"新增"表示是首次与本端系统集成；"非新增"表示不是首次与本端系统集成。

（3）"数据内容"：本期集成的内容。

序号	系统名称	集成状态	数据内容	本端系统集成开发（人天）	对端系统集成开发（人天）	备注
1	数据中台	新增	营销系统档案数据、电量数据、用电采集数据、PMS中配电台账数据	13	13	
2	配电自动化系统	新增	智能台区数据、"二遥"DTU/FTU数据、其他监测终端等	13	0	
3	GIS系统	新增	地图、网架数据等	13	0	
合计				39	13	

B.4 系统实施WBS分解表

下表内容要与可研保持一致。

集成实施工作：若涉及该项工作任务，则填写"是"，否则填写"否"或不填写。

实施范围								
部署方式		xxx						
实施单位数量	总部	分部	省公司	直属单位	三地数据中心	预计投入总人数（人）	预计投入总天数（天）	预计投入总人天数（人天）
	x	x	x	x	x			
序号 / 工作任务	是否涉及该工作任务							
	总部	分部	省公司	直属单位	三地数据中心			
1 差异分析及方案设计	否	否	是	否	否			8
1.1 实施单位情况收集	否	否	是	否	否	1	4	4
1.2 差异分析	否	否	是	否	否	1	2	2
1.3 编制调整方案	否	否	是	否	否	1	2	2
2 数据收集及处理	否	否	是	否	否			8
2.1 编制数据收集方案	否	否	是	否	否	1	2	2
2.2 数据收集及梳理	否	否	是	否	否	1	4	4

2.3	数据校核	否	否	是	否	否	1	2	2
3	**系统部署及配置**	否	否	是	否	否			12
3.1	软件安装与配置	否	否	是	否	否	1	3	3
3.2	流程与权限配置	否	否	是	否	否	1	5	5
3.3	初始化数据导入	否	否	是	否	否	1	4	4
4	**系统测试**	否	否	是	否	否			18
4.1	纵向贯通测试	否	否	是	否	否	2	4	8
4.2	用户接受测试	否	否	是	否	否	2	5	10
5	**培训**	否	否	是	否	否			6
5.1	培训准备	否	否	是	否	否	1	1	1
5.2	用户培训	否	否	是	否	否	1	2	2
5.3	运维人员培训	否	否	是	否	否	1	2	2
5.4	培训考核	否	否	是	否	否	1	1	1
6	**上线准备及切换**	否	否	是	否	否			12

6.1	编制上线方案	否	否	是	否	否	1	2	2
6.2	业务数据导入	否	否	是	否	否	2	3	6
6.3	系统切换	否	否	是	否	否	1	4	4
7	**上线试运行支持**	**否**	**否**	**是**	**否**	**否**			16
7.1	系统性能调优与运维技术支持	否	否	是	否	否	2	3	6
7.2	用户使用支持	否	否	是	否	否	2	5	10

3.6.2.5 设计开发实施项目可研评审意见

国网黑龙江省电力有限公司经济技术研究院关于"国网黑龙江电力-xxx-设计开发实施项目"可行性研究报告的评审意见

示例：

一、必要性

"数字新基建"要求建设数据中心等核心的基础平台，提升数字化连接感知和计算处理能力；构筑电网运行、经营管理、客户服务数字化应用，打造能源互联网数字化创新服务支撑体系；为政府开展需求响应提供数据共享；聚合电网运行、经营管理和客户服务等场景进行全方位展示；研发电力专用模型和算法，打造配网人工智能应用和综合能源服务，提高电网安全生产效率，提升客户优质服务和企业精益管理水平。

二、项目目标

基于人工智能数字孪生电网平台建设，构建虚拟电网对配电网描述、诊断、预测、决策新体系，提升配电网资源配置效率。打造"大感知"网络，实现配电网全域数字化仿真、虚拟化交互，形成数字孪生电网，实现在虚拟电网中的建模、仿真、演化、操控，对数据资源进行全要素展示、业务集中监测。构建数据孪生模型，实现智能分析预测。完成数据融合服务、人工智能引擎、人工智能应用支撑三个模块的开发，提供供服智慧监测分析可视化、智脑线损研判、台区运行智慧监测以及电网工程造价监测分析的服务，打造一站式配电网智能决策服务平台。

三、主要内容

本期人工智能数字孪生平台建设由数据融合服务、人工智能引擎、人工智能应用支撑三部分组成，旨在打造一站式配电网智能决策服务平台。

四、技术方案

整体须满足国网数字化架构要求，遵从业务架构、应用架构、数据架构、技术架构、安全架构五大架构设计原则。（红字部分仅供参考，请勿直接使用。）

五、建设时序

项目总工期 8 个月，其中，开发工期 3 个月，实施工期 5 个月。

六、投资估算

项目总投资为 xx 万元,其中,系统设计开发费为 xx 万元,系统实施费为 xx 万元,其他费用为 xx 万元。

补充经济效益内容与可研报告中经济效益内容保持一致。

3.6.2.6 设计开发实施项目费用测算报告

附 录 D 电网数字化项目费用测算报告

电网数字化项目费用测算报告

（不含购置类费用）

项目名称：国网黑龙江电力 xxx 供电公司-xxx-设计开发实施项目

编制单位：国网黑龙江省电力有限公司电力科学研究院
二〇二三年 xx 月

目 录

测算结果摘要 XXX

1前言 XXX

2测算的目的 XXX

3测算依据及原则 XXX

4投资分析 XXX

5子项1 XXX

5.1咨询设计 XXX

5.2系统开发 XXX

5.2.1系统功能开发 XXX

5.2.2系统集成开发 XXX

5.3集成实施 XXX

5.3.1系统实施 XXX

5.3.2系统集成实施 XXX

5.4业务运营 XXX

5.5数据工程 XXX

6其他费用 XXX

测算结果摘要

国网黑龙江省电力有限公司电力科学研究院 受 国网黑龙江省电力有限公司 委托，根据国家电网有限公司（以下简称"公司"）相关规范要求的方法、过程及原则，按照必要的测算程序，对 国网黑龙江电力 xxx 供电公司–xxx–设计开发实施项目 的工作量及费用进行测算，现将测算结果报告如下。

测算结果呈现：

序号	名称		工作量（人天）	人工费率（万元/人天）	费用（万元）
1	咨询设计费				
2	系统开发费	系统功能开发	xx	0.21	xx
		系统集成开发			
3	集成实施费	系统实施	xx	0.15	xx
		系统集成实施			
4	业务运营费				
5	数据工程费	数据产品（应用）研发			
		数据标准化、盘点、目录构建、质量治理等			
		数据接入、上传、下发，数据产品（应用）实施			
6	其他费用		–	–	xx
总计					**xx**

"名称"是指依据电网数字化项目涵盖的工作性质和工作内容形成的类别划分，划分依据参照《国家电网有限公司电网数字化项目工作量度量规范》。

"工作量"是指从项目立项开始到项目完成验收之间，完成相关工作任务、项目管理及支持活动所需的人天数。

"人工费率"指综合人工单价，具体标准参照《国家电网有限公司电网数字化项目工作量度量规范应用指南（2020 版）》。

"费用"为工作量乘以人工费率计算得到。

该项目的总费用为 xx 万元。

以上内容摘自电网数字化项目费用测算报告（项目名称：国网黑龙江电力 xxx 供电公司–xxx–设计开发实施项目）。

1 前言

"国网黑龙江省电力有限公司电力科学研究院"接受"国网黑龙江省电力有限公司"委托，根据公司相关规范要求的方法、过程及原则，本着客观、独立、公正、科学的原则，按照必要的测算程序，对委托项目"国网黑龙江电力 xxx 供电公司−xxx−设计开发实施项目"的工作量和费用进行测算。

本报告针对可研内容（见《国网黑龙江电力 xxx 供电公司−xxx−设计开发实施项目−可行性研究报告》)，按照有关要求，对项目建设过程中的相关费用进行测算，确定项目总体投资。

2 测算的目的

本次测算的目的是确定"国网黑龙江电力 xxx 供电公司−xxx−设计开发实施项目"的初步测算结果，为公司针对该项目的可研评审提供参考依据。

3 测算依据及原则

（1）项目划分和项目工作量度量方法、过程及原则参照《国家电网有限公司电网数字化项目工作量度量规范》（以下简称《规范》）及《国家电网有限公司电网数字化项目工作量度量规范应用指南（2020 版）》（以下简称《应用指南》）测算。

（2）按照《规范》《应用指南》规定，咨询设计类人工费率为 2500 元/人天；开发类人工费率为 2100 元/人天；集成实施类、业务运营类人工费率为 1500 元/人天；数据工程类人工费率分为三档，其中，数据接入、上传、下发及数据产品（应用）实施参照集成实施人工费率标准执行（1500 元/人天），数据产品（应用）研发工作参考系统开发人工费率标准执行（2100 元/人天），数据标准化、资源目录构建、治理等其他工作参考软件行业协会基准费率执行（1800 元/人天）。

（3）本报告中人工费率即为综合人工单价，包括直接人力成本、直接非人力成本、间接人力成本、间接非人力成本及合理利润，但不包括购置类费用。

（4）本期不计取价差预备费及建设期贷款利息。

（5）工作量依据可研设计提资。

∠ 投资分析

本投资测算根据"国网黑龙江电力 xxx 供电公司–xxx–设计开发实施项目–可行性研究报告"建设内容（包含数据共享、数据交换等 15 个子项）进行测算，项目预估总投资为 xxx 万元，各项费用如下表。

序号	名称		工作量（人天）	人工费率（万元/人天）	费用（万元）
1	咨询设计费				
2	系统开发费	系统功能开发	xx	0.21	xx
		系统集成开发			
3	集成实施费	系统实施	xx	0.15	xx
		系统集成实施			
4	业务运营费				
5	数据工程费	数据产品（应用）研发			
		数据标准化、盘点			
6	其他费用		–	–	xx
总计					xx

各项费用投资分析如下。

序号	系统名称	咨询设计	系统开发		集成实施		业务运营	数据工程	小计（万元）
			系统功能开发	系统集成开发	系统实施	系统集成实施			
1	国网黑龙江–xxx–设计开发实施项目		xx		xx				xx
合计									xx

5 子项1

5.1 咨询设计

不涉及。

5.2 系统开发

5.2.1 系统功能开发

本系统包括数据融合服务、人工智能引擎、人工智能应用支撑三个模块的研发，预估需要 xx 人天，费用合计 xx 万元。

初始规模测算结果

序号	需求名称	最小功能单元
1	数据融合服务	7×2=14
2	人工智能引擎	4×2=8
3	人工智能应用支撑	4×1=4
		2×2=4
合计		xx

工作量及费用明细表

规模初始测算结果（最小功能单元）			30
生产率（人天/最小功能单元）			8
初始工作量（人天）			30×8=xx
影响因子	技术复杂度（权重：30）	架构层次复杂度	0.5
		企业中台应用情况	0.3
		系统集成情况	0.4
		应用类型	1.5
		灾备等级	0.15
		新技术应用	0.4
		微应用	0.4
		模型算法	0.3
	业务复杂度（权重：30）	业务自身复杂度	0.1
		用户类型	0.2
		跨业务口径	0.3

		业务成熟度	0.3
		业务类型	0.2
		人性化定制开发需要	0
		用户交互调整情况	0
		原创性设计	0
	业务承载规模（权重：20）	活跃用户	0.2
		最大并发用户	0.2
		业务即时性要求	0.35
		高可用要求	0.55
		数据规模	0.3
		感知层接入终端规模	0.2
	安全防护复杂度（权重：20）	安全防护要求	0.5
		安全防护等级	0
	系统构建难度（权重：40）	1.2	
	用户活跃度（权重：60）	0.5	
合计		xx	
工作范围		国网黑龙江省电力有限公司	
最终工作量（人天）		xx	
人工费率（万元/天）		0.21	
系统功能开发费用（万元）		xx	

注：工作范围包含需求分析、系统设计（如系统的概要设计、详细设计、数据库设计、用例图等）和开发（包含系统功能开发、数据库开发、内部测试）三项工作内容，根据系统功能开发工作的实际开展情况调整工作量。

5.2.2 系统集成开发

系统集成开发工作的初步工作量计算公式：初步工作量（人天）=13×（本端系

统数量+对端系统数量）。

系统集成开发工作包括系统1、系统2、系统3等 xx 个系统的系统集成开发工作。预估投入 xx 人天，费用合计 xx 万元。

序号	系统名称	本端系统集成开发工作量（人天）	对端系统集成开发工作量（人天）
1	xx 系统	13×1	13×1
2	xx 系统	13×1	13×1
3	xx 系统	13×1	13×1
最终工作量（人天）		13×（3+3）=xx	
人工费率（万元/天）		0.21	
集成开发费用（万元）		xx	

5.3 集成实施

5.3.1 系统实施

本次系统实施工作包括差异分析及方案设计、数据收集及处理等 7 项工作，预估需要计 xx 人天，费用合计 xx 万元。

序号	实施工作项名称	工作量（人天）	费用（万元）
1	差异分析及方案设计	15	xx
2	数据收集及处理	50	xx
3	系统部署及配置	30	xx
4	系统测试	35	xx
5	培训	3	xx
6	上线准备及切换	10	xx
7	上线试运行支持	46	xx
合计		xx	xx

国网 xxx 电力–xxx–设计开发实施项目实施工作按二级部署方式，完成在总部部署，一个分部、一个省公司、一个直属单位、一个数据中心应用的实施工作，预估

需要 <u>xx</u> 人天，费用合计 <u>xx</u> 万元。

一级部署（总部侧）工作量基数（人天）			－
工作量基数（分部、省公司和直属单位）（人天）			80
实施范围（除总部外）			1
初始工作量合计（人天）			xx
影响因子	实施复杂度（权重：45）	实施工作范围	0.6
		应用类型	1
		业务成熟度	0.6
		灾备等级	0.15
		新技术应用	0.4
		感知层业务支撑	0
		适应性调整	0
		非功能性调优	0
	数据收集整理难度（权重：35）	跨专业采集	0.4
		现场采集数量	0.6
		采集对象	0
	安全防护复杂度（权重：20）	安全防护要求	0.5
		安全防护等级	0
	系统构建难度（权重：40）		2
	用户活跃度（权重：60）		1
合计			xx
工作内容			差异分析及方案设计、数据收集及处理、系统部署及配置、系统测试、培训、上线准备及切换、上线试运行支持工作

最终工作量（人天）	xx
人工费率（万元/天）	0.15
系统实施费用（万元）	xx

注：
1.初始工作量合计=一级部署（总部侧）工作量基数+工作量基数（分部、省公司和直属单位）×实施范围（除总部外）；
2.工作内容包含差异分析及方案设计、数据收集及处理、系统部署及配置、系统测试、培训、上线准备及切换、上线试运行支持工作七项任务，根据项目实施的实际开展情况调整工作量。

5.3.2 系统集成实施

系统集成实施的初步工作量计算公式：初步工作量（人天）=$\sum$（3×本端实施单位数量+15）+$\sum$（3×对端实施单位数量+15）。其中，$\sum$为各集成系统的系统集成实施工作量求和。

xx系统集成实施工作包括xx系统等xx个系统，预估投入xx人天，费用合计xx万元，详见下表。

序号	系统名称	本端系统集成实施 工作量（人天）	对端系统集成实施 工作量（人天）
1	xx	3×1+15=18	3×1+15=18
2	xx	3×1+15=18	3×1+15=18
3	xx	xx	xx
最终工作量（人天）		xx	xx
人工费率（万元/天）		0.15	0.15
集成实施费用（万元）		xx×0.15=xx	xx×0.15=xx

5.4 业务运营

不涉及。

5.5 数据工程

不涉及。

6 其他费用

序号	项目名称	工作描述	金额（万元）
1	第三方测试费	功能、非功能性测试费	xx
2		安全性测试费	xx
合计			xx

3.6.3.设计开发项目可研报告注释版

3.6.3.1.设计开发项目需求分析报告

数字化项目需求分析报告
国网黑龙江电力 xxx 供电公司–xxx–设计开发项目

（名称一定是三段式命名规则）

申报部门：国网黑龙江省电力有限公司（盖章）

申报时间：20xx 年 xx 月（与可行性研究报告编制时间一致）

目　录

1 概述... xx

1.1 系统建设现状... xx

1.2 必要性分析... xx

1.3 建设目标... xx

2 业务需求... xx

2.1 标准管理... xx

2.2 清单管理... xx

2.3 项目申报... xx

3 集成需求... xx

4 实施范围... xx

5 其他需求... xx

1 概述

对项目进行概要描述，内容可参考可行性研究报告的总论部分。

1.1 系统建设现状

对系统建设现状进行描述。

示例：

XX 业务由国网黑龙江省电力有限公司（以下简称国网黑龙江电力）本部办公室统一负责，统一管理全省通讯录的应用，制定标准和组织培训，直属单位和地市单位各级办公室按要求指定人员维护各自单位的职工联信信息；各级办公室定期组织电话号码的制定与核对，及时发布最新电话号码表。

1.2 必要性分析

建议结合上下文合理地融入"三导向"中"解决的问题"，不用完全复制。

示例：

目前国网黑龙江电力通讯录信息存在多系统维护未实现系统间同步、通讯录信息的及时更新性和正确性无法保障等问题。由于通讯录信息无唯一源管理和无法及时更新，管理部门每年定期编制各种纸质本通讯录，需要花费大量的人力物力收集信息、核对信息、发布信息等，通讯录更新周期长，不利于通讯录的多场景应用。为增强通讯录的准确性和实时性，解决员工信息分级管理、电话号码电子版本、话机通讯录自动更新等问题，提出本系统建设。

1.3 建设目标

对建设目标进行描述，可参考可行性研究报告中的 4.1 建设目标部分。

示例：

明确以 XX 为企业通讯录的唯一权威数据源，建立组织机构和企业通讯录的常态运营机制，同步到 XX 通讯录，保证组织机构和职工联系信息的多源及时性、准确性和一致性。以企业通讯录权威数据为基础，支撑企业通讯录多种形式应用，如电话号码表应用和智能话机应用，并且支持员工的分级授权管理，提升国网黑龙江电力职工的办公效果，提升企业核心竞争力。

2 业务需求

对业务及业务需求进行描述或进行分项描述。具体示例如下。

2.1 标准管理

2.1.1 业务需求描述

制定和实现外包项目费用的标准管理，完成业务外包项目的 XX 大类 XX 小类的项目费用参考标准制定，为各单位申报项目提供参考标准。

2.1.2 业务流程

无。

2.1.3 业务数据

序号	业务信息	数据项
1	检修标准制定	包括 11 个 1 级小类、19 个 2 级小类项目的费用标准制定，主要包括标准名称、标准内容、标准类型、标准级别、标准值等信息
2	营销标准制定	包括 4 个 1 级小类、9 个 2 级小类项目的费用标准制定，主要包括标准名称、标准内容、标准类型、标准级别、标准值等信息
3	物资标准制定	包括 5 个 1 级小类项目的费用标准制定，主要包括标准名称、标准内容、标准类型、标准级别、标准值等信息
4	后勤标准制定	包括 3 个 1 级小类、6 个 2 级小类项目的费用标准制定，主要包括标准名称、标准内容、标准类型、标准级别、标准值等信息
5	经营标准制定	包括 1 个 1 级小类项目的费用标准制定，主要包括标准名称、标准内容、标准类型、标准级别、标准值等信息
6	安保标准制定	包括 4 个 1 级小类项目的费用标准制定，主要包括标准名称、标准内容、标准类型、标准级别、标准值等信息

2.2 清单管理

2.2.1 业务需求描述

实现业务外包清单管理和辅助性项目、限制性外包业务、负面清单业务回收管理。

2.2.2 业务流程

无。

2.2.3 业务数据

序号	业务信息	数据项
1	外包清单	包括项目名称、项目描述、外包类型、外包内容、外包方要求、交付时间、交付方式、评估标准等信息
2	辅助性项目	包括项目名称、项目描述、项目类型、项目目标、项目范围等信息
3	限制性外包业务	包括限质性业务描述、外包类型、限制条件、外包内容、外包要求等信息
4	负面清单业务回收	包括回收程序、业务描述、数据处理、合规整改、清单类型

2.3 项目申报

2.3.1 业务需求描述

实现业务外包项目申报管理，包括计划编制、计划申报、计划审核和汇总，支持多级申报与审核，申报过程中参考费用标准评估项目预算。

2.3.2 业务流程

项目申报和审批如下图所示。

项目申报

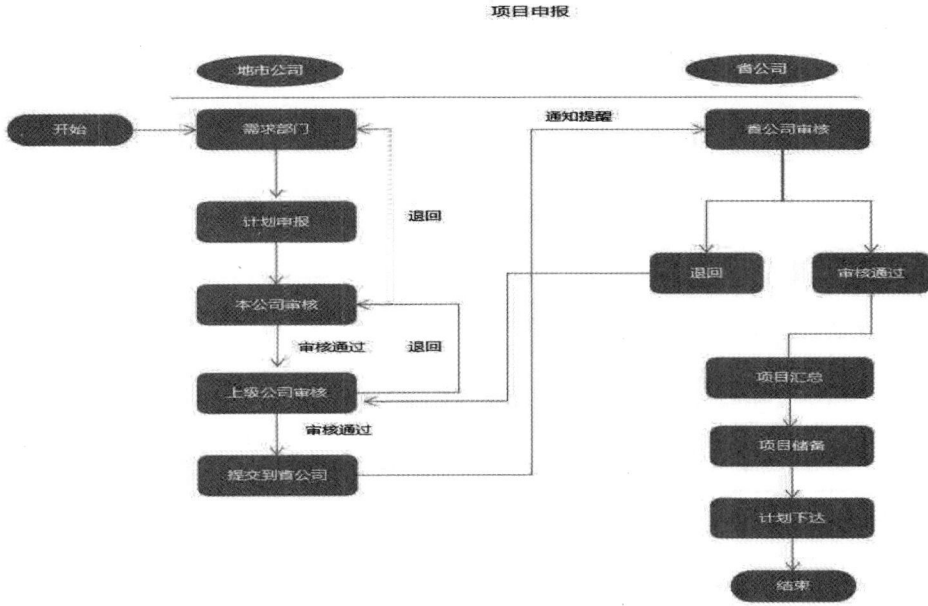

2.3.3 业务数据

序号	业务信息	数据项
1	计划编制	项目编号、项目名称、项目建设年度、项目类别、建设形式、总投资金额、资金计划年度、资金计划文号等信息
2	计划申报	申报人、申报内容、申报日期、申报状态、申报意见等信息
3	计划审核	审核人、审核内容、审核日期、审核状态、审核意见等信息
4	计划下达	下达日期、接收单位、下达范围、项目编号、项目名称、项目内容等信息
5	计划变更	计划变更时间、变更人、变更内容、变更状态、变更结果等信息
6	计划执行	计划执行状态、执行内容、执行进度、执行状态、执行结果等信息
7	计划汇总	计划申报汇总、计划审核汇总、计划变更汇总、计划查询汇总等信息
8	分级管理	分级管理员管理、人员信息分级管理、等级权限设置、用户等级授权等信息
9	审批流程	审批名称、审批节点、审批角色、审批机构、审批人员等信息等信息

3 集成需求

序号	数据内容	集成信息系统
1	业务数据信息	数据中台

4 实施范围

示例：

按照国网黑龙江电力本部二级部署方式，部署在信息内网。

5 其他需求

示例：

（1）性能与可靠性。

（2）信息安全

项目符合系统安全防护设计二级等保设计要求，可最大限度保障国家电网公司相关业务系统的安全、可靠和稳定运行。

（3）数据安全。

（4）应用及运行监控。

（5）可维护性。

（6）易用性。

（7）系统灾备要求。

3.6.3.2 设计开发项目可研报告

数字化项目可行性研究报告

项目名称：国网黑龙江电力-xxx-设计开发项目

项目申报单位：国网黑龙江省电力有限公司

（项目名称遵照三段式命名规则，所属单位标准简称+内容名称+项目类别）

（申报单位为国网黑龙江省电力有限公司或者国网黑龙江省电力有限公司 xxx 供电公司，一定是全称）

编制单位：国网黑龙江省电力有限公司电力科学研究院

（编制单位均为国网黑龙江省电力有限公司电力科学研究院）

二〇二 x 年 xx 月

（月份为当前评审月份）

编　制：

校　核：

审　核：

批　准：

（编制、校核、审核、批准等信息不需要填写，由电科院填写）

目 录

1 总论 xx

1.1 主要依据 xx

1.2 必要性分析 xx

1.3 效益分析 xx

1.3.1 经济效益 xx

1.3.2 管理效益 xx

1.3.3 社会效益 xx

2 建设现状 xx

3 项目需求分析 xx

3.1 业务功能需求 xx

3.2 集成需求 xx

3.3 非功能需求 xx

3.3.1 性能与可靠性 xx

3.3.2 信息安全 xx

3.3.3 数据安全 xx

3.3.4 应用及运行监控 xx

3.3.5 可维护性 xx

3.3.6 易用性 xx

3.3.7 系统灾备要求 xx

4 建设方案 xx

4.1 建设目标 xx

4.2 建设内容 xx

4.2.1 设计工作 xx

4.2.2 研发内容 xx

4.2.3 系统集成 XX

4.3 实施范围 XX

4.4 技术方案 XX

4.4.1 系统架构 XX

4.4.2 架构遵从 XX

4.4.3 技术路线 XX

4.4.4 关键技术 XX

4.5 项目管理 XX

4.5.1 项目管理 XX

4.5.2 项目人员 XX

4.5.3 项目进度 XX

4.5.4 项目会议 XX

4.5.5 项目培训 XX

5 硬件设计 XX

5.1 部署方案 XX

5.2 服务器需求测算 XX

5.2.1 设备现状 XX

5.2.2 设备利旧 XX

5.2.3 服务器需求说明 XX

5.2.4 其他说明 XX

5.3 基础环境需求 XX

5.3.1 存储估算 XX

5.3.2 网络接入需求 XX

5.3.3 存储网络接入需求 XX

5.3.4 负载均衡接入需求 XX

5.3.5 安全等级及设备需求 XX

6 主要设备材料清册 XX

6.1 编制说明 XX

6.2 主要设备材料表 XX

7 估算书 xx

7.1 概述 xx

7.2 编制原则和依据 xx

7.3 投资分析 xx

附件1 业务应用功能明细表 xx

附件2 需求分析工作量表 xx

附件3 需求分析工作量明细表 xx

附件4 方案设计工作量表 xx

附件5 方案设计工作量明细表 xx

附件6 开发工作量表 xx

附件7 开发工作量明细表 xx

1 总论

文中首次提到公司名称请写全称，如国家电网有限公司（以下简称国家电网公司）、国网黑龙江省电力有限公司（以下简称国网黑龙江电力），后续如果再出现使用标准简称。

不要出现国网公司、国网总部、国家电力、总部、龙江公司、龙江电力、黑龙江公司、黑龙江电力公司、集团、公司等非标准全简称字样。

示例：

为全面贯彻国家电网有限公司（以下简称国家电网公司）关于维护协同办公通讯录工作的部署，以数字化能力融入业务为导向，加强业务融合深化应用，推广解决应用中的堵点、痛点和难点问题，开展"XXX"专项工作。采用前期数据调研、基层员工走访等方式，汇总问题和需求共3项，包含业务数据链路冗长、业务数据质量差、维护难度高。

1.1 主要依据

（1）《国家电网有限公司关于印发电网数字化项目工作量度量规范及其应用指南》（国家电网互联〔2020〕606号）。

（2）《国家电网有限公司关于进一步加强数字化建设统筹工作的通知》（国家电网互联〔2021〕562号）。

（3）《国家电网有限公司关于印发〈国家电网有限公司数字化建设统筹管理规范（试行）〉等两项管理规范的通知》（国家电网互联〔2021〕641号）。

（4）《国家电网有限公司关于印发〈国家电网有限公司电网数字化项目技术管理办法〉等6项通用制度的通知》（国家电网企管〔2021〕170号）。

（5）《国家电网有限公司电网数字化建设管理办法–修订》（国家电网企管〔2020〕849号）。

（6）《国家电网有限公司电网数字化项目可研工作管理办法–修订》（国家电网企管〔2020〕849号）。

（7）《国家电网有限公司电网数字化项目竣工验收管理办法–修订》（国家电网企管〔2020〕849号）。

（8）《国家电网有限公司信息系统上下线管理办法–修订》（国家电网企管

〔2020〕849 号）。

（9）《国家电网有限公司企业标准〈信息系统非功能性需求规范〉》（Q/GDW11212-2018）。

须添加与项目内容相关的文件，一定要有文号，格式遵循上面9个文件的写法（上面是数字化项目的相关管理办法，适当删减，注意新增加的依据一定要和本项目相关）。

1.2 必要性分析

针对项目作出必要性分析，不要写空话套话。建议结合上下文合理地融入"三导向"中"解决的问题"，不月完全复制。

示例：

目前国网黑龙江省电力有限公司（以下简称国网黑龙江电力）通讯录信息存在多系统维护、未实现系统间同步、通讯录信息的及时更新性和正确性无法保障等问题。由于通讯录信息无唯一源管理和无法及时更新，管理部门每年定期编制各种纸质本通讯录，需要花费大量的人力物力收集信息、核对信息、发布信息等，通讯录更新周期长，不利于通讯录的多场景应用。为实现通讯录的准确性和实时性，解决员工信息分级管理、电话号码电子版本、话机通讯录自动更新等问题，提出本系统建设。

1.3 效益分析

1.3.1 经济效益

结合项目本身的经济效益开展文字分析。

经济效益量化分析部分，可以从项目每年创造利润角度（新增利润、提升效率效益等效利润、其他方面的等效利润等）、项目节省投资角度（节约工程损失、节约管理成本、节约人力成本、节约运行维护费用、节约抢修费用、其他节省费月等）提出项目节支和创利的能力，项目节支+项目创利得到项目经济效益。将项目总投资和项目总效益进行对比分析，提出回收成本目标。

示例：

通过系统的建设与应用，电话号码实现电子化，不仅使通讯录信息的及时准确性得到了保证，每年还可以节省大量印刷材料成本支出，解决了人力投入大的问题，减少了定期收集、整理、制定的工作，能够辅助提升企业员工的工作效率。

经测算，全年预计节约人力成本800人天，按500元/人天标准计算，预计节约xx万元，本项目总投资xx万元，项目成本回收目标为xx年。

1.3.2 管理效益

内容要与项目切实相关，不要写假大空的套话。

示例：

在管理效益方面，系统的建设与应用，强化了电子通讯录考核标准。管理部门定期开展数据抽检工作。对于工作态度不积极，不能按时、保质完成工作成果的单位，将予以通报；对于主动牵头组织工作并高质量完成工作的，建立表扬激励机制。

明确以即时通讯工具通讯录为唯一数据源，建立通讯录同步标准、规范业务流程，为其他系统通讯录同步需求提供保障。推动全省人员信息管理工作的开展，建立各级管理员机制，有效保证了全省职工信息更新的及时性、准确性，同时也使各级管理人员工作更便捷、更规范，提高了工作效率，减轻了工作负担。

1.3.3 社会效益

示例：

企业通讯录是用来维系公司内部沟通和交流的基本保障，是公司通讯的基础。系统的建设与应用，让员工可以轻松管理通讯录，实现了高效找人和无障碍沟通，可以满足员工日常工作需求，为员工日常工作提供了便捷，特别是窗口服务人员可以利用企业通讯录快速响应用户需求，提升了国网黑龙江电力的社会形象，承担了企业的社会责任。

2 建设现状

示例：

国网黑龙江电力目前在用大屏进行包括省情、公司概况、运营监测、"一体四翼"、扬帆双碳以及结语等在内的39个专题的展示，并多次完成对外接待参观工作。但展示内容只在省公司范围内应用，无法实现省、地市公司建设成果的共享共用。目前须解决展示成果共享缺乏有效手段的问题，同时存在各单位重复建设类似、相近内容的问题，造成资金严重浪费等情况。省、地市公司存在展示内容数据来源不统一，采集、接入方式不同，数据源不同，更新周期不同等问题，造成数据质量无法保证。

2021年，国网黑龙江电力通过利旧设备，开展运维服务厂商"过筛子"专项工作，发现约20%厂商在运维服务能力方面存在缺陷，主要为以下几个方面：

（1）缺少独立的xxx仿真演练环境。受限于利旧设备的数量与配置情况，目前仅能支撑1~2家厂商开展业务部署、故障排查等演练，无法做到全覆盖，演练工作效率低，演练时间长，不利于通过仿真生产环境供验证运维服务厂商完成专项演练，不利于针对平台、网络、数据库、中间件和信息系统的部署和运维能力进行考核。

（2）缺少科学的xxx质量验证系统。针对各类信息系统运维服务厂商及相关运维服务人员，缺少验证其运维服务能力的成熟模型，不利于提升运维服务厂商的运维服务能力，不利于提高运维服务人员的故障应急处置水平，不利于建立优质服务供应链和信息运维生态圈，难以确保信息系统的安全平稳运行。

（3）缺少常态化的xxx验证演练计划。各类信息系统的相关运维服务人员，存在人员变更、缺失情况。无法动态掌握运维服务人员的运维服务能力和技术水平，不利于在出现突发故障时，发现信息系统运行隐患并及时修复，不利于保障运维服务质量，保障信息系统安全稳定运行。

3 项目需求分析

3.1 业务功能需求

示例：

本期业务功能需求如下。

与人工智能平台集成，通过人工智能平台对关联作业计划信息的现场视频进行识别分析，实现对违章行为的精准识别和实时告警。各单位开展安全教育培训及安全等级评价分析展示，安全等级评价由理论考试、实操考试和动态评价三部分组成，自动生成加权平均分与最终得分，实现定期开展一线员工动态评价。

3.2 集成需求

序号	对端系统名称	集成工作说明
1	人工智能平台	业务数据信息

3.3 非功能需求

3.3.1 性能与可靠性

示例（红字部分仅供参考，请勿直接使用）：

（1）系统设计推荐采用动静分离模式，用户高并发访问的信息显示功能（如公告等），应通过静态资源（如 html）等实现。最大并发用户数不低于 xxx，当系统进行多用户并发操作时，应满足如下要求：

①首页访问平均响应时间不应超过 2 秒；

②系统登录平均响应时间不应超过 3 秒；

③执行简单查询、添加和删除业务平均响应时间不应超过 3 秒；

④执行复杂的综合业务（如统计型、事务型等业务）平均响应时间不应超过 5 秒；

⑤在执行统计业务时，月统计业务的平均响应时间不应超过 15 秒，年统计业务的平均响应时间不宜超过 20 秒。

（2）当信息系统并发用户数达到设计要求的上限时，各事务平均响应时间不应超过 70%并发用户数下平均响应时间的 4 倍。

3.3.2 信息安全

示例（红字部分仅供参考，请勿直接使用）：

本项目信息系统的安全防护依据《国家电网有限公司网络与信息系统安全管理办法》（国网（信息/2）401-2020）要求，坚持"同步规划、同步建设、同步使用"的理念，遵循"管业务必须管安全"的原则，严格落实网络安全管理责任，建立网络安全保障体系和监督体系。

3.3.3 数据安全

示例（红字部分仅供参考，请勿直接使用）：

完成对自身数据资产的系统梳理，并根据数据的敏感程度进行分级分类，制定出数据接入处理流程。同时，在执行数据接入的过程中，应遵循业务角色最小化原则，对数据进行有针对性的脱敏处理，做到安全、合理地使用数据。对数据的使用、拷贝、导出进行安全防控和权限审核。对数据库的访问及其他操作行为进行全程监控，记录包括非法访问、数据库违规操作、数据批量导出或篡改在内的一系列风险行为，实现对所有数据访问监控记录，对风险行为进行挖掘和预警，并在安全事件发生后，做到准确、高效地溯源定责。通过对所有涉及敏感数据的操作进行限制，强化对数据运维操作的监管力度，及时阻断越权操作行为的发生。

3.3.4 应用及运行监控

示例（红字部分仅供参考，请勿直接使用）：

实现对服务器的实时监控。系统管理人员可以随时通过系统管理后台获知应用服务器的运行状态，并在服务器出现异常的情况下及时收到报警信息。需要实现以下技术要求。

（1）采集服务器的各种性能指标数据，使管理员能实时查看服务器的状态，主要包括 CPU 使用率、内存使用率、进程数量监控、进程运行状况监控等。

（2）服务器的相关信息保存在服务器的日志文件中，供网络管理员进行定期的数据分析，主要包括数据变动信息、容量大小信息、服务器重新启动信息等。

（3）服务器进程信息的监测，主要包括进程列表的实时扫描、黑名单监测和白名单监测。

（4）日志文件监控。此项功能可实现对服务器日志文件的功能。

（5）应用层服务器监控。对应用层服务器进行实时监控，当发现受监控的应用层服务器不能正常提供服务时，自动重新启动该服务，使其能够正常运行，并将应用层服务器发生问题的时间和处理信息写入日志文件，以供管理人员进行分析。

3.3.5 可维护性

示例（红字部分仅供参考，请勿直接使用）：

系统的稳定性非常重要，系统上线后，要保证系统 7×24 小时可用。在系统的日常运行过程中，可能会出各种各样的故障，如某个服务器节点坏了，系统需要自动地发现这些问题，并自动告警，自动处理，将这个坏掉的服务器节点从集群中去掉，保证系统仍然可用。当有新的服务器节点加入进来的时候，系统应能做到自动化配置，自动化启动服务，将新的服务节点加入系统集群中。

3.3.6 易用性

示例（红字部分仅供参考，请勿直接使用）：

用户体验（User Experience，简称 UE/Ux）是一种纯主观的、在用户使用产品过程中建立起来的感受，系统的界面设计、流程设计、功能设计必须保证易用性。

3.3.7 系统灾备要求

示例（红字部分仅供参考，请勿直接使用）：

分布式数据库存储与复制，是在分布式数据库系统的多个数据库间拷贝和维护数据库对象的过程。这个对象可以是整个表、部分列或行、索引、视图、过程或者它们的组合等。系统维护一定关系的几个完全相同的副本（拷贝），各个副本存储在不同的物理节点上。因此，分布式数据库通过复制的应用，使自身具备了良好的容灾能力。本次项目实现数据级灾备。

4 建设方案

4.1 建设目标

建设目标章节，结合上下文，平滑合理地融入"三导向"中"目标结果"内容，不要完全复制"三导向"内容。

示例：

（1）通过对作业现场违章智能识别分析的应用，有效提升监控人员对作业现场的管控效率，有效解决作业现场安全行为靠人眼看的监督问题。

（2）可有效解决对作业现场管控不过来造成的安全死角和漏掉不易察觉的违章现象等问题，不仅大大提高督察人员的工作效率，同时也极大地提升了反违章工作成效，使安全执规标准更客观、更透明，取证更为精准。

4.2 建设内容

完成一级模块数据融合服务（包含7个二级模块）、一级模块人工智能引擎（包含4个二级模块）、一级模块人工智能应用支撑（包含4个二级模块）3个新增功能模块的设计开发。

4.2.1 设计工作

示例：

序号	工作内容	成果	备注
1	**需求调研**：结合单位实际情况，开展功能调研，应与实施单位一起通过现场需求调研、联络会等方式明确需求内容，形成需求调研报告，并根据需求调研内容，编制需求规格说明书	需求确认单、需求说规格明书	

序号	工作内容	成果	备注
2	**需求梳理**：依据调研结果，提炼功能点，规范功能，形成功能总体设计。对功能调研结果进行梳理，明确需求内容、展现形式等，形成需求清单		
3	**需求确认**：就梳理出的功能点与用户进行确认，并形成会议纪要或用户确认单，最终形成需求规格说明书。研发过程中，若有需求变更须经各方评审且报业务部门审批		
4	**功能设计**：根据需求确认单，明确系统总体架构、功能视图、数据视图、组件视图、系统集成视图、部署视图等内容		
5	**安全防护设计**：开展总体防护架构和物理安全、边界安全、应用安全、数据安全、主机安全、网络安全、终端安全等安全防护措施设计	系统概要设计报告或系统详细设计报告	
6	**灾备设计**：结合国家电网公司数字化系统的灾备要求和灾备现状，开展本项目涉及内容的灾备设计		
7	**可视化设计**：根据功能需求，开展可视化操作界面设计		
8	**数据库设计**：结合应用数据需求，开展数据库设计，包含概念数据模型、逻辑数据模型、数据分类、数据流转、数据存储与分布等设计	数据字典或数据库设计说明书	

4.2.2 研发内容

示例：

新增功能：完成一级模块数据融合服务（包含7个二级模块）、一级模块人工智能引擎（包含4个二级模块）、一级模块人工智能应用支撑（包含4个二级模块）3个新增功能模块的开发工作。

系统名称	一级功能	状态	二级功能	状态	三级功能	状态
xx	数据融合服务	新增	数据共享	新增	xx	新增
				新增	xx	新增
				新增	xx	新增
				新增	xx	新增
	人工智能引擎	新增	业务理解中心	新增	xx	新增
				新增	xx	新增
				新增	xx	新增
				新增	xx	新增

具体业务应用功能详见附件 1。

必须有三级功能，一个二级功能点至少有 4 个三级功能。

功能点应单独有其功能（"增删改查"只算一个功能），重复功能只算一个。

4.2.3 系统集成

示例：

本系统数据均来源于数据中台，但是跨 PMS 系统、SG186 系统、配网自动化系统、智能化供服指挥系统等业务系统，通过多源数据的融合，形成人工智能数字孪生平台。

序号	对端系统名称	集成方式	集成关系
1	数据中台	数据集成	业务数据信息

4.3 实施范围

示例：

按照国网黑龙江电力本部二级部署方式，部署在信息内网。

4.4 技术方案

4.4.1 系统架构

示例：

本项目重点围绕数据接入整合、数据存储计算、数据服务和系统部署管理四个方面展开，系统安全设计和数据资产运营管理遵循国网数据中台架构。

数据接入整合：按照数据中台技术路线，由人工智能孪生平台主题涉及的业务数据源系统接入数据中台贴源层进行数据接入和清洗工作，并接入数据中台贴源层。

数据服务及统一访问层：通过数据中台产生的结构性数据可以以 API 接口、webservice 等形式在对外服务平台上注册、发布，人工智能数字孪生平台基于 API 接口方式订阅数据访问服务。

系统部署管理：xxx 统一部署在统一云管平台，数据库业务应用统一存储在数据中台。

总体架构图如下。

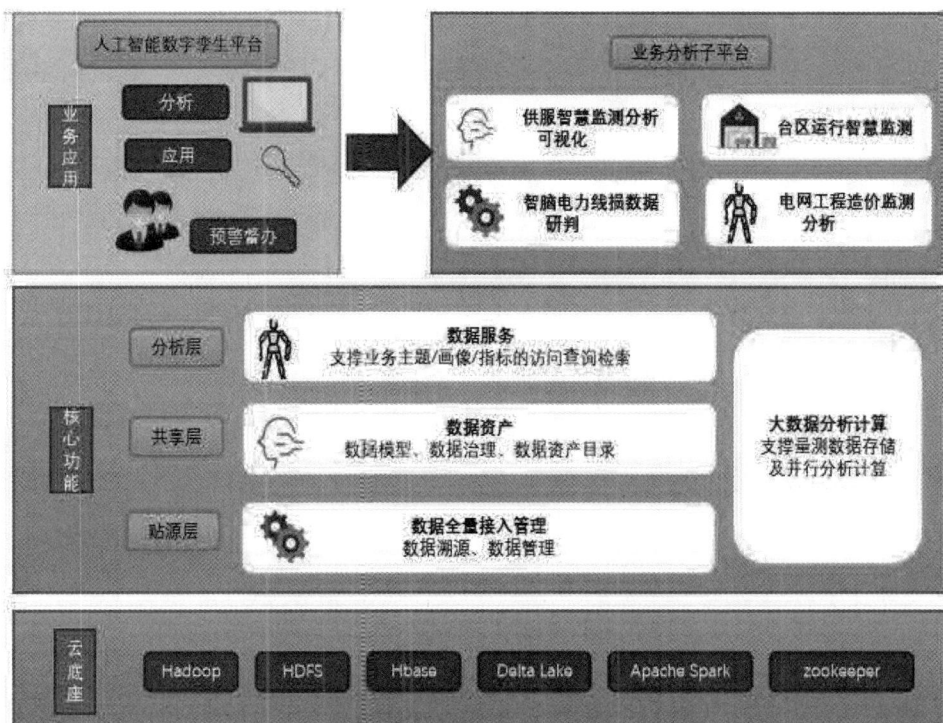

4.4.2 架构遵从

示例：

（1）业务架构。

首先，对业务需求进行理解，定义目标，定义场景范围和设计方案；其次，通过数据融合模块对数据进行处理和模型学习；最后，模型上线，并持续监控评估。

业务架构图如下。

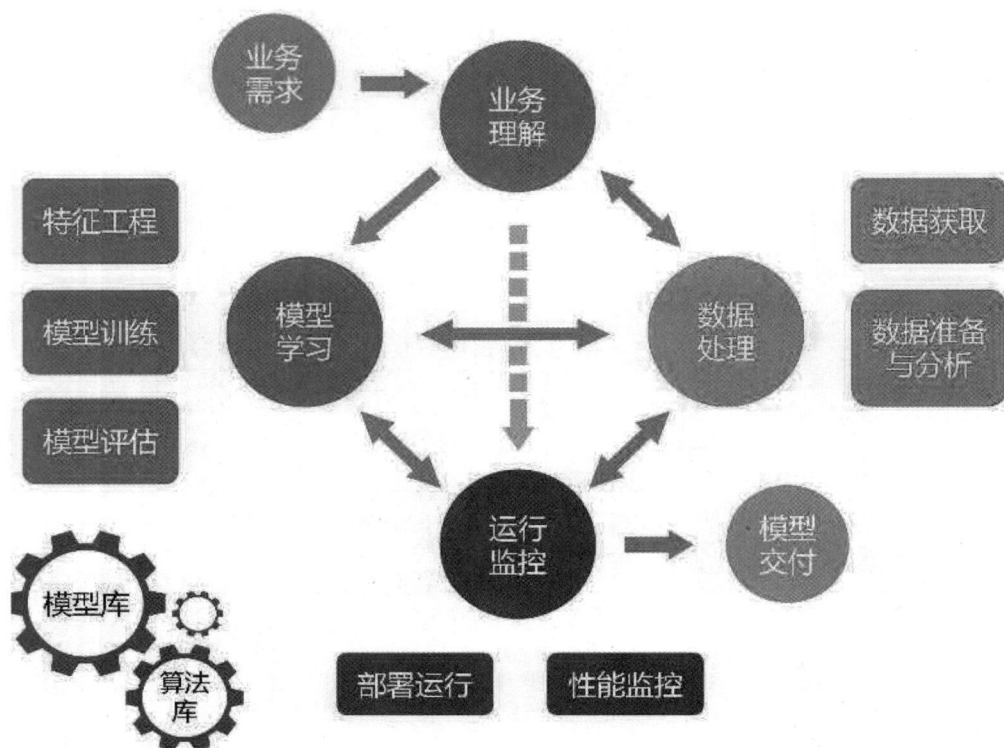

（2）应用架构。

遵从国家电网数字化架构管控要求，严格遵循应用完整性、横向整合、业务驱动性及架构柔性原则，合理设计应用架构。系统包括数据融合服务模块、人工智能引擎模块和电网人工智能应用支撑模块三个模块。具体应用架构如图所示。

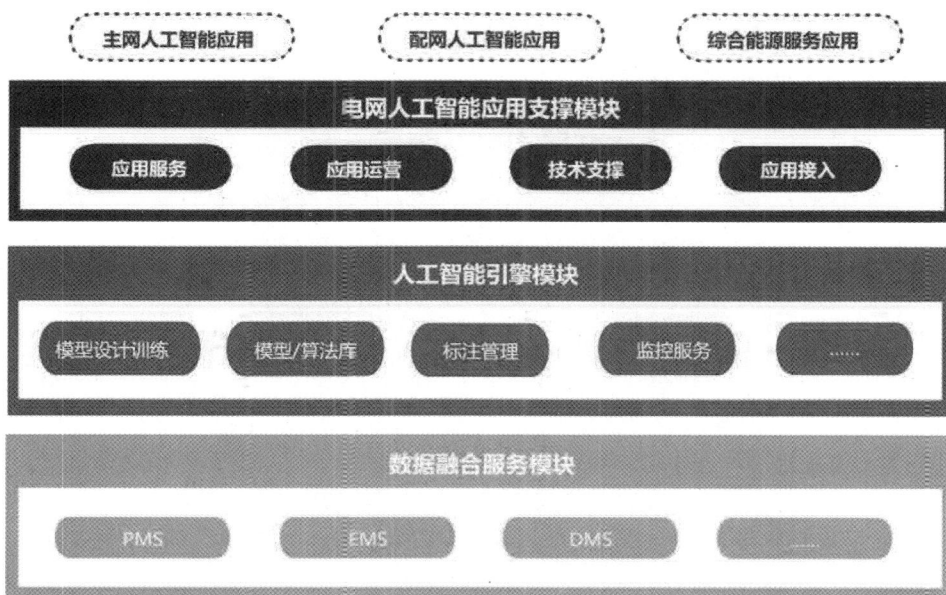

（3）数据架构。

国网黑龙江电力–xxx–设计开发项目沿用国网数据架构进行数据存储规划。数据存储规划图如下。

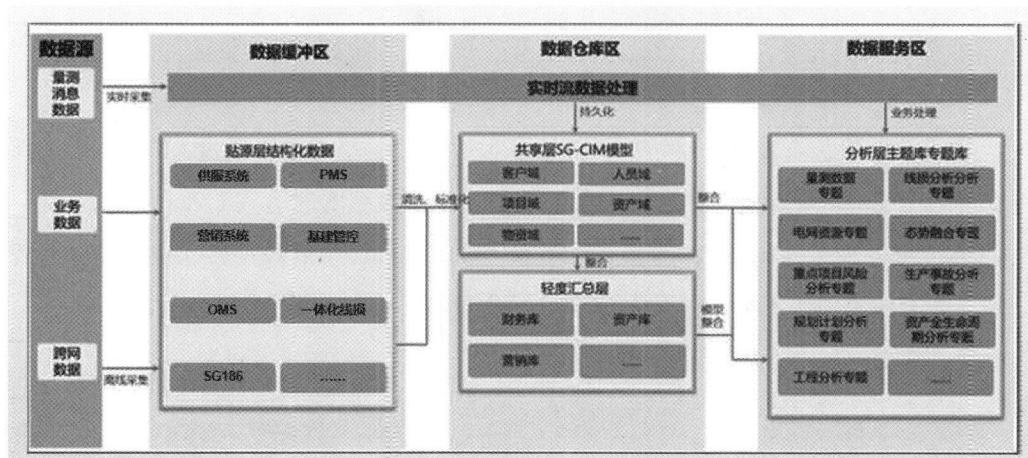

结构化数据接入数据流转：结构化数据接入贴源层主要为一级部署系统和二级部署系统源端数据接入到贴源层，通过 SDR、DAYU 接入工具进行数据接入。结构化数据接入数据流转图如下。

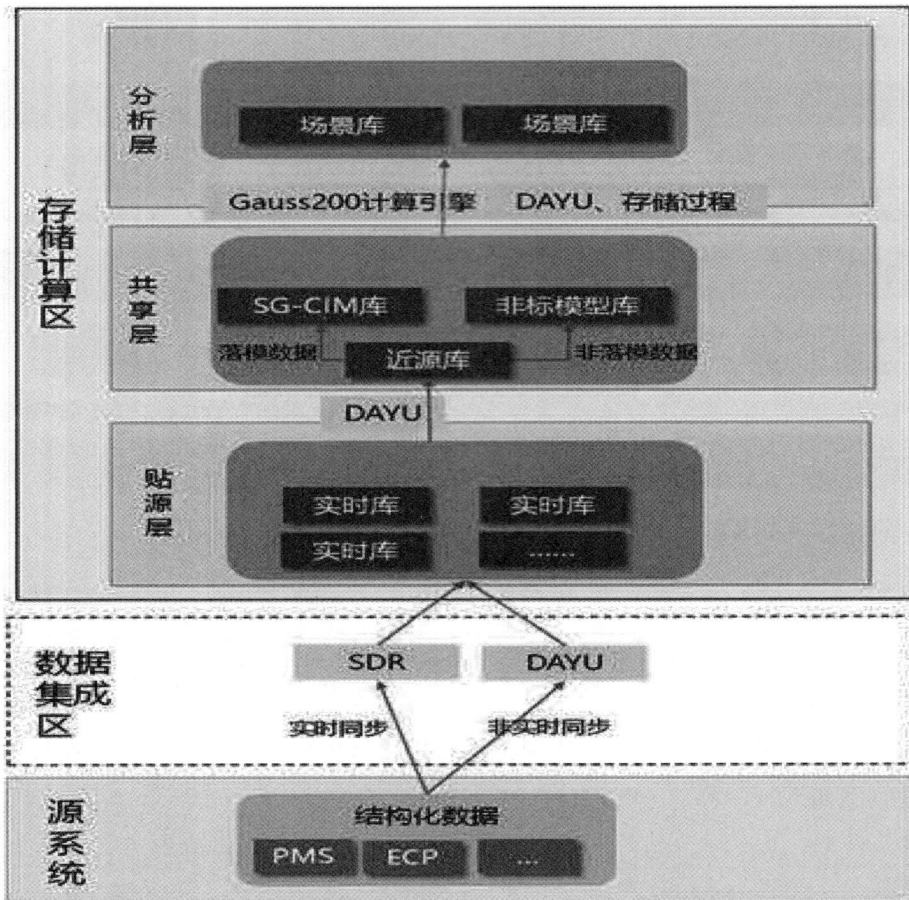

采集量测数据接入数据流转：采集量测数据的数据接入主要通过 kafka 消息组件来实现。由 kafka 暴露接口，第三方系统负责将量测数据实时写入 kafka 指定的 topic 中,再通过流处理组件 spark streaming、Flink 等读取 kafka 中的数据后，根据业务需要分别存入 HDFS 中或者分布式数据库中。采集量测数据接入数据流转图如下。

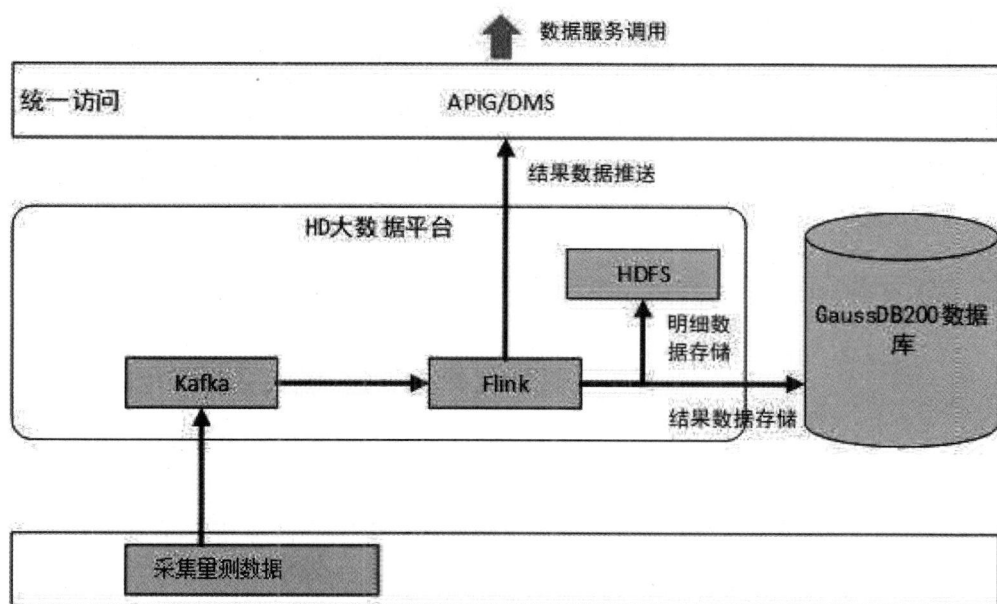

（4）技术架构。

技术架构分为 5 层：数据源层、数据计算层、数据查询分析层、数据输出层和数据应用展示层。数据源层负责从各业务系统接入数据，实现数据的治理和存储；数据计算层分为实时计算和离线计算；数据查询分析层主要基于业务模型和数据模型对原始数据进行数据处理和分析；数据应用展示层采用微服务技术进行开发，并以接口形式提供数据服务。技术架构图如下。

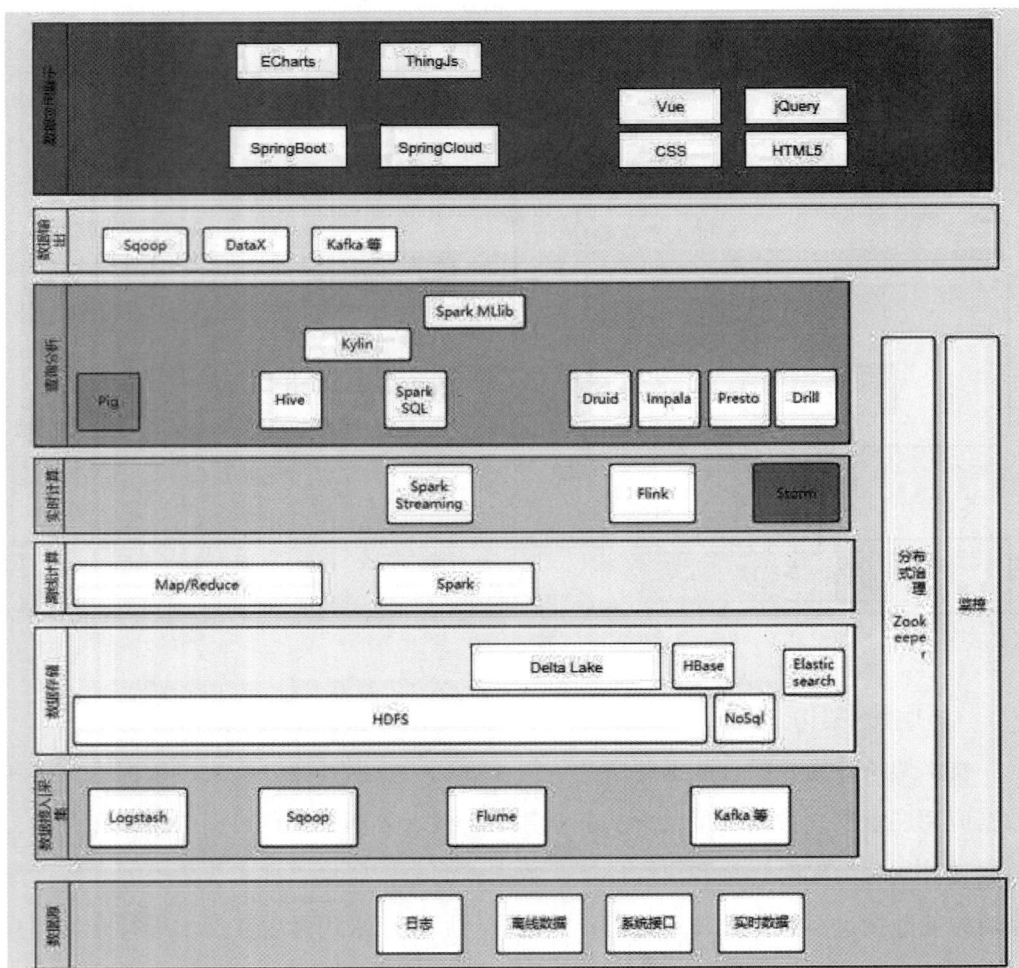

（5）安全架构

（架构图或者进行安全架构描述。）

4.4.3 技术路线

项目	分类
技术选型	服务端架构技术采用分布式架构、xxx 进行架构设计； 界面展现技术采用成熟界面展现技术，包括 HTML5、xx 等； 服务端开发技术采用 Java、xx 等； 数据存储采用 xxx 等
开发平台	SG–UAP

4.4.4 关键技术

示例：

（1）数据处理：从系统表层抽取数据并经由各项审计、安全、流程、集成引擎进行数据获取管理、数据处理管理、数据存储管理和数据回填管理。

（2）技术兼容：基于数据中台技术实现方式，兼容中台推荐的数据分析工具。

（3）权限控制：数据产品应具备统一权限管理，门户登录后通过链接实现应用登录，用户不再进行二次登录，并兼容IE等浏览器，实现在统一的平台进行操作和统一控制。

技术选型	组件说明	场景应用
Hadoop	Hadoop 通过分布式文件系统（Hadoop Distributed File System，简称 HDFS），实现海量数据的存储，MapReduce 框架则为海量的数据提供了批处理计算	为百亿数据集提供存储及批处理计算
Spark	Spark 允许将中间输出和结果存储在内存中，节省了大量的磁盘 IO。Apache Spark 使用先进的 DAG 调度程序、查询优化程序和物理执行引擎，实现批量和流式数据的高性能。同时 Spark 自身的 DAG 执行引擎也支持数据在内存中的计算	提供在线数据处理及内存计算

4.5 项目管理

4.5.1 项目管理

示例：

对岗位职责及人员安排做细致的安排，以便做到责权明确、科学管理，确保项目顺利完成。

4.5.2 项目人员

共 xx 人参加项目。

序号	岗位	职责	人员数量
1	项目管理	负责研发和开发工作协调、管理工作	1
2	开发管控	协调开发顾问，处理相关技术问题	1
3	配置管理	提供项目实施典型模板	1
4	设计	负责业务组对典型设计的把关	1
5	开发	负责具体模块开发工作	4

4.5.3 项目进度

项目开发工期 3 个月。

开发部分：

序号	阶段	工期	提交成果	备注
1	需求调研	0.5 个月	需求分析报告、用户需求分析说明书	
2	系统设计	0.5 个月	概要设计、详细设计、数据库设计说明书	
3	系统开发	1.5 个月	源代码、数据库脚本	
4	系统测试	0.3 个月	系统集成测试报告、第三方测试报告、安全测试报告	
5	项目验收、成果移交	0.2 个月	项目验收报告	

4.5.4 项目会议

设计开发部分：

序号	项目	内容	项目要求
1	项目启动会	项目启动	人×天：1 人×1 天
2	项目需求评审会	需求评审	人×天：1 人×1 天

序号	项目	内容	项目要求
3	项目概设评审会	项目概设评审	人×天：1人×1天
4	项目验收	项目验收	人×天：1人×1天

4.5.5 项目培训

序号	培训内容	项目单位要求
1	系统管理人员培训	人×天：1人×1天
2	系统运维人员培训	人×天：1人×1天

5 硬件设计

5.1 部署方案

示例：

使用现有云平台资源，部署架构图如下所示。

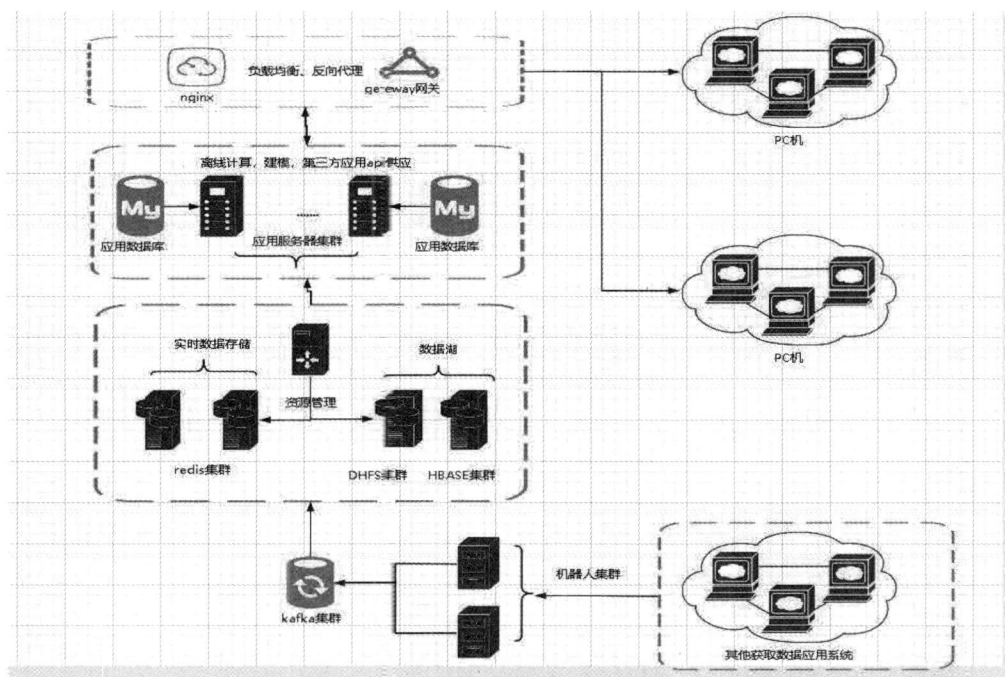

5.2 服务器需求测算

5.2.1 设备现状

（1）必须写清楚现有的服务器资源、利旧情况。如果需要新的服务器，一定要写清楚服务器需求和软硬件需求，并且需要写详细，如果不写后期评审不能通过。

（2）软件授权也写到服务器需求部分，需要正版软件授权的要写清楚。

（3）对云资源的申请要详细说明。

5.2.2 设备利旧

示例：

使用现有 XX 资源。

5.2.3 服务器需求说明

说明是否需要新的服务器资源。

5.2.4 其他说明

需要正版软件授权的要写清楚。

5.3 基础环境需求

5.3.1 存储估算

示例：

每年 2GB 存储需求。

5.3.2 网络接入需求

示例：

系统接入信息内网。

5.3.3 存储网络接入需求

不涉及。

5.3.4 负载均衡接入需求

不涉及。

5.3.5 安全等级及设备需求

一定要写清楚安全等级。

示例：

本项目安全等级为等保二级。

6 主要设备材料清册

如项目不涉及硬件内容，本章写不涉及。

6.1 编制说明

不涉及。

6.2 主要设备材料表

不涉及。

7 估算书

7.1 概述

针对上述内容，按照有关要求，对项目建设过程中的相关费用进行估算，确定项目总体投资。

7.2 编制原则和依据

（1）项目划分和项目工作量度量方法、过程及原则参照《国家电网有限公司电网数字化项目工作量度量规范》（以下简称《规范》）及《国家电网有限公司电网数字化项目工作量度量规范应用指南（2020版）》（以下简称《应用指南》）测算。

（2）按照《规范》《应用指南》规定，咨询设计类人工费率为2500元/人天；开发类人工费率为2100元/人天；集成实施类、业务运营类人工费率为1500元/人天；数据工程类人工费率分为三档，其中，数据接入、上传、下发及数据产品（应用）实施参照集成实施人工费率标准执行（1500元/人天），数据产品（应用）研发工作参考系统开发人工费率标准执行（2100元/人天），数据标准化、资源目录构建、治理等其他工作参考软件行业协会基准费率执行（1800元/人天）。

（3）本报告中人工费率即为综合人工单价，包括直接人力成本、直接非人力成本、间接人力成本、间接非人力成本及合理利润，但不包括购置类费用。

（4）本期不计取价差预备费及建设期贷款利息。

（5）工作量依据可研设计提资。

7.3 投资分析

国网黑龙江电力–XX–设计开发项目，本投资测算根据《国家电网有限公司关于印发电网数字化项目工作量度量规范及其应用指南的通知》（国家电网互联〔2020〕

606号)对建设内容（需求分析、系统设计和开发三部分）按照设计研发类工作量度量模型AE（总工作量）= S×PDR（各工作任务工作量度量值求和）×IFD（设计开发类工作量影响因子）进行测算，项目预估工作量评估共xx人天，投资估算为xx万元。项目预估总投资为xx万元，各项费用如下表。

序号	名称		工作量（人天）	人工费率（万元/人天）	金额（万元）
1	咨询设计费				-
2	系统开发费	系统功能开发	xx	0.21	xx
		系统集成开发			-
3	集成实施费	系统实施		0.15	-
		系统集成实施			
4	业务运营费				
5	数据工程费	数据产品（应用）研发			
		数据标准化、盘点、目录构建、质量治理等			
		数据接入、上传、下发，数据产品（应用）实施			
6	其他费用		-	-	xx
总　计					xx

注：金额保留到小数点后两位。

各项费用投资分析如下（如有额外费用可增加小节说明）。

（1）咨询设计费。

不涉及。

（2）系统开发费。

①系统设计开发。

本系统开发包括数据融合服务、人工智能引擎、人工智能应用支撑功能的需求分析、方案设计、系统开发。

设计研发类工作量度量模型：

$$AE（总工作量）=S×PDR×IFD$$

其中：

S——软件功能规模，$S = \sum（F×C）$；

F——各等级软件功能规模求和，本项目共15个二级功能，因此F取15；

C——各软件功能项等级系数，本项目C取1，2；

注：C根据功能难度取值，一般取值1，2（3为较难功能点，慎取）。取2的数量最多占F值的20%左右（国网统推项目中可以适量提升取2的比例，但也不应超过30%）。

PDR——工作任务工作量度量值，本项目PDR取8（固定值）。

系统功能开发影响因子得分（IFD）=（技术复杂度×权重+业务复杂度×权重+业务承载能力×权重+安全防护复杂度×权重）×（系统构建难度×权重+用户活跃度×权重）。

其中各项分值如下：

技术复杂度=架构层次复杂度+企业中台应用情况+系统集成+应用类型+灾备等级+新技术应用=0.8+0+0.2+0.6+0.15+0.2=1.95；

业务复杂度=业务自身复杂度+用户类型+跨业务口径+业务成熟度+业务类型=0.3+0.2+0.3+0.9+0.2=1.9；

业务承载能力=活跃用户+最大并发用户+业务即时性要求+高可用要求+数据规模=0.2+0.2+0.35+0.1+0.2=1.05；

安全防护复杂度=安全防护要求+安全防护等级=0.5+0.3=0.8；

系统构建难度=1；

用户活跃度=1.1；

IFD=（1.95×0.3+1.9×0.3+1.05×0.2+0.8×0.2）×（1×0.4+1.1×0.6）=xx。

IFD——设计开发类工作量影响因子，本项目 IFD=xx。

注：影响因子根据项目实际情况结合606号文进行取值。

开发类人工费率为 2100 元/人天。

综上，AE=（13×1×8+2×2×8）×xx=xx人天，向下取整xx人天，费用合计=x×xx=xx万元。

计算得，本项目预估需要xx人天，费用合计xx万元。其中：需求分析包括需求调研、需求梳理、需求确认三部分，预估需要xx人天，工作量明细详见附件2、附件3；方案设计包括功能设计、数据库设计、安全防护设计、灾备设计、可视化设计五部分，预估需要87人天，工作量明细详见附件4、附件5；开发包括功能开发、数据库开发、内部测试三部分，预估需要xx人天，工作量明细详见附件6、附件7。

设计开发工作量表

工作内容	数据融合服务	人工智能引擎	人工智能应用支撑	小计		
	工作量（人天）			工作量（人天）	人天单价（万元/人天）	费用（万元）
需求分析	30	40	38	xx		xx
方案设计	25	33	29	xx	0.21	xx
系统开发	50	66	59	xx		xx
合计	xx	xx	xx	xx		xx

②系统集成开发。

系统集成开发工作的初步工作量计算公式：

初步工作量（人天）=13×（本端系统数量+对端系统数量）

系统集成开发工作包括系统1、系统2、系统3等___个系统的系统集成开发工作。预估投入xx人天，费用合计xx万元。

序号	系统名称	本端系统集成开发工作量（人天）	对端系统集成开发工作量（人天）
1	xx系统	13×1	13×1
2	xx系统	13×1	13×1
3	xx系统	13×1	13×1
最终工作量（人天）		13×（3+3）=xx	
人工费率（万元/天）		0.21	
集成开发费用（万元）		xx×0.21=xx	

（3）集成实施费。

不涉及。

（4）业务运营费。

不涉及。

（5）数据工程费。

不涉及。

（6）其他费用。

其他费用 xx 万元。如有第三方测试费，在此处添加，并加以说明。

序号	项目名称	工作描述	金额（万元）
1	第三方	功能、非功能性测试费	xx
2	测试费	安全性测试费	xx
合计			xx

安全测试一般系统为等保二级，如有单独安全性测试，费用在 4 万~7 万元。

附件 1　业务应用功能明细表

业务应用功能明细表

序号	一级功能	状态	二级功能	状态	功能项C等级系数	三级功能	状态	功能点说明	涉及用户
1	数据融合服务	新增	数据共享	新增	1				
			数据交换	新增	2				
			统一管理	新增	1				
			数据录入监控	新增	1				
			数据分析展示	新增	1				
2	人工智能引擎	新增	业务理解中心	新增	1				
			数据处理中心	新增	2				
			模型学习中心	新增	1				
			运行监控中心	新增	1				
3	人智能应用支撑	新增	应用服务平台	新增	1				
			应用运营平台	新增	1				
			技术支撑平台	新增	1				
			应用接入平台	新增	1				

附件 2　需求分析工作量表

xxx-需求分析工作量表

单位：人天

序号	一级功能模块名称	需求调研	需求梳理	需求确认	合计
1	数据融合服务				xx
2	人工智能引擎				xx
3	人工智能应用支撑				xx
合计					xx

附件 3　需求分析工作量明细表

xxx-需求分析工作量明细表

功能模块描述		需求分析			合计工作量（人天）	单价（万元/人天）	费用（万元）
一级功能	二级功能	需求调研	需求梳理	需求确认			
数据融合服务	数据共享					xx	
	数据交换					xx	
	API 注册					xx	
	统一管理					xx	
	审核机制					xx	
	数据录入监控					xx	
	数据分析展示	≦8				xx	
人工智能引擎	业务理解中心					xx	
	数据处理中心					xx	
	模型学习中心					xx	
	运行监控中心					xx	
人工智能应用支撑	应用服务平台					xx	
	应用运营平台					xx	
	技术支撑平台					xx	
	应用支撑平台					xx	
合计		xx	xx	xx	xx	xx	

注：人天数保存到整数，且小于等于 8 人天，如果超过 8 人天，按照三级功能继续拆分。

附件4　方案设计工作量表

xxx-方案设计工作量表

单位：人天

序号	一级功能模块	功能设计	数据库设计	安全防护设计	灾备设计	可视化设计	合计
1	数据融合服务	6	5	4	3	xx	xx
2	人工智能引擎						
3	人工智能应用支撑						
合计		xx	xx	xx	xx	xx	xx

附件5 方案设计工作量明细表

xxx-方案设计工作量明细表

功能模块描述		方案设计					合计工作量（人天）	单价（万元/人天）	费用（万元）
一级功能	二级功能	功能设计	数据库设计	安全防护设计	灾备设计	可视化设计			
数据融合服务	数据共享	1	xx	xx	xx	1	xx	xx	xx
	数据交换	2	xx	xx	xx	1	xx	xx	xx
	API 注册	1	xx	xx	xx	1	xx	xx	xx
	统一管理	1	xx	xx	xx	1	xx	xx	xx
	审核机制	1	xx	xx	xx	1	xx	xx	xx
	数据录入监控	1	xx	xx	xx	1	xx	xx	xx
	数据分析展示	2	xx	xx	xx	1	xx	xx	xx
人工智能引擎	业务理解中心	3	xx	xx	xx	2	xx	xx	xx
	数据处理中心	4	xx	xx	xx	2	xx	xx	xx
	模型学习中心	3	xx	xx	xx	2	xx	xx	xx
	运行监控中心	3	xx	xx	xx	2	xx	xx	xx
人工智能应用支撑	应用服务平台	2	xx	xx	xx	2	xx	xx	xx
	应用运营平台	2	xx	xx	xx	2	xx	xx	xx
	技术支撑平台	3	xx	xx	xx	2	xx	xx	xx
	应用支撑平台	4	xx	xx	xx	1	xx	xx	xx
合计		xx	xx	xx	xx	xx	xx	xx	xx

附件6 开发工作量表

xxx-开发工作量表

单位：人天

序号	一级功能模块	功能开发	数据库开发	测试	合计
1	数据融合服务	xx	xx	xx	xx
2	人工智能引擎	xx	xx	xx	xx
3	人工智能应用支撑	xx	xx	xx	xx
合 计		**xx**	**xx**	**xx**	**xx**

附件 7 开发工作量明细表

xxx-开发工作量明细表

功能模块描述		系统开发				合计工作量（人天）	单价（万元/人天）	费用（万元）
一级功能	二级功能	功能开发	数据库开发	内部测试	外部测试			
数据融合服务	数据共享	3	1	xx	xx	xx	xx	xx
	数据交换	3	2	xx	xx	xx	xx	xx
	API 注册	4	2	xx	xx	xx	xx	xx
	统一管理	4	1	xx	xx	xx	xx	xx
	审核机制	4	1	xx	xx	xx	xx	xx
	数据录入监控	4	3	xx	xx	xx	xx	xx
	数据分析展示	3	1	xx	xx	xx	xx	xx
人工智能引擎	业务理解中心	8	3	xx	xx	xx	xx	xx
	数据处理中心	7	3	xx	xx	xx	xx	xx
	模型学习中心	8	4	xx	xx	xx	xx	xx
	运行监控中心	8	4	xx	xx	xx	xx	xx
人工智能应用支撑	应用服务平台	7	2	xx	xx	xx	xx	xx
	应用运营平台	7	2	xx	xx	xx	xx	xx
	技术支撑平台	7	2	xx	xx	xx	xx	xx
	应用支撑平台	8	2	xx	xx	xx	xx	xx
合计		xx	xx	xx	xx	xx	xx	xx

3.6.3.3 设计开发项目说明书

数字化项目说明书

项目名称		国网黑龙江电力 XX 供电公司–XX–设计开发项目		
项目类别		设计开发项目		
项目申报单位		国网黑龙江省电力有限公司		
项目实施时间		xx 个月（项目所用的时间）		
项目必要性	基本情况	项目的基本情况		
	问题及必要性	问题：项目存在的问题有哪些 必要性：购置项目的必要性		
项目内容和方案	目标和范围	目标：项目要达到什么样的目标 范围：实施的范围或者应用的范围		
	实施方案	详细写明		
项目投资估算（万元）		总投资	资本性	成本性
		xx	xx	
效益分析		效益分析内容参考可行性研究报告的 1.3 效益分析部分		
主要设备及材料				
名称	规格及型号	数量	单价（万元）	合价 （万元）
编制：		审核：		批准：

注：其他需要说明的问题可另附页。

3.6.3.4 设计开发项目模板（WBS）表

国网黑龙江电力xxx供电公司–xxx–设计开发项目–数字化建设工作分解结构（WBS）表如下。

B.2 系统开发WBS分解表

下表内容要与可研保持一致。

（1）业务需求最多分解到二级。

（2）"一级业务项"：以建设目标为向导，按系统开发工作的子项进行拆分。

（3）"二级业务项"：WBS拆分要以完成上级的工作任务为依据，充分考虑到系统开发工作的范围和对象，按照100%原则逐层拆分。

（4）"状态"：说明该二级业务项属于新增工作还是完善工作。

（5）"业务描述"：描述最小层级的业务项内容。

（6）"补充说明"：针对业务描述中的特殊情况进行补充说明。

技术路线									
序号	需求	一级业务项	二级业务项	状态	业务描述	补充说明	预计投入总人数（人）	预计投入总天数（天）	预计投入总人天数（人天）
1	需求分析	数据融合服务	数据分析展示	新增	实现各应用系统之间的数据共享		1	3	3
			数据处理中心	新增	监测录入的数据是否异常		1	3	3
2	方案设计	数据融合服务	数据分析展示	新增	实现各应用系统之间的数据共享		1	3	3
			数据处理中心	新增	实现各应用系统之间的数据交换		1	3	3
3	开发	数据融合服务	数据分析展示	新增	实现各应用系统之间的数据共享		2	2	4
			数据处理中心	新增	实现各应用系统之间的数据交换		2	2	4

B.3 系统集成WBS分解表

下表内容要与可研保持一致。

（1）"系统名称"：需集成系统名称。

（2）"集成状态"：表示对端系统是否首次与本端系统集成，。"新增"表示是首次与 本端系统集成；"非新增"表示不是首次与本端系统集成。

（3）"数据内容"：本期集成的内容。

序号	系统名称	集成状态	数据内容	本端系统集成开发（人天）	对端系统集成开发（人天）	备注
1	数据中台	新增	营销系统档案数据、电量数据、用电采集数据、PMS 中配电台账数据	13	13	
2	配电自动化系统	新增	智能台区数据、"二遥" DTU/FTU 数据、其他监测终端等	13	0	
3	GIS 系统	新增	地图、网架数据等	13	0	
合计				39	13	

3.6.3.5 设计开发项目可研评审意见

国网黑龙江省电力有限公司经济技术研究院关于"国网黑龙江电力-xxx-设计开发项目"可行性研究报告的评审意见

示例:

一、必要性

"数字新基建"要求建设数据中心等核心的基础平台,提升数字化连接感知和计算处理能力;构筑电网运行、经营管理、客户服务数字化应用,打造能源互联网数字化创新服务支撑体系;为政府开展需求响应提供数据共享;打造配网人工智能应用和综合能源服务,提高电网安全生产效率,提升客户优质服务和企业精益管理水平。

二、项目目标

基于人工智能数字孪生电网平台建设,构建虚拟电网对配电网描述、诊断、预测、决策新体系,提升配电网资源配置效率。完成数据融合服务、人工智能引擎、人工智能应用支撑三个模块的开发,提供供服智慧监测分析可视化、智脑线损研判、台区运行智慧监测以及电网工程造价监测分析的服务,打造一站式配电网智能决策服务平台。

三、主要内容

本期人工智能数字孪生平台建设由数据融合服务、人工智能引擎、人工智能应用支撑三部分组成,旨在打造一站式配电网智能决策服务平台。

四、技术方案

整体须满足国家电网数字化架构要求,遵从业务架构、应用架构、数据架构、技术架构、安全架构五大架构设计原则。

五、建设时序

项目总工期为 XX 个月。

六、投资估算

项目总投资为 xx 万元,其中,系统设计开发费为 xxx 万元。经测算,通过对本项目的投资,减少了信息网络设备系统故障处理次数,节约了人员支出成本,同时减少了由信息设备运行隐患事故造成的经济损失,提高了信息系统运行维护的处理能力,保障了网络高效安全传输数据能力。本项目投资为 xx 万元,等效节约以往人工运维成本为 xx 万元/年,项目效益(项目节支)运维成本回收目标为 xx 年。

3.6.3.6 设计开发项目费用测算报告

附 录 D　电网数字化项目费用测算报告

电网数字化项目费用测算报告
（不含购置类费用）

项目名称：国网黑龙江电力 xxx 供电公司-xxx-设计开发项目

编制单位：国网黑龙江省电力有限公司电力科学研究院
二〇xx 年 xx 月
（与可行性研究报告编制时间一致）

目　录

测算结果摘要 xx

1前言 xx

2测算的目的 xx

3测算依据及原则 xx

4投资分析 xx

5子项1 xx

5.1咨询设计 xx

5.2系统开发 xx

5.2.1系统功能开发 xx

5.2.2系统集成开发 xx

5.3集成实施 xx

5.3.1系统实施 xx

5.3.2系统集成实施 xx

5.4业务运营 xx

5.5数据工程 xx

6其他费用 xx

内容更新后须更新目录

测算结果摘要

国网黑龙江省电力有限公司电力科学研究院 受 国网黑龙江省电力有限公司 委托，根据国家电网有限公司（以下简称"公司"）相关规范要求的方法、过程及原则，按照必要的测算程序，对 国网黑龙江电力 xxx 供电公司–xxx–设计开发项目 的工作量及费用进行测算，现将测算结果报告如下。

测算结果呈现：

序号	名称		工作量（人天）	人工费率（万元/人天）	费用（万元）
1	咨询设计费				
2	系统开发费	系统功能开发	xx	0.21	xx
		系统集成开发	xx	0.21	xx
3	集成实施费	系统实施			
		系统集成实施			
4	业务运营费				
5	数据工程费	数据产品（应用）研发			
		数据标准化、盘点、目录构建、质量治理等			
		数据接入、上传、下发，数据产品（应用）实施			
6	其他费用		–	–	xx
总计					xx

"名称"是指依据电网数字化项目涵盖的工作性质和工作内容形成的类别划分，划分依据参照《国家电网有限公司电网数字化项目工作量度量规范》。

"工作量"是指从项目立项开始到项目完成验收之间，完成相关工作任务、项目管理及支持活动所需的人天数。

"人工费率"指综合人工单价，具体标准参照《国家电网有限公司电网数字化项目工作量度量规范应用指南（2020 版）》。

"费用"为工作量乘以人工费率计算得到。

该项目的总费用为 <u>xx</u> 万元。

以上内容摘自电网数字化项目费用测算报告（项目名称：<u>国网黑龙江电力 xxx 供电公司-xxx-设计开发项目</u>）。

1 前言

"国网黑龙江省电力有限公司电力科学研究院"接受"国网黑龙江省电力有限公司"委托，根据公司相关规范要求的方法、过程及原则，本着客观、独立、公正、科学的原则，按照必要的测算程序，对委托项目"国网黑龙江电力 xxx 供电公司–xxx–设计开发项目"的工作量和费用进行测算。

本报告针对可研内容（见《国网黑龙江电力 xxx 供电公司–xxx–设计开发项目–可行性研究报告》），按照有关要求，对项目建设过程中的相关费用进行测算，确定项目总体投资。

2 测算的目的

本次测算的目的是确定"国网黑龙江电力 xxx 供电公司–xxx–设计开发项目"的初步测算结果，为公司针对该项目的可研评审提供参考依据。

3 测算依据及原则

（1）项目划分和项目工作量度量方法、过程及原则参照《国家电网有限公司电网数字化项目工作量度量规范》（以下简称《规范》）及《国家电网有限公司电网数字化项目工作量度量规范应用指南（2020 版）》（以下简称《应用指南》）测算。

（2）按照《规范》《应用指南》规定，咨询设计类人工费率为 2500 元/人天；开发类人工费率为 2100 元/人天；集成实施类、业务运营类人工费率为 1500 元/人天；数据工程类人工费率分为三档，其中，数据接入、上传、下发及数据产品（应用）实施参照集成实施人工费率标准执行（1500 元/人天），数据产品（应用）研发工作参考系统开发人工费率标准执行（2100 元/人天），数据标准化、资源目录构建、治理等其他工作参考软件行业协会基准费率执行（1800 元/人天）。

（3）本报告中人工费率即为综合人工单价，包括直接人力成本、直接非人力成本、间接人力成本、间接非人力成本及合理利润，但不包括购置类费用。

（4）本期不计取价差预备费及建设期贷款利息。

（5）工作量依据可研设计提资。

4 投资分析

本投资测算根据"<u>国网黑龙江电力 xxx 供电公司–xxx–设计开发项目–可行性研究报告</u>"建设内容（包含<u>数据共享、数据交换</u>等 <u>15</u> 个子项）进行测算，项目预估总投资为 <u>xx</u> 万元，各项费用如下表。

序号	名称		工作量 （人天）	人工费率 （万元/人天）	费用 （万元）
1	咨询设计费				
2	系统开发费	系统功能开发	xx	0.21	xx
		系统集成开发	xx	0.21	xx
3	集成实施费	系统实施			
		系统集成实施			
4	业务运营费				
5	数据工程费	数据产品（应用）研发			
		数据标准化、盘点			
6	其他费用		–	–	xx
总计					xx

各项费用投资分析如下。

序号	系统名称	咨询设计	系统开发		集成实施		业务运营	数据工程	小计（万元）
			系统功能开发	系统集成开发	系统实施	系统集成实施			
1	国网黑龙江–xxx–设计开发项目		xx	xx					xx
合计									xx

5 子项1

5.1 咨询设计

不涉及。

5.2 系统开发

5.2.1 系统功能开发

本系统包括数据融合服务、人工智能引擎、人工智能应用支撑三个模块的研发，预估需要 xx 人天，费用合计 xx 万元。

初始规模测算结果

序号	需求名称	最小功能单元
1	数据融合服务	7×2=14
2	人工智能引擎	4×2=8
3	人工智能应用支撑	4×1=4 2×2=4
合计		xx

工作量及费用明细表

规模初始测算结果（最小功能单元）			30
生产率（人天/最小功能单元）			8
初始工作量（人天）			30×8=xx
影响因子	技术复杂度（权重：30）	架构层次复杂度	0.5
		企业中台应用情况	0.3
		系统集成情况	0.4
		应用类型	1.5
		灾备等级	0.15
		新技术应用	0.4
		微应用	0.4
		模型算法	0.3
	业务复杂度	业务自身复杂度	0.1

	（权重：30）	用户类型	0.2
		跨业务口径	0.3
		业务成熟度	0.3
		业务类型	0.2
		人性化定制开发需要	0
		用户交互调整情况	0
		原创性设计	0
	业务承载规模 （权重：20）	活跃用户	0.2
		最大并发用户	0.2
		业务即时性要求	0.35
		高可用要求	0.55
		数据规模	0.3
		感知层接入终端规模	0.2
	安全防护复杂度 （权重：20）	安全防护要求	0.5
		安全防护等级	0
	系统构建难度 （权重：40）	1.2	
	用户活跃度 （权重：60）	0.5	
合计	xx		
工作范围	国网黑龙江省电力有限公司		
最终工作量（人天）	xx（向下取整）		
人工费率（万元/天）	0.21		
系统功能开发费用（万元）	xx		

注：工作范围包含需求分析、系统设计（如系统的概要设计、详细设计、数据库设计、用例图等）和开发（包含系统功能开发、数据库开发、内部测试）三项工作内容，根据系统功能开发工作的实际开展情况调整工作量。

5.2.2 系统集成开发

系统集成开发工作的初步工作量计算公式：初步工作量（人天）=13×（本端系统数量+对端系统数量）。

系统集成开发工作包括系统 1、系统 2、系统 3 等 xx 个系统的系统集成开发工作。预估投入 xx 人天，费用合计 xx 万元。

序号	系统名称	本端系统集成开发工作量（人天）	对端系统集成开发工作量（人天）
1	xx 系统	13×1	13×1
2	xx 系统	13×1	13×1
3	xx 系统	13×1	13×1
最终工作量（人天）		13×（3+3）=xx	
人工费率（万元/天）		0.21	
集成开发费用（万元）		xx	

5.3 集成实施

5.3.1 系统实施

不涉及。

5.3.2 系统集成实施

不涉及。

5.4 业务运营

不涉及。

5.5 数据工程

不涉及。

6 其他费用

序号	项目名称	工作描述	金额（万元）
1	第三方测试费	功能、非功能性测试费	xx
2		安全性测试费	xx
		合计	xx

3.6.4 实施项目可研报告注释版

3.6.4.1 实施项目需求分析报告

数字化项目需求分析报告

国网黑龙江电力xxx供电公司-xxx-实施项目

（名称一定是三段式命名规则）

申报部门：国网黑龙江省电力有限公司（盖章）

申报时间：20xx 年 xx 月（与可行性研究报告编制时间一致）

目　录

1 概述 xx

1.1 系统建设现状 xx

1.2 必要性分析 xx

1.3 建设目标 xx

2 业务需求 xx

2.1 负载情况监测分析 xx

2.1.1 业务需求描述 xx

2.1.2 业务流程 xx

2.1.3 业务数据 xx

2.2 停电情况分析 xx

2.2.1 业务需求描述 xx

2.2.2 业务流程 xx

2.2.3 业务数据 xx

3 集成需求 xx

4 实施范围 xx

5 其他需求 xx

5.1 性能与可靠性 xx

5.2 信息安全 xx

5.3 应用及运行监控 xx

5.4 可维护性 xx

5.5 易用性 xx

5.6 系统灾备要求 xx

5.7 数据安全 xx

1 概述

1.1 系统建设现状

对系统建设现状进行描述。

示例:

目前,系统在配电管理上,仅能提供数据报表服务,加之与用采系统数据贯通不足,用采系统内台区考核表电压电流、电表示数等数据利用效率低下,对提升配网精益化管理、深度挖掘异常产生原因产生极大制约,无法发挥出数据的管理价值。

1.2 必要性分析

建议结合上下文合理地融入"三导向"中"解决的问题"内容,不用完全复制。

示例:

随着经济发展和用电需求的不断增长,用户对配网可靠性要求越来越高。由于电网在配电用电环节消耗总电能的负荷较大,随着变频器电气等各项用电设备对电能的冲击力加强,在电力领域应用过程中出现越来越多的冲击性、不平衡性负载以及非线性负载,这些问题始终影响着电力系统的用电安全。虽然供电企业已有相应的配变数据系统,但仍然存在以下问题,XX。

1.3 建设目标

对建设目标进行描述,可参考可行性研究报告中的 4.1 建设目标部分。

示例:

通过国网黑龙江电力运行智慧监测的建设,可以从根本上促进专业管理部门对异常运行的有效管控,极大地降低异常运行给公司带来的经济损失,并通过科学预测负荷增长,实现对配网供电能力的实时掌握,为基层单位提升业扩报装效率、提高供电服务质量提供保障。

2 业务需求

对业务及业务需求进行描述或进行分项描述。具体示例如下。

2.1 负载情况监测分析

业务总体情况: 目前 PMS 系统在配电管理上,仅能提供数据报表服务,用采系统内考核表电压电流等数据利用效率低下,配电专业管理缺乏必要的分析和监测手段，也没有直观的可视化界面。

本期数字化建设需求： 主要为台区负载情况分析的新增需求，包括三相不平衡分析、重过载分析、轻空载分析、无功补偿不足分析、重过载告警、三相不平衡告警、无功补偿不足告警。

2.1.1 业务需求描述

依据用采系统采集的台区低压侧电压、无功功率等数据，判断轻空载、无功补偿不足等情况，从四个角度监测台区负载情况，并通过建立直观展示场景，为专业部门提供有效监测分析手段。

2.1.2 业务流程

无。

2.1.3 业务数据

序号	业务信息	数据项
1	数据中台	提供设备信息数据
2	数据中台	提供地理信息数据

2.2 停电情况分析

业务总体情况： 目前 PMS 系统在配电管理上，仅能提供数据报表服务，加之与用采系统数据贯通不足，用采系统内台区考核表电压电流、电表示数等数据利用效率低下，在台区停电分析、配电专业管理方面缺乏必要的分析和监测手段，也没有直观的可视化界面。

本期数字化建设需求： 主要为台区停电情况分析的新增需求，包括负荷趋势分析、可开放容量分析、负荷预测。

2.2.1 业务需求描述

结合故障类型、维度生成台区停电原因详细分类，与历史数据进行分析对比，通过可视化手段直观展示台区停电情况趋势及停电原因变化趋势，为制定针对性管理提升措施提供有力的数据保障。

2.2.2 业务流程

无。

2.2.3 业务数据

序号	业务信息	数据项
1	数据中台	业扩变更信息，暂停信息等数据
2	数据中台	电流、电压等数据
3	数据中台	计划停电等数据

3 集成需求

示例：

本系统数据均来源于数据中台，跨 PMS 系统、SG186 系统、用电采集系统、供服指挥系统等业务数据，通过多源数据的融合，完成台区运行智慧监测的分析。

序号	数据内容	集成信息系统
1	电流电压数据、计划停电数据、设备信息数据、业扩变更信息等数据	数据中台

4 实施范围

示例：

按照二级部署方式，部署在信息内网，完成国网黑龙江电力设备台区运行智慧监控实施工作。

5 其他需求

5.1 性能与可靠性

示例：

（1）系统设计推荐采用动静分离模式，用户高并发访问的信息显示功能（如公告等），应通过静态资源（如 html）等实现。最大并发用户数不低于 XXX，当系统进行多用户并发操作时，应满足如下要求：

①首页访问平均响应时间不应超过 2 秒；

②系统登录平均响应时间不应超过 3 秒；

③执行简单查询、添加和删除业务平均响应时间不应超过 3 秒；

④执行复杂的综合业务（如统计型、事务型等业务）平均响应时间不应超过 5

秒；

⑤在执行统计业务时，月统计业务的平均响应时间不应超过 15 秒，年统计业务的平均响应时间不宜超过 20 秒。

（2）当信息系统并发用户数达到设计要求的上限时，各事务平均响应时间不应超过 70%并发用户数下平均响应时间的 4 倍。

5.2 信息安全

示例：

本项目信息系统的安全防护依据《国家电网有限公司网络与信息系统安全管理办法》（国网（信息/2）401-2020）要求，坚持"同步规划、同步建设、同步使用"的理念，遵循"管业务必须管安全"的原则，严格落实网络安全管理责任，建立网络安全保障体系和监督体系。

5.3 应用及运行监控

示例：

实现对服务器的实时监控，系统管理人员可以随时通过系统管理后台获知应用服务器的运行状态，并在服务器出现异常的情况下及时收到报警信息。需要实现以下技术要求。

（1）采集服务器的各种性能指标数据，使管理员能实时查看服务器的状态，主要包括 CPU 使用率、内存使用率、进程数量监控、进程运行状况监控等。

（2）服务器进程信息的监测，主要包括进程列表的实时扫描、黑名单监测和白名单监测。

5.4 可维护性

示例：

系统的稳定性非常重要，系统上线后，要保证系统 7×24 小时可用。在系统的日常运行过程中，可能会出现各种各样的故障，系统需要自动地发现问题，自动告警，自动处理，保证系统仍然可用。当有新的服务器节点加入进来的时候，系统需要做到自动化配置，自动化启动服务。

5.5 易用性

示例：

用户体验（User Experience，简称 UE/Ux）是一种纯主观的、在用户使用产品过程中建立起来的感受，系统的界面设计、流程设计、功能设计必须保证易用性。

5.6 系统灾备要求

示例：

分布式数据库存储与复制，是在分布式数据库系统的多个数据库间拷贝和维护数据库对象的过程。这个对象可以是整个表、部分列或行、索引、视图、过程或者它们的组合等，系统维护一定关系的几个完全相同的副本（拷贝），各个副本存储在不同的物理节点上。因此，分布式数据库通过复制的应用，使自身具备了良好的容灾能力。本次项目实现数据级灾备。

5.7 数据安全

示例：

对数据库的访问及其他操作行为进行全程监控，记录包括非法访问、数据库违规操作、数据批量导出或篡改在内的一系列风险行为，实现对所有数据访问监控记录，对风险行为进行挖掘和预警，并在安全事件发生后，做到准确、高效地溯源定责。

3.6.4.2 实施项目可研报告

数字化项目可行性研究报告

项目名称：国网黑龙江电力 xxx 供电公司-xxx-实施项目

项目申报单位：国网黑龙江省电力有限公司

（项目名称遵照三段式命名规则，所属单位标准简称+内容名称+项目类别）

（申报单位为国网黑龙江省电力有限公司或者国网黑龙江省电力有限公司 xxx 供电公司，一定是全称）

编制单位：国网黑龙江省电力有限公司电力科学研究院

（编制单位均为国网黑龙江省电力有限公司电力科学研究院）

二〇xx 年 x 月

（月份为当前评审月份）

编　制：

校　核：

审　核：

批　准：

（编制、校核、审核、批准等信息不需要填写，由电科院填写）

目　录

1 总论 xx

1.1 主要依据 xx

1.2 必要性分析 xx

1.3 效益分析 xx

1.3.1 经济效益 xx

1.3.2 管理效益 xx

1.3.3 社会效益 xx

2 建设现状 xx

3 项目需求分析 xx

3.1 业务功能需求 xx

3.2 集成需求 xx

3.3 非功能需求 xx

3.3.1 性能与可靠性 xx

3.3.2 信息安全 xx

3.3.3 应用及运行监控 xx

3.3.4 可维护性 xx

3.3.5 易用性 xx

3.3.6 系统灾备要求 xx

3.3.7 数据安全 xx

4 建设方案 xx

4.1 建设目标 xx

4.2 建设内容 xx

4.2.1 实施工作 xx

4.2.2 系统集成 xx

4.3 实施范围 xx

4.4 技术方案 xx

4.4.1 系统架构 xx

4.4.2 架构遵从 xx

4.4.3 技术路线 xx

4.4.4 关键技术 xx

4.5 项目管理 xx

4.5.1 项目管理 xx

4.5.2 项目人员 xx

4.5.3 项目进度 xx

4.5.4 项目会议 xx

4.5.5 项目培训 xx

5 硬件设计 xx

5.1 部署方案 xx

5.2 服务器需求测算 xx

5.2.1 设备现状 xx

5.2.2 设备利旧 xx

5.2.3 存储网络接入需求 xx

5.2.4 负载均衡接入需求 xx

5.2.5 安全等级及设备需求 xx

6 主要设备材料清册 xx

6.1 编制说明 xx

6.2 主要设备材料表 xx

7 估算书 xx

7.1 概述 xx

7.2 编制原则和依据 xx

7.3 投资分析 xx

附件1 工作量表 xx

附件2 工作量明细表 xx

1 总论

文中首次提到公司名称请写全称，如国家电网有限公司（以下简称国家电网公司）、国网黑龙江省电力有限公司（以下简称国网黑龙江电力），后续如果再出现使用标准简称。

不要出现国网公司、国网总部、国家电力、总部、龙江公司、龙江电力、黑龙江公司、黑龙江电力公司、集团、公司等非标准全简称字样。

示例：

2020 年 3 月 16 日，国家电网有限公司（以下简称国家电网公司）党组专门召开会议，专题研究确定引领公司长远发展的战略目标。会议提出，2020—2025 年，基本建成具有中国特色国际领先的能源互联网企业，公司部分领域、关键环节和主要指标达到国际领先水平，中国特色优势鲜明，电网智能化数字化水平显著提升，能源互联网功能形态作用彰显；2026—2035 年，全面建成具有中国特色国际领先的能源互联网企业。

1.1 主要依据

（1）《国家电网有限公司关于印发电网数字化项目工作量度量规范及其应用指南》（国家电网互联〔2020〕606 号）。

（2）《国家电网有限公司关于进一步加强数字化建设统筹工作的通知》（国家电网互联〔2021〕562 号）。

（3）《国家电网有限公司关于印发〈国家电网有限公司数字化建设统筹管理规范（试行）〉等两项管理规范的通知》（国家电网互联〔2021〕641 号）。

（4）《国家电网有限公司关于印发〈国家电网有限公司电网数字化项目技术管理办法〉等 6 项通用制度的通知》（国家电网企管〔2021〕170 号）。

（5）《国家电网有限公司电网数字化建设管理办法–修订》（国家电网企管〔2020〕849 号）。

（6）《国家电网有限公司电网数字化项目可研工作管理办法–修订》（国家电网企管〔2020〕849 号）。

（7）《国家电网有限公司电网数字化项目竣工验收管理办法–修订》（国家电网企管〔2020〕849 号）。

（8）《国家电网有限公司信息系统上下线管理办法–修订》（国家电网企管〔2020〕849号）。

（9）《国家电网有限公司企业标准〈信息系统非功能性需求规范〉》（Q/GDW11212–2018）。

须添加与项目内容相关的文件，一定要有文号，格式遵循上面的9个文件的写法（上面是数字化项目的相关管理办法，请直接保留）。

1.2 必要性分析

针对项目作出必要性分析，不要写空话套话。建议结合上下文合理地融入"三导向"中"解决的问题"，不用完全复制。

示例：

面对日益复杂的配网运行环境和不断增长的用户需求，充分发挥各业务系统相关数据的管理价值，建立直观的监测展示场景是指导专业管理部门制定针对性管理措施、合理制订配网技改修计划、提升服务水平的有效手段。（红字部分仅供参考，请勿直接使用。）

1.3 效益分析

1.3.1 经济效益

示例：

结合项目本身的经济效益开展文字分析。经济效益量化分析部分，可以从项目每年创造利润角度（新增利润、提升效率效益等效利润、其他方面的等效利润等）、项目节省投资角度（节约工程损失、节约管理成本、节约人力成本、节约运行维护费用、节约抢修费用、其他节省费用等）提出项目节支和创利的能力，项目节支+项目创利得到项目经济效益。将项目总投资和项目总效益进行对比分析，提出回收成本目标。

示例：

系统的建设与应用，使项目费用核算有据可循，申报过程电子化，进一步促使参与业务外包业务的相关人员减少了时间投入，能够辅助提升企业员工的工作效率，有利于推动国网黑龙江电力行业可持续发展，产生良好的经济效益。

1.3.2 管理效益

内容要与项目切实相关，不要写假大空的套话。

示例：

系统的建设与应用，在管理效益方面表现为通过制定项目费用参考标准，规范了业务流程，让各级业务外包管理人员日常工作有章可循、有规可依，全面提高了工作效率，减轻了工作人员工作负担。

1.3.3 社会效益

示例：

以国家、国家电网有限公司相关法律和规定为统领，优化业务外包管理的职责界面和管理流程，建立权责对等、规范高效的业务外包管控体系。按照"公平、公正、择优"的原则确定外包单位，过程管理、考核评价全面透明，数据和信息全面公开，进一步提升国网黑龙江电力社会形象和品牌价值。

2 建设现状

示例：

目前，在供电能力分析、负荷预测、停电状况监测、电压合格率监测等方面，配电专业管理缺乏必要的分析和监测手段，也没有直观的可视化界面。

3 项目需求分析

3.1 业务功能需求

示例：

运行智慧监测是通过对配网运行状况进行监测，从而实现对运行中出现的各种异常运行状况进行深度根因挖掘以及负荷合理预测，并通过直观可视化展示，向专业部门提供运行异常整改、负荷规划、变压器轮换、技改大修等方面深度定制化管理参考意见及建议。

需求内容示例：

本期业务功能需求如下。

（1）负荷及供电能力预测分析。

依据营销业务系统内台区电量历史数据，集成 PMS 系统内配网台区设备基本情况数据，综合分析、预测台区负载增长情况及供电能力裕度变化情况，建立直观展示场景，提高数据基础支撑能力。通过数据科学分析手段，提升监测管理水平，支撑专业管理部门合理开展技改大修项目。

（2）电压异常情况分析。

依据用采系统内台区考核表电压数据，识别过电压、低电压等电压异常情况，按照区域维度、异常持续时间维度、季节维度等分类，与去年同期数据进行分析对比，实现对电压异常情况的监测和预警，并科学有效地监测分析展示场景，为专业部门提高电压合格率提供准确数据参考。

3.2 集成需求

序号	对端系统名称	集成工作说明
1	数据中台	计划停电数据、设备信息数据、业扩变更信息等数据

3.3 非功能需求

3.3.1 性能与可靠性

示例（红字部分仅供参考，请勿直接使用）：

（1）系统设计推荐采用动静分离模式，用户高并发访问的信息显示功能（如公告等），应通过静态资源（如 html）等实现。最大并发用户数不低于xxx，当系统进行多用户并发操作时，应满足如下要求：

①首页访问平均响应时间不应超过 2 秒；

②系统登录平均响应时间不应超过 3 秒；

③执行简单查询、添加和删除业务平均响应时间不应超过 3 秒；

④执行复杂的综合业务（如统计型、事务型等业务）平均响应时间不应超过 5 秒；

⑤在执行统计业务时，月统计业务的平均响应时间不应超过 15 秒，年统计业务的平均响应时间不宜超过 20 秒。

（2）当信息系统并发用户数达到设计要求的上限时，各事务平均响应时间不应超过 70%并发用户数下平均响应时间的 4 倍。

3.3.2 信息安全

示例（红字部分仅供参考，请勿直接使用）：

本项目信息系统的安全防护依据《国家电网有限公司网络与信息系统安全管理办法》（国网（信息/2）401-2020）要求，坚持"同步规划、同步建设、同步使用"的理念，遵循"管业务必须管安全"的原则，严格落实网络安全管理责任，建立网络安全保障体系和监督体系。

3.3.3 应用及运行监控

示例（红字部分仅供参考，请勿直接使用）：

实现对服务器的实时监控，系统管理人员可以随时通过系统管理后台获知应用服务器的运行状态，并在服务器出现异常的情况下及时收到报警信息。需要实现以下技术要求：

（1）采集服务器的各种性能指标数据，使管理员能实时查看服务器的状态，主要包括 CPU 使用率、内存使用率、进程数量监控、进程运行状况监控等。

（2）服务器的相关信息保存在服务器的日志文件中，供网络管理员进行定期的数据分析，主要包括数据变动信息、容量大小信息、服务器重新启动信息等。

3.3.4 可维护性

示例（红字部分仅供参考，请勿直接使用）：

系统的稳定性非常重要，系统上线后，要保证系统7×24小时可用。在系统的日常运行过程中，可能会出各种各样的故障，如某个服务器节点坏了，系统需要自动地发现这些问题，并自动告警，自动处理，将这个坏掉的服务器节点从集群中去掉，保证系统仍然可用。当有新的服务器节点加入进来的时候，系统需要做到自动化配置，自动化启动服务，将新的服务节点加入系统集群中。

3.3.5 易用性

示例（红字部分仅供参考，请勿直接使用）：

用户体验（User Experience，简称UE/Ux）是一种纯主观的、在用户使用产品过程中建立起来的感受，系统的界面设计、流程设计、功能设计必须保证易用性。

3.3.6 系统灾备要求

示例（红字部分仅供参考，请勿直接使用）：

分布式数据库存储与复制，是在分布式数据库系统的多个数据库间拷贝和维护数据库对象的过程。这个对象可以是整个表、部分列或行、索引、视图、过程或者它们的组合等，系统维护一定关系的几个完全相同的副本（拷贝），各个副本存储在不同的物理节点上。因此，分布式数据库通过复制的应用，使自身具备了良好的容灾能力。本次项目实现数据级灾备。

3.3.7 数据安全

示例（红字部分仅供参考，请勿直接使用）：

通过对所有涉及敏感数据的操作进行限制，强化对数据运维操作的监管力度，及时阻断越权操作行为的发生。

4 建设方案

4.1 建设目标

示例：

通过建设运行智慧监测系统，从根本上促进专业管理部门对台区异常运行的有效管控，极大地降低台区异常运行给公司带来的经济损失，并通过科学预测负荷增长，实现对配网供电能力的实时掌握，为基层单位提升业扩报装效率、提高供电服务质量提供保障。

4.2 建设内容

示例：

完成负荷及供电能力预测分析模块（包含 3 个二级模块）、电压异常情况分析模块（包含 3 个二级模块）2 个模块的实施部署工作。

4.2.1 实施工作

（下表中的"工作项"与附件1、附件2对应。）

序号	工作项	工作内容
1	差异分析及方案设计	
1.1	实施单位需求收集	调研并汇总各单位相关业务领域数据使用情况，收集业务数据需求；调研各单位应用场景需求，统计收集所需的业务场景
1.2	差异分析	根据实施单位相关业务数据需求，进行差异分析
1.3	编制调整方案	根据实施单位相关业务数据需求和应用场景需求，编制实施方案及整体系统调整方案，制定平台设计方案
2	数据收集及处理	
2.1	编制数据收集方案	制定数据收集方案及数据收集模板
2.2	数据收集及梳理	现场收集、调研并整理用户及权限、业务数据
2.3	数据校核	根据收集结果，确认数据收集内容，核对数据准确性
3	系统部署及配置	
3.1	软件安装与配置	系统程序包部署
3.2	流程与权限配置	规则本地化配置调整、任务配置及用户权限配置等；已集成稽核结果集成需求变动程序配置
3.3	初始化数据导入	初始化数据导入及核对、调整
4	系统测试	
4.1	纵向贯通测试	编写测试计划及用例，进行系统模块测试
4.2	用户接受测试	用户测试，用户确认功能配置的正确性；集团对标全流程管控优化功能测试
5	培训	
5.1	培训准备	编写培训计划、培训材料，准备培训环境，编写本地化培训计划、培训材料
5.2	用户培训	用户分批次培训
5.3	运维人员培训	培训及运维材料移交

序号	工作项	工作内容
5.4	培训考核	对培训人员进行考核，验证人员培训情况
6		**上线准备及切换**
6.1	编制上线方案	编写系统切换方案、应急预案、支持方案
6.2	业务数据导入	风控系统原始数据整理及数据导入
6.3	系统切换	系统调整、系统切换、传输、方案编制
7		**上线试运行支持**
7.1	系统性能调优与运维技术支持	现场及远程运维支持（省公司业务部门及下属公司）
7.2	用户使用支持	业务应用支持（省公司业务部门及下属公司）

4.2.2 系统集成

示例：

与数据中台进行集成。

序号	对端系统名称	集成方式	集成关系
1	数据中台	数据集成	业扩变更信息、暂停信息等数据
2	数据中台	数据集成	电流、电压等数据

4.3 实施范围

示例：

按照二级部署方式，部署在国网黑龙江省电力有限公司信息内网。

4.4 技术方案

示例：

4.4.1 系统架构

注：图片行距单倍行距 1，对齐方式居中，首行缩进无，架构图中不要出现设备型号及IP等敏感信息。

4.4.2 架构遵从

注：五大架构均需要配有相应架构图及描述。

（1）业务架构。

首先，对业务需求进行理解，定义目标，定义场景范围和设计方案；其次，通过规则模型管理模块对数据进行处理和模型学习；最后，模型上线，并持续监控评估。

（2）应用架构。

遵从国网数字化架构管控要求，严格遵循应用完整性、横向整合、业务驱动性及架构柔性原则，合理设计应用架构。系统包括数据融合服务模块、规则模型管理模块和可视分析与智能决策模块三个应用模块。

具体应用架构如图所示：

（3）数据架构。

xxx 建设-实施项目沿用国网数据中台现有的贴源层、共享层、分析层思路进行数据存储规划。

（4）技术架构。

系统采用"B/S"架构，用户可以直接通过浏览器访问系统，具体系统架构如下图所示：

（5）安全架构。

注：一定要写清楚安全架构以及架构图。

4.4.3 技术路线

项目	分类
技术选型	服务端架构技术采用分布式架构； 客户端架构技术采用微应用架构模式； 界面展现技术采用成熟界面展现技术，包括 HTML5 等； 服务端开发技术选择 Java、xx； 编码规范：代码、xx
开发平台	SG-UAP

4.4.4 关键技术

示例：

（1）技术兼容：建立设备异常多维分析模型，实现多层级钻取分析，并采用分析数据报表配置化路线，达到所见即所得的功能效果。另外部分须部署复杂计算单元业务应用的数据产品，进行容器化封装，通过平台提供的服务网关对外提供服务。

（2）阈值优化：在大量数据集的基础上，使用深度学习框架 Deeplearning4J，支持卷积神经网络和递归神经网络分析模型，可以在复杂参数输入的条件下实时优化具体判断阈值，更加贴合配网实际工作。同时可对数据进行深度挖掘，分析统计故障原因、故障趋势、易发生故障的设备类型等。

技术选型	组件说明	场景应用
Hadoop	Hadoop 通过分布式文件系统（Hadoop Distributed File System，简称 HDFS），实现海量数据的存储，MapReduce 框架则为海量的数据提供了批处理计算	为百亿数据集提供存储及批处理计算
Kafka	Kafka 是一个分布式、分区的、多副本的、多订阅者，基于 zookeeper 协调的 MQ 系统，用于 web/nginx 日志、访问日志、消息服务等	用于不同系统间的数据交流和传递

4.5 项目管理

4.5.1 项目管理

示例：

对岗位职责及人员安排做细致的安排，以便做到责权明确、科学管理，确保项目顺利完成。

4.5.2 项目人员

共 xx 人参与项目。

序号	岗位	职责	人员数量
1	项目管理	负责研发和实施工作协调、管理工作，负责项目组文档、源代码、版本控制	1
2	实施管控	根据方案、方针、策略，监控各实施单位的工作，确保项目按照预期目标和进度进行	1
3	系统联调测试	提供项目实施过程中的软件联调及系统功能测试；协助对发布版本及补丁内容进行内部测试	2
4	实施	负责项目在各实施点的实施工作	1

4.5.3 项目进度

示例：

本项目根据总体要求，实施工期x个月。（注意：项目工期不能跨年。）

实施部分：

序号	阶段	工期	提交成果	备注
1	系统部署	1 个月	系统部署方案 用户确认测试报告 技术服务承诺书 用户手册 系统管理员手册 系统应急预案及快速恢复方案 上线试运行申请单 系统试用（使用）报告	
2	确认测试、成果移交	0.25 个月	确认测试报告	
3	项目试运行	3 个月	用户测试报告	（试运行工期要大于等于 3 个月）
4	项目试运行验收	0.25 个月	上线试运行验收报告	
5	项目竣工验收	0.5 个月	项目竣工验收报告	

4.5.4 项目会议

实施部分：

序号	项目	内容	项目要求
1	项目实施方案评审会	实施方案评审	人×天：1 人×1 天
2	项目试运行验收	项目试运行验收	人×天：1 人×1 天
3	项目竣工验收	项目竣工验收	人×天：1 人×1 天

4.5.5 项目培训

序号	培训内容	项目单位要求
1	系统管理人员培训	人×天：1人×1天
2	系统运维人员培训	人×天：1人×1天

5 硬件设计

5.1 部署方案

示例：

利用现有云平台的软硬件资源，在内网部署 8 台服务器，搭建大数据平台服务器集群。负责数据集成、采集、清洗、创建多维模型和业务模型，并将应用数据传输到对外应用服务器中。部署架构图如下所示。

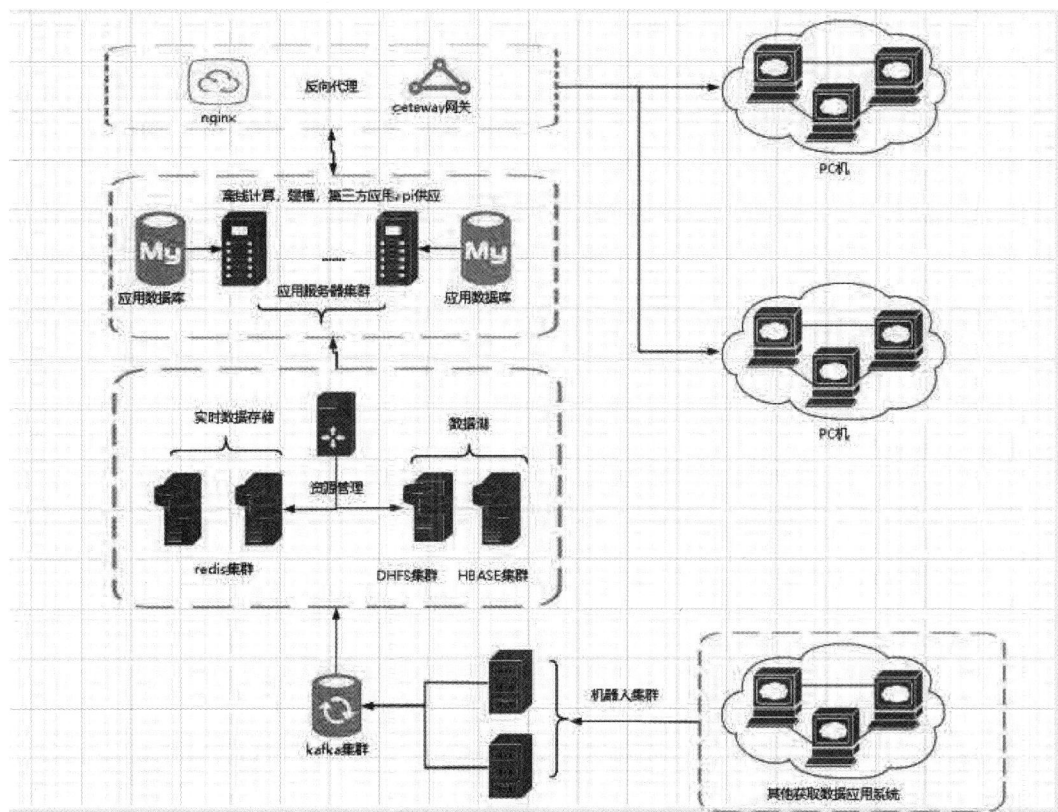

5.2 服务器需求测算

5.2.1 设备现状

（1）必须写清楚现有的服务器资源、利旧情况。如果需要新的服务器，一定要写清楚服务器需求和软硬件需求，并且需要写详细，如果不写后期评审不能通过。

（2）软件授权也写到服务器需求部分，需要正版软件授权的要写清楚。

（3）对云资源的申请要详细说明。

5.2.2 设备利旧

必须写清楚现有的服务器资源、利旧情况。

示例：

使用现有XX资源。

5.3.3 存储网络接入需求

示例：

每年 10GB 存储需求，系统接入信息内网。

5.3.4 负载均衡接入需求

不涉及。

5.3.5 安全等级及设备需求

一定写清楚安全等级。

示例：

本项目安全等级为等保二级。

6 主要设备材料清册

如项目不涉及硬件内容，本章写不涉及。

6.1 编制说明

不涉及。

6.2 主要设备材料表

不涉及。

7 估算书

7.1 概述

针对上述内容，按照有关要求，对项目建设过程中的相关费用进行估算，确定项目总体投资。

7.2 编制原则和依据

（1）项目划分和项目工作量度量方法、过程及原则参照《国家电网有限公司电网数字化项目工作量度量规范》（以下简称《规范》）及《国家电网有限公司电网数字化项目工作量度量规范应用指南（2020版）》（以下简称《应用指南》）测算。

（2）按照《规范》《应用指南》规定，咨询设计类人工费率为2500元/人天；开发类人工费率为2100元/人天；集成实施类、业务运营类人工费率为1500元/人天；数据工程类人工费率分为三档，其中，数据接入、上传、下发及数据产品（应用）实施参照集成实施人工费率标准执行（1500元/人天），数据产品（应用）研发工作参考系统开发人工费率标准执行（2100元/人天），数据标准化、资源目录构建、治理等其他工作参考软件行业协会基准费率执行（1800元/人天）。

（3）本报告中人工费率即为综合人工单价，包括直接人力成本、直接非人力成本、间接人力成本、间接非人力成本及合理利润，但不包括购置类费用。

（4）本期不计取价差预备费及建设期贷款利息。

（5）工作量依据可研设计提资。

7.3 投资分析

国网黑龙江电力-XX-实施项目研究报告项目，本投资测算根据《国家电网有限公司关于印发电网数字化项目工作量度量规范及其应用指南的通知》（国家电网互联〔2020〕606号）对建设内容（包含差异分析及方案设计、数据收集及处理、系统部署及配置、系统测试、培训、上线准备及切换和上线试运行支持）按照实施类工作量度量模型进行测算，项目预估工作量评估共xx人天，投资估算为xx万元。

序号	名称		工作量（人天）	人工费率（万元/人天）	金额（万元）
1	咨询设计费				−
2	系统开发费	系统功能开发			
		系统集成开发			
3	集成实施费	系统实施	xx	0.15	xx
		系统集成实施	xx		xx
4	业务运营费				

序号	名称		工作量 （人天）	人工费率 （万元/人天）	金额 （万元）
5	数据 工程费	数据产品（应用）研发			
		数据标准化、盘点、目录构建、质量治理等			
		数据接入、上传、下发，数据产品（应用）实施			
6	其他费用		–	–	xx
总　计					xx

（1）咨询设计费.

不涉及。

（2）系统开发费。

不涉及。

（3）集成实施费。

①系统实施。

完成负荷及供电能力预测分析、电压异常情况分析2个一级功能模块在国网黑龙江省电力有限公司的实施。预估需要189人天，费用合计xx万元。具体计算方式如下。

实施类工作量度量模型：

$$AE（总工作量）= \sum（D \times SOI）* \times IFI$$

其中：

D——一级工作任务工作量度量值，本项目按照二级部署方式部署，因此D取80；

SOI——工作任务所涉及的实施数量，本项目在黑龙江省信息内网实施，因此SOI取1；

IFI——实施类工作量集成实施影响因子。

实施影响因子得分=（实施复杂度×权重+数据收集整理难度×权重+安全防护复杂度×权重）×（系统构建难度×权重+用户活跃度×权重）

实施复杂度=实施工作范围+应用类型+业务成熟度+灾备等级+新技术应用+感知层业务支撑+适应性调整+非功能性调优=0.5+0.3+0.4+0.25+0.2+0.3+0.2+0.2=xx；

数据收集整理难度=跨专业采集+现场采集数量+采集对象=0.3+0.4+0.2=xx；

安全防护复杂度=安全防护要求+安全防护等级=0.5+0.3=0.8；

系统构建难度=2；

用户活跃度=1；

本项目IFI=（1.2375+0.35+0.16）×（0.8+0.6）=xx；

数据接入、上传、下发及数据产品（应用）实施参照集成实施人工费率标准拟行为1500元/人天。

综上，AE=8xx=xx人天，向下取整xx人天，xx×0.15=xx万元。

实施工作包括差异分析及方案设计、数据收集及处理、系统部署及配置、系统测试、培训、上线准备及切换和上线试运行支持。其中，差异分析及方案设计包括实施单位需求收集、差异分析、编制调整方案三部分，预估投入15人天；数据收集及处理包括编制数据收集方案、数据收集及梳理、数据校核三部分，预估投入50人天；系统部署及配置包括软件安装与配置、流程与权限配置、初始化数据导入三部分，预估投入30人天；系统测试包括系统集成联调测试、纵向贯通测试、用户接受测试、集成接口配置与调试四部分，预估投入35人天；培训包括培训准备、用户培训、运维人员培训三部分，预估投入3人天；上线准备及切换包括编制上线方案、业务数据导入、系统切换三部分，预估投入10人天；上线试运行支持包括系统性能调优与运维技术支持、用户使用支持两部分，预估投入46人天。工作量明细详见附件1。

实施工作量表

序号	工作内容	工作量（人天）	费用（万元）
1	差异分析及方案设计	15	xxxx
2	数据收集及处理	50	xx
3	系统部署及配置	30	xx
4	系统测试	35	xx
5	培训	3	xx
6	上线准备及切换	10	xx
7	上线试运行支持	46	xx
8	合计	xx	xx

②系统集成实施。

系统集成实施的初步工作量计算公式：初步工作量（人天）=∑（3×本端实施单位数量+15）+∑（3×对端实施单位数量+15）。其中，∑为各集成系统的系统集成实施工作量求和。

xx系统集成实施工作包括xx系统xx个接口、xx系统xx个接口，预估投入xx人天，费用合计xx万元，详见下表。

序号	系统名称	本端系统集成实施工作量（人天）	对端系统集成实施工作量（人天）
1	xx	3×1+15=18	3×1+15=18
2	xx	3×1+15=18	3×1+15=18
3	xx	3×1+15=18	3×1+15=18
4	xx	3×1+15=18	3×1+15=18
5	xx	3×1+15=18	3×1+15=18

序号	系统名称	本端系统集成实施工作量（人天）	对端系统集成实施工作量（人天）
	最终工作量（人天）	xx	xx
	人工费率（万元/天）	0.15	0.15
	集成实施费用（万元）	90×0.15=xx	90×0.15=xx

（4）业务运营费。

不涉及。

（5）数据工程费。

不涉及。

（6）其他费用。

不涉及。

附件1 工作量表

xxx实施工作量表

单位：人天

序号	工作任务	合计工作量（人天）
1	差异分析及方案设计	xx
2	数据收集及处理	xx
3	系统部署及配置	xx
4	系统测试	xx
5	培训	xx
6	上线准备及切换	xx
7	上线试运行支持	xx
合计		xx

附件 2 工作量明细表

xxx实施工作量明细表

序号	工作任务	工作量基数（人天）	合计工作量（人天）	单价（万元/人天）	费用（万元）
1	**差异分析及方案设计**	8	13	0.15	xx
1.1	实施单位需求收集	4	7	0.15	xx
1.2	差异分析	2	3	0.15	xx
1.3	编制调整方案	2	3	0.15	xx
2	**数据收集及处理**	8	13	0.15	xx
2.1	编制数据收集方案	2	3	0.15	xx
2.2	数据收集及梳理	4	7	0.15	xx
2.3	数据校核	2	3	0.15	xx
3	**系统部署及配置**	12	20	0.15	xx
3.1	软件安装与配置	3	5	0.15	xx
3.2	流程与权限配置	5	8	0.15	xx
3.3	初始化数据导入	4	7	0.15	xx
4	**系统测试**	10	16	0.15	xx
4.1	纵向贯通测试	0	0	0.15	xx
4.2	用户接受测试	10	16	0.15	xx
5	**培训**	3	5	0.15	xx
5.1	培训准备	2	3	0.15	xx
5.2	用户培训	5	8	0.15	xx
5.3	运维人员培训	6	10	0.15	xx
5.4	培训考核	1	2	0.15	xx
6	**上线准备及切换**	2	3	0.15	xx
6.1	编制上线方案	2	3	0.15	xx
6.2	业务数据导入	1	2	0.15	xx
6.3	系统切换	12	20	0.15	xx
7	**上线试运行支持**	2	3	0.15	xx
7.1	系统性能调优与运维技术支持	6	10	0.15	xx
	合计	xx	xx	xx	xx

3.6.4.3 实施项目说明书

数字化项目说明书

项目名称		国网黑龙江电力 XX 供电公司–XX–实施项目		
项目类别		实施项目		
项目申报单位		国网黑龙江省电力有限公司		
项目实施时间		xx 个月（项目所用的时间）		
项目必要性	基本情况	项目的基本情况		
	问题及必要性	问题：项目存在的问题有哪些 必要性：购置项目的必要性		
项目内容和方案	目标和范围	目标：项目要达到什么样的目标 范围：实施的范围或者应用的范围		
	实施方案	详细写明		
项目投资估算（万元）		总投资	资本性	成本性
		xx	—	xx
效益分析		效益分析内容参考可行性研究报告的 1.3 效益分析部分		
主要设备及材料				
名称	规格及型号	数量	单价（万元）	合价（万元）
编制：		审核：		批准：

注：其他需要说明的问题请可另附页。

3.6.4.4 实施项目（WBS）表

数字化建设工作分解结构（WBS）表如下所示。

B.4 实施WBS分解表

下表内容要与可研保持一致 集成实施工作：若涉及该项工作任务，则填写"是"，否则填写"否"或不填写。								
实施范围	xx							
部署方式	xx							
实施单位数量	总部	分部	省公司	直属单位	三地数据中心	预计投入总人数（人）	预计投入总天数（天）	预计投入总人天数（人天）
	xx	xx	xx	xx	xx			
	是否涉及该工作任务							
序号	工作任务	总部	分部	省公司	直属单位	三地数据中心			
1	差异分析及方案设计	否	否	是	否	否			8
1.1	实施单位情况收集	否	否	是	否	否	1	4	4
1.2	差异分析	否	否	是	否	否	1	2	2
1.3	编制调整方案	否	否	是	否	否	1	2	2

2	数据收集及处理	否	否	是	否	否			8
2.1	编制数据收集方案	否	否	是	否	否	1	2	2
2.2	数据收集及梳理	否	否	是	否	否	1	4	4
2.3	数据校核	否	否	是	否	否	1	2	2
3	系统部署及配置	否	否	是	否	否			12
3.1	软件安装与配置	否	否	是	否	否	1	3	3
3.2	流程与权限配置	否	否	是	否	否	1	5	5
3.3	初始化数据导入	否	否	是	否	否	1	4	4
4	系统测试	否	否	是	否	否			18
4.1	纵向贯通测试	否	否	是	否	否	2	4	8
4.2	用户接受测试	否	否	是	否	否	2	5	10
5	培训	否	否	是	否	否			6
5.1	培训准备	否	否	是	否	否	1	1	1
5.2	用户培训	否	否	是	否	否	1	2	2
5.3	运维人员培训	否	否	是	否	否	1	2	2
5.4	培训考核	否	否	是	否	否	1	1	1
6	上线准备及切换	否	否	是	否	否			12
6.1	编制上线方案	否	否	是	否	否	1	2	2
6.2	业务数据导入	否	否	是	否	否	2	3	6
6.3	系统切换	否	否	是	否	否	1	4	4
7	上线试运行支持	否	否	是	否	否			16
7.1	系统性能调优与运维 技术支持	否	否	是	否	否	2	3	6
7.2	用户使用支持	否	否	是	否	否	2	5	10

3.6.4.5 实施项目可研评审意见

国网黑龙江省电力有限公司经济技术研究院关于"国网黑龙江电力xxx供电公司-xxx-实施项目"可行性研究报告的评审意见

示例：

一、必要性

运用大数据分析技术，挖掘公司现有系统数据价值，实现对台区三相不平衡、重过载、电压异常、频繁停电等状况的监测，实现对供电能力等方面的准确分析和预测，为专业部门提供直观的分析结果和异动明细，为专业部门增强配网运行的稳定性、安全性，提升业扩服务效率。（红字部分仅供参考，请勿直接使用。）

二、项目目标

通过对负荷情况的科学预测，合理分析供电能力裕度的变化情况，有效指导基层单位提升业扩服务效率，缩短业扩时限，及时满足用户用电需求。为设备管理部门制订技改大修计划、提升投资效益提供准确参考。（红字部分仅供参考，请勿直接使用。）

三、主要内容

完成负载情况分析、停电情况分析的实施工作。

四、技术方案

数据服务及统一访问层：通过大数据平台产生的结构性数据以 API 接口、web-service 等形式在对外服务平台上注册、发布，平台基于 API 接口方式订阅数据访问服务。

五、建设时序

项目总工期为 3 个月。

六、投资估算

项目总投资为 xx 万元，其中，系统实施费为 xx 万元。

补充经济效益内容（与可研报告中经济效益内容保持一致）。

3.6.4.6 实施项目费用测算报告

附 录 D 电网数字化项目费用测算报告

电网数字化项目费用测算报告

（不含购置类费用）

项目名称：国网黑龙江电力 xxx 供电公司-xxx-实施项目

编制单位：国网黑龙江省电力有限公司电力科学研究院

二○xx 年 xx 月

目　录

测算结果摘要 XX

1前言 XX

2测算的目的 XX

3测算依据及原则 XX

4投资分析 XX

5子项1 XX

5.1咨询设计 XX

5.2系统开发 XX

5.2.1系统功能开发 XX

5.2.2系统集成开发 XX

5.3集成实施 XX

5.3.1系统实施 XX

5.3.2系统集成实施 XX

5.4业务运营 XX

5.5数据工程 XX

6其他费用 XX

测算结果摘要

国网黑龙江省电力有限公司电力科学研究院 受 国网黑龙江省电力有限公司 委托，根据国家电网有限公司（以下简称"公司"）相关规范要求的方法、过程及原则，按照必要的测算程序，对 国网黑龙江电力 xxx 供电公司–xxx–实施项目 的工作量及费用进行测算，现将测算结果报告如下。

测算结果呈现：

序号	名称		工作量 （人天）	人工费率 （万元/人天）	费用 （万元）
1	咨询设计费				
2	系统开发费	系统功能开发			
		系统集成开发			
3	集成实施费	系统实施	xx	0.15	xx
		系统集成实施	xx	0.15	xx
4	业务运营费				
5	数据工程费	数据产品（应用）研发			
		数据标准化、盘点、目录构建、质量治理等			
		数据接入、上传、下发，数据,产品（应用）实施			
6	其他费用		–	–	xx
总计					xx

"名称"是指依据电网数字化项目涵盖的工作性质和工作内容形成的类别划分，划分依据参照《国家电网有限公司电网数字化项目工作量度量规范》。

"工作量"是指从项目立项开始到项目完成验收之间，完成相关工作任务、项目管理及支持活动所需的人天数。

"人工费率"指综合人工单价，具体标准参照《国家电网有限公司电网数字化项目工作量度量规范应用指南（2020 版）》。

"费用"为工作量乘以人工费率计算得到。

该项目的总费用为 xx 万元。

以上内容摘自电网数字化项目费用测算报告（项目名称：国网黑龙江电力 xxx 供电公司–xxx–实施项目）。

1 前言

"国网黑龙江省电力有限公司电力科学研究院"接受"国网黑龙江省电力有限公司"委托，根据公司相关规范要求的方法、过程及原则，本着客观、独立、公正、科学的原则，按照必要的测算程序，对委托项目"国网黑龙江电力 xxx 供电公司-xxx-实施项目"的工作量和费用进行测算。

本报告针对可研内容（见《国网黑龙江电力 xxx 供电公司-xxx-实施项目-项目可行性研究报告》），按照有关要求，对项目建设过程中的相关费用进行测算，确定项目总体投资。

2 测算的目的

本次测算的目的是确定"国网黑龙江电力xxx供电公司-xxx-实施项目"的初步测算结果，为公司针对该项目的可研评审提供参考依据。

3 测算依据及原则

（1）项目划分和项目工作量度量方法、过程及原则参照《国家电网有限公司电网数字化项目工作量度量规范》（以下简称《规范》）及《国家电网有限公司电网数字化项目工作量度量规范应用指南（2020 版）》（以下简称《应用指南》）测算。

（2）按照《规范》《应用指南》规定，咨询设计类人工费率为 2500 元/人天；开发类人工费率为 2100 元/人天；集成实施类、业务运营类人工费率为 1500 元/人天；数据工程类人工费率分为三档，其中，数据接入、上传、下发及数据产品（应用）实施参照集成实施人工费率标准执行（1500 元/人天），数据产品（应用）研发工作参考系统开发人工费率标准执行（2100 元/人天），数据标准化、资源目录构建、治理等其他工作参考软件行业协会基准费率执行（1800 元/人天）。

（3）本报告中人工费率即为综合人工单价，包括直接人力成本、直接非人力成本、间接人力成本、间接非人力成本及合理利润，但不包括购置类费用。

（4）本期不计取价差预备费及建设期贷款利息。

（5）工作量依据可研设计提资。

4 投资分析

本投资测算根据"国网黑龙江电力 xxx 供电公司-xxx-实施项目"建设内容（包含 xx 等 xx 个子项）进行测算，项目预估总投资为 xx 万元，各项费用如下表。

序号	名称		工作量（人天）	人工费率（万元/人天）	费用（万元）
1	咨询设计费				
2	系统开发费	系统功能开发			
		系统集成开发			
3	集成实施费	系统实施	xx	0.15	xx
		系统集成实施	xx	0.15	xx
4	业务运营费				
5	数据工程费	数据产品（应用）研发			
		数据标准化、盘点			
6	其他费用	–	–	–	xx
总计					xx

各项费用投资分析如下。

序号	系统名称	咨询设计	系统开发		集成实施		业务运营	数据工程	小计（万元）
			系统功能开发	系统集成开发	系统实施	系统集成实施			
1	国网黑龙江-xxxx-实施项目	–	–	–	xx	–	–	–	xx
合计									xx

5 子项1

5.1 咨询设计

不涉及。

5.2 系统开发

5.2.1 系统功能开发

不涉及。

5.2.2 系统集成开发

不涉及。

5.3 集成实施

5.3.1 系统实施

本次系统实施工作包括 xx 等 xx 项工作，预估需要计 xx 人天,费用合计 xx 万元。

序号	实施工作项名称	工作量（人天）	费用（万元）
1	差异分析及方案设计	xx	xx
2	数据收集及处理	xx	xx
3	系统部署及配置	xx	xx
4	系统测试	xx	xx
5	培训	xx	xx
6	上线准备及切换	xx	xx
7	上线试运行支持	xx	xx
	合计	xx	xx

国网 xxx 电力–xxx–实施项目实施工作按二级部署方式，完成在总部部署，一个分部、一个省公司、一个直属单位、一个数据中心应用的实施工作，预估需要 xx 人天，费用合计 xx 万元。

一级部署（总部侧）工作量基数（人天）			—
工作量基数（分部、省公司和直属单位）（人天）			80
实施范围（除总部外）			1
初始工作量合计（人天）			80
影响因子	实施复杂度（权重：45）	实施工作范围	xx
		应用类型	xx
		业务成熟度	xx
		灾备等级	xx
		新技术应用	xx
		感知层业务支撑	xx
		适应性调整	xx
		非功能性调优	xx
	数据收集整理难度（权重：35）	跨专业采集	xx
		现场采集数量	xx
		采集对象	xx
	安全防护复杂度（权重：20）	安全防护要求	xx
		安全防护等级	xx
	系统构建难度（权重：40）		xx
	用户活跃度（权重：60）		xx
合计			xx
工作内容			差异分析及方案设计、数据收集及处理、系统部署及配置、系统测试、培训、上线准备及切换、上线试运行支持工作
最终工作量（人天）			xx
人工费率（万元/天）			0.15
系统实施费用（万元）			xx

注：
1.初始工作量合计=一级部署（总部侧）工作量基数+工作量基数（分部、省公司和直属单位）×实施范围（除总部外）；
2.工作内容包含差异分析及方案设计、数据收集及处理、系统部署及配置、系统测试、培训、上线准备及切换、上线试运行支持工作七项任务，根据项目实施的实际开展情况调整工作量。

5.3.2 系统集成实施

系统集成实施的初步工作量计算公式：初步工作量（人天）=∑（3×本端实施单位数量+15）+∑（3×对端实施单位数量+15）。其中，∑为各集成系统的系统集成实施工作量求和。

xx 系统集成实施工作包括财务管控系统 xx 个系统，预估投入 xx 人天，费用合计 xx 万元，详见下表。

序号	系统名称	本端系统集成实施工作量（人天）	对端系统集成实施工作量（人天）
1	xx	3×1+15=18	3×1+15=18
2	xx	3×1+15=18	3×1+15=18
3	xx	xx	xx
4	xx	xx	xx
5	xx	xx	xx
最终工作量（人天）		xx	xx
人工费率（万元/天）		0.15	0.15
集成实施费用（万元）		xx×0.15=xx	xx×0.15=xx

5.4 业务运营

不涉及。

5.5 数据工程

不涉及。

6 其他费用

不涉及。

3.6.5 业务运营项目可研报告注释版

3.6.5.1 业务运营项目业务需求报告

数字化专项业务需求报告
国网黑龙江电力xxx供电公司-xxx-业务运营项目

（名称一定是三段式命名规则）

申报单位：国网黑龙江省电力有限公司（盖章）

申报时间：20xx 年 x 月（与可行性研究报告编制时间一致）

目　录

1 概述 xx

1.1 主要依据 xx

1.2 必要性分析 xx

1.3 效益分析 xx

1.3.1经济效益 xx

1.3.2管理效益 xx

1.3.3社会效益 xx

1.4 业务目标 xx

2 业务需求 xx

2.1业务需求描述 xx

2.2业务数据 xx

2.3集成需求 xx

3 实施范围 xx

1 概述

1.1 主要依据

示例：

本项工作可依据的标准规范包括数字化方面的国际标准、国家标准、行业标准、行业主管部门的文件以及公司内部的数字化管理制度等，主要包括以下文件。

（1）《国家电网有限公司关于印发电网数字化项目工作量度量规范及其应用指南》（国家电网互联〔2020〕606号）。

（2）《国家电网有限公司关于进一步加强数字化建设统筹工作的通知》（国家电网互联〔2021〕562号）。

（3）《国家电网有限公司关于印发〈国家电网有限公司数字化建设统筹管理规范（试行）〉等两项管理规范的通知》（国家电网互联〔2021〕641号）。

（4）《国家电网有限公司关于印发〈国家电网有限公司电网数字化项目技术管理办法〉等6项通用制度的通知》（国家电网企管〔2021〕170号）。

（5）《国家电网有限公司电网数字化建设管理办法–修订》（国家电网企管〔2020〕849号）。

（6）《国家电网有限公司电网数字化项目可研工作管理办法–修订》（国家电网企管〔2020〕849号）。

（7）《国家电网有限公司电网数字化项目竣工验收管理办法–修订》（国家电网企管〔2020〕849号）。

（8）《国家电网有限公司信息系统上下线管理办法–修订》（国家电网企管〔2020〕849号）。

1.2 必要性分析

针对项目作出必要性分析，不要写空话套话。建议结合上下文合理地融入"三导向"中"解决的问题"，不用完全复制。

示例：

随着电网数字化的建设成果增多及数字化能力提升，数字化能力接口集成需求增多，仍存在接口反复报集成费用、技术标准不统一无法量化接口集成工作量、接口调用关系不捋顺、无有效工具监控接口状态等情况。需要形成完善的接口集成运营工作体系，明确接口集成规范和工作量等。

遵从国网公司架构原则，坚持国网云技术路线，用好现有云组件等原则，确定国网黑龙江电力xx公司架构技术路线，统一数字化项目建设接口集成标准，完善接口集约化和规范化管理。

1.3 效益分析

1.3.1 经济效益

结合项目本身的经济效益开展文字分析。经济效益量化分析部分，可以从项目每年创造利润角度（新增利润、提升效率效益等效利润、其他方面的等效利润等）、项目节省投资角度（节约工程损失、节约管理成本、节约人力成本、节约运行维护费用、节约抢修费用、其他节省费用等）提出项目节支和创利的能力，项目节支+项目创利得到项目经济效益。将项目总投资和项目总效益进行对比分析，提出回收成本目标。

示例：

通过xx运营推广工作，制定统一接口规范，量化接口集成工作量，掌握数据流向，保障数据安全，提升接口接入效率及安全。通过量化接口工作量和节约接口集成通道费用两项工作，节约人力成本。按照《国家电网有限公司关于印发电网数字化项目工作量度量规范及其应用指南》（国家电网互联〔2020〕606号）计算，预计全年降低xx人天研发工作量，预计节约xx万元，节约成本将逐年递增。综合产生项目经济效益为xx万元/年，本项目总投资xx万元，项目成本回收目标为xx年。

1.3.2 管理效益

内容要与项目切实相关，不要写假大空的套话。

示例：

通过xx运营推广工作，完善建设项目集成体系，逐渐消除系统内置接口，掌握数据流向，保证接口数据安全，规范接口集成，使接口集成更便捷。促进国网黑龙江电力内业务数据流转，提高集约化管理水平，满足国网黑龙江电力对信息可靠传递的需求，满足完成核心业务过程中对实时在线监测的要求，提高国网黑龙江电力服务资产的监管水平。

1.3.3 社会效益

示例：

开展国网云云服务总线融合能力运营推广工作，落实国网黑龙江电力大数据专项行动，统一接口部分工作要求，运营企业级统一接口服务，持续沉淀与打造形成统一服务架构中统一接口平台，促进国网黑龙江电力数字化转型。强化管理，提高国家电网公司的整体形象。

1.4 业务目标

示例：

开展 xx 专项工作，更好地服务领导决策、专业管理，促进数字化建设工作高效推进。

2 业务需求

示例：

开展 xx 工作，提升 xx 项目报告质量水平，开展报告内容核查及评审，加强 xx 项目立项治理，促进 xx 项目质量提升。

2.1 业务需求描述

示例：

（1）针对国网黑龙江电力开展数字化系统信息收集，包括升级改造需要的系统名称、数据库类型、连接方式、负责人联系方式等，数据库访问权限、统推业务需求等，需要采购的软硬件设备情况等。收集各单位需求，并为升级改造及建设新的数字化项目做准备。

（2）本项工作包括设计开发项目可行性研究报告编制、实施项目可行性研究报告编制、业务运营类项目可行性研究报告编制、数据工程类项目可行性研究报告编制、软硬件购置项目可行性研究报告编制等类型的国网黑龙江电力电网数字化项目。分析各单位业务需求，并对项目的背景情况、必要性、需求分析的详细内容格式及工作方案进行细致分析。制定合理的工作方案和项目管理流程，进行工作周期和工作量方面的细致调研及评审。

2.2 业务数据

序号	业务信息	产生数据项
1	项目总体投资情况	针对上述内容,按照有关要求,对项目建设过程中的相关费用进行估算,项目预估总投资为 xxx 万元

2.3 集成需求

无。

3 实施范围

示例:

在国网黑龙江省电力有限公司完成本项目的业务运营工作。

3.6.5.2 业务运营项目可研报告

数字化项目可行性研究报告

项目名称：国网黑龙江电力 xxx 供电公司-xxx-业务运营项目

项目申报单位：国网黑龙江省电力有限公司

（项目名称遵照三段式命名规则，所属单位标准简称+内容名称+项目类别）

（申报单位为国网黑龙江省电力有限公司或者国网黑龙江省电力有限公司 xxx 供电公司，一定是全称）

编制单位：国网黑龙江省电力有限公司电力科学研究院

（编制单位均为国网黑龙江省电力有限公司电力科学研究院）

二〇xx 年 x 月

（月份为当前评审月份）

编　制：

校　核：

审　核：

批　准：

（编制、校核、审核、批准等信息不需要填写，由电科院填写）

目　录

1　总论 XX

1.1　主要依据 XX

1.2　必要性分析 XX

1.3　效益分析 XX

1.3.1　经济效益 XX

1.3.2　管理效益 XX

1.3.3　社会效益 XX

2　建设现状 XX

2.1　业务职能现状 XX

2.2　信息系统现状 XX

2.2.1　建设历程 XX

2.2.2　应用功能现状 XX

2.2.3　系统关联现状 XX

2.2.4　部署与实施现状 XX

2.2.5　应用成效 XX

3　项目需求分析 XX

3.1　业务功能需求 XX

3.1.1　需求内容 XX

3.1.2　项目类别 XX

3.2　集成需求 XX

3.3　非功能需求 XX

3.3.1　性能与可靠性 XX

3.3.2　信息安全 XX

3.3.3　应用及运行监控 XX

3.3.4　可维护性 XX

3.3.5 易用性 ·· xx

3.3.6 系统灾备要求 ······························· xx

4 建设方案 ··· xx

4.1 建设目标 ··· xx

4.2 建设内容 ··· xx

4.3 业务运营范围 ··································· xx

4.4 技术方案 ··· xx

4.5 项目管理 ··· xx

4.5.1 项目管理 ······································ xx

4.5.2 项目人员 ······································ xx

4.5.3 项目进度 ······································ xx

4.5.4 项目会议 ······································ xx

4.5.5 项目培训 ······································ xx

5 硬件设计 ··· xx

5.1 部署方案 ··· xx

5.2 服务器需求测算 ······························· xx

5.2.1 设备现状 ······································ xx

5.2.2 设备利旧 ······································ xx

5.2.3 服务器需求说明 ····························· xx

5.2.4 其他说明 ······································ xx

5.3 基础环境需求 ··································· xx

5.3.1 存储估算 ······································ xx

5.3.2 网络接入需求 ································ xx

5.3.3 存储网络接入需求 ·························· xx

5.3.4 负载均衡接入需求 ·························· xx

5.3.5 安全等级及设备需求 ······················ xx

6 主要设备材料清册 ································· xx

6.1 编制说明 ··· xx

6.2 主要设备材料表 ································· xx

7 估算书 XX

7.1 概述 XX

7.2 编制原则和依据 XX

7.3 投资分析 XX

附件1 业务运营工作量明细表 XX

1 总论

文中首次提到公司名称请写全称，如国家电网有限公司（以下简称国家电网公司）、国网黑龙江省电力有限公司（以下简称国网黑龙江电力），后续如果再出现使用标准简称。

不要出现国网公司、国网总部、国家电力、总部、龙江公司、龙江电力、黑龙江公司、黑龙江电力公司、集团、公司等非标准全简称字样。

示例：

国家电网有限公司（以下简称国家电网公司）一贯注重数字化建设，通过数字化建设的方式加快打造具有全球竞争力的世界一流能源互联网企业的战略部署，是习近平新时代中国特色社会主义思想在公司的具体实践，是落实中央部署、发挥央企带头作用的重要举措，是适应内外部形势和挑战的必然要求。

1.1 主要依据

（1）《国家电网有限公司关于印发电网数字化项目工作量度量规范及其应用指南》（国家电网互联〔2020〕606号）。

（2）《国家电网有限公司关于进一步加强数字化建设统筹工作的通知》（国家电网互联〔2021〕562号）。

（3）《国家电网有限公司关于印发〈国家电网有限公司数字化建设统筹管理规范（试行）〉等两项管理规范的通知》（国家电网互联〔2021〕641号）。

（4）《国家电网有限公司关于印发〈国家电网有限公司电网数字化项目技术管理办法〉等6项通用制度的通知》（国家电网企管〔2021〕170号）。

（5）《国家电网有限公司电网数字化建设管理办法–修订》（国家电网企管〔2020〕849号）。

（6）《国家电网有限公司电网数字化项目可研工作管理办法–修订》（国家电网企管〔2020〕849号）。

（7）《国家电网有限公司电网数字化项目竣工验收管理办法–修订》（国家电网企管〔2020〕849号）

（8）《国家电网有限公司信息系统上下线管理办法–修订》（国家电网企管〔2020〕849号）。

（9）《国家电网有限公司企业标准〈信息系统非功能性需求规范〉》（Q/GDW11212–2018）。

须添加与项目内容相关的文件，一定要有文号，格式遵循上面的 9 个文件的写法（上面是数字化项目的相关管理办法，请直接保留）。

1.2 必要性分析

针对项目作出必要性分析，不要写空话套话。建议结合上下文合理地融入"三导向"中"解决的问题"，不用完全复制。

示例：

近几年来，工作量越来越大，涉及的部门、厂商及各个业务系统越来越多。尽管形成了很多的编制经验，但是在数字化项目储备的过程中还是遇到了很多问题。最主要的原因就是，数字化项目调研工作及可研报告编制过程分散，无法对编制过程进行统一监督和管理，只能通过一轮又一轮的审查，逐次对报告进行梳理。存在着可行性研究报告在编制过程中对各个业务系统调研不充分，对相应的模板、报价掌握不准确的情况，直接导致了报告编制的质量低下、审查工作强度大、最终立项不能做到尽善尽美等问题。

应不断解决 xx 中出现的不足，解决在可行性研究报告编制中出现的问题，尤其是需求调研不足、业务部门反馈不到位、数据缺失和数据质量准确性低下等问题。按照公司领导在年初专项会议上的工作要求，不断深化数字化项目管控。

1.3 效益分析

1.3.1 经济效益

结合项目本身的经济效益开展文字分析。

经济效益量化分析部分，可以从项目每年创造利润角度（新增利润、提升效率效益等效利润、其他方面的等效利润等）、项目节省投资角度（节约工程损失、节约管理成本、节约人力成本、节约运行维护费用、节约抢修费用、其他节省费用等）提出项目节支和创利的能力，项目节支+项目创利得到项目经济效益。将项目总投资和项目总效益进行对比分析，提出回收成本目标。

示例：

通过xx运营推广工作，制定统一接口规范，量化接口集成工作量，掌握数据流向，保障数据安全，提升接口接入效率及安全。通过量化接口工作量和节约接口集成通道费用两项工作，节约人力成本。按照《国家电网有限公司关于印发电网数字化项目工作量度量规范及其应用指南》（国家电网互联〔2020〕606号）计算，预计全年降低xx人天研发工作量，预计节约xx万元，节约成本将逐年递增。综合产生项目经济效益为xx万元/年，本项目总投资xx万元，项目成本回收目标为xx年。

1.3.2 管理效益

内容要与项目切实相关，不要写假大空的套话。

示例：

通过xx运营推广工作，完善建设项目集成体系，逐渐消除系统内置接口，掌握数据流向，保证接口数据安全，规范接口集成，使接口集成更便捷。促进国网黑龙江电力内业务数据流转，提高集约化管理水平，满足国网黑龙江电力对信息可靠传递的需求，满足核心业务过程实时在线监测的要求，提高国网黑龙江电力服务资产的监管水平。

1.3.3 社会效益

示例：

开展国网云云服务总线融合能力运营推广工作，落实国网黑龙江电力大数据专项行动，统一接口部分工作要求，运营企业级统一接口服务，持续沉淀与打造形成统一服务架构中统一接口平台，促进国网黑龙江电力数字化转型。强化管理，提高国家电网公司的整体形象。

2 建设现状

2.1 业务职能现状

示例：

xx2022年4月正式启用，随着业务系统逐渐接入，须投入专业运营人员收集接口信息，完成汇总、配合调试、服务发布等工作，改变接口集成收集方式，标准规范化管理系统接口，优化接口接入流程，灵活高效地为新型电力系统发展提供可靠的统一接口服务保障。

2.2 信息系统现状

示例：

随着国网黑龙江电力业务的不断发展，数字化项目建设需求增加，对系统间融合能力要求提高，数据共享需求增加，但系统集成仍采用系统间接口直接调用的方式，无法管理接口集成关系；接口集成工作量无法细化，量化；接口集成关系认知不强，无法有效联动；接口运行存在数据安全盲区。

2.2.1 建设历程

说明此次项目是首次开展还是续建。

示例：

2020 年国网黑龙江电力国网云平台开始部署实施，建设内容包括平台本身及组件，经过调研发现国网云云服务总线能够实现数字化项目建设接口集成规范化管理，立持续开展云服务总线融合能力运营推广工作。

2.2.2 应用功能现状

示例：

服务发布、服务变更、服务订阅、凭证设置、日志查询、流量监控等功能。

2.2.3 系统关联现状

示例：

目前已接入 xx 套系统，包括营销业务应用、即时通信、拨测、北塔、大兴安岭动环监控、RPA、ERP、企业级工单中心、人工智能通用接口、财务中台。

2.2.4 部署与实施现状

示例：

2020年国网云在国网黑龙江电力完成部署工作，云服务总线中间件具备应用条件。

2.2.5 应用成效

示例：

国家电网公司财务中台规划xx为唯一接口技术路线。目前已接入xx套系统（营销业务应用、即时通信、拨测、北塔、大兴安岭动环监控、RPA、ERP、企业级工单中心、人工智能通用接口、财务中台）的部分接口。通过可研评审收集集成需求，缩减可研接口集成及通道费用，节约接口集成通道工作量xx人天。

3 项目需求分析

3.1 业务功能需求

3.1.1 需求内容

示例：

本期业务运营需求如下：

（1）规范化运营，统一规划，实现跨部门、跨专业一体化接口集成体系，包括接口标准、数据格式、融合能力及安全管理等。

（2）以建设系统集成需求为输入，量化集成需求工作量，明确接口需求，明确接口协议类型、接口工作内容（业务数据、功能调用等）、系统范围、数据流向等。

（3）运营接口模型库、接口类型管理、业务接口建模及模型管理等，适配同业务新增及存量接口集成需求。

（4）接口安全管理，接口鉴权及状态监测，规避安全风险隐患及数据泄露的风险等。

（5）梳理业务拓扑架构及数据交换拓扑图，推广业务部门使用。

（6）整合已有业务系统存量接口，完善数据交换拓扑。

（7）运营成效分析，周期性经验总结，形成运营典型经验。

3.1.2 项目类别

按照《国家电网有限公司电网数字化项目工作量度量规范》及《国家电网有限公司电网数字化项目工作量度量规范应用指南（2020 版）》要求，本项目属于"业务运营类"，应按照业务运营类开展相关工作。

序号	分类	分类描述
1	咨询设计类	电网数字化领域的顶层设计、总体设计、专项研究等咨询和设计相关工作，不包括系统开发设计相关工作
2	系统开发类	信息系统功能设计及利用各类编程语言进行开发实现的工作，主要包括需求分析、系统设计和开发等内容
3	集成实施类	开发工作完成或购买套装软件的配套安装、配置、调试、培训等工作，一般是以软件功能能够正常使用为主的实施工作
4	业务运营类	以系统运行、业务应用、用户行为等常态统计分析为基础，开展系统优化改造、应用敏捷迭代、内容更新升级、用户产品推广、商务模式拓展、网络安全服务、可研论证、后评估、绩效评估等工作
5	数据工程类	对数据源进行接入整合、加工处理和开发利用，通过数据分析挖掘实现数据价值的相关工作

3.2 集成需求

不涉及。

3.3 非功能需求

3.3.1 性能与可靠性

示例（红字部分仅供参考，请勿直接使用）：

（1）系统设计推荐采用动静分离模式，用户高并发访问的信息显示功能（如公告等）应通过静态资源（如 html）等实现。最大并发用户数不低于 xxx，当系统进行多用户并发操作时，应满足如下要求：

①首页访问平均响应时间不应超过 2 秒；

②系统登录平均响应时间不应超过 3 秒；

③执行简单查询、添加和删除业务平均响应时间不应超过 3 秒；

④执行复杂的综合业务（如统计型、事务型等业务）平均响应时间不应超过 5 秒；

⑤在执行统计业务时，月统计业务的平均响应时间不应超过 15 秒，年统计业务的平均响应时间不宜超过 20 秒。

（2）当信息系统并发用户数达到设计要求的上限时，各事务平均响应时间不应超过 70%并发用户数下平均响应时间的 4 倍。

3.3.2 信息安全

示例（红字部分仅供参考，请勿直接使用）：

本项目信息系统，其安全防护依据《国家电网有限公司电力物联网全场景网络安全防护方案（2019版）》（国家电网互联〔2019〕806号）要求，遵循"出口统一、数据分级、装置集成、多措并举"的安全策略，秉承"安全支撑发展、运行保障业务"的理念，坚持"谁主管谁负责，谁建设谁负责，谁运行谁负责，管业务必须管安全"的原则，保障公司网络、系统、设备和数据的安全。

3.3.3 应用及运行监控

示例（红字部分仅供参考，请勿直接使用）：

实现对服务器的实时监控，系统管理人员可以随时通过系统管理后台获知应用服务器的运行状态，并在服务器出现异常的情况下及时收到报警信息。需要实现以下技术要求。

（1）采集服务器的各种性能指标数据，使管理员能实时查看服务器的状态，主要包括CPU使用率、内存使用率、进程数量监控、进程运行状况监控等。

（2）服务器的相关信息保存在服务器的日志文件中，供网络管理员进行定期的数据分析，主要包括数据变动信息、容量大小信息、服务器重新启动信息等。

（3）服务器进程信息的监测，主要包括进程列表的实时扫描、黑名单监测和白名单监测。

（4）日志文件监控。此项功能实现对服务器日志文件的功能。

（5）应用层服务器监控。对应用层服务器的实时监控，当发现受监控的应用层服务器不能正常提供服务时，自动重新启动该服务，使其能够正常运行，并将应用层服务器发生问题的时间和处理信息写入日志文件，以供管理人员进行分析。

3.3.4 可维护性

示例（红字部分仅供参考，请勿直接使用）：

系统的稳定性非常重要，系统上线后，要保证系统7×24小时可用。在系统的日常运行过程中，可能会出各种各样的故障，如某个服务器节点坏了，系统需要自动发现这些问题，并自动告警，自动处理，将这个坏掉的服务器节点从集群中去掉，保证系统仍然可用。当有新的服务器节点加入进来的时候，系统要能做到自动化配置，自动化启动服务，将新的服务节点加入系统集群中。

3.3.5 易用性

示例（红字部分仅供参考，请勿直接使用）：

用户体验（User Experience，简称UE/UX）是一种纯主观的、在用户使用产品过程中建立起来的感受，系统的界面设计、流程设计、功能设计必须保证易用性。

3.3.6 系统灾备要求

示例（红字部分仅供参考，请勿直接使用）：

分布式数据库的存储与复制，是在分布式数据库系统的多个数据库间拷贝和维护数据库对象的过程。这个对象可以是整个表、部分列或行、索引、视图、过程或者它们的组合等，系统维护一定关系的几个完全相同的副本（拷贝），各个副本存储在不同的物理节点上。因此，分布式数据库通过复制的应用，使自身具备了良好的容灾能力。本项目为数据级灾备。

4 建设方案

4.1 建设目标

建设目标章节，结合上下文，平滑合理地融入"三导向"中"目标结果"内容，不要完全复制"三导向"内容。

示例：

通过开展国网黑龙江电力–XX运营推广–业务运营项目，实现数据化能力赋能业务，推动数据流转，提升系统间业务融合能力。具体目标如下：

（1）规范系统间接口调用，降低集成难度，量化接口集成工作，预估降低集成工作成本xx人天，接口通道费用xx人天。

（2）业务涵盖在建、在运的主要业务系统，推动业务系统间数据接口互联互通，提升融合业务能力。降低沟通及业务集成成本。接口集成数据清晰有效，实现数据"准确、快速、安全"地流转到业务系统。

（3）建立模型库，有效管理新增及存量接口数据模型，100%纳管新增系统接口集成工作。

（4）接口状态监测，保证接口的连通性、数据的准确性、链路的安全性。

（5）业务拓扑及数据拓扑，推广业务部门使用，便于各专业更好地了解系统整体运行架构及数据流转。

4.2 建设内容

示例：

本项目依托于xx总线组件，不对现有系统功能模块进行调整，不新增任何系统功能模块。

运营工作主要依赖以下标准，须满足粗粒度、松耦合的面向服务架构。

平台需要满足接口协议标准化，具备开放性、封装性、易拓展性、安全性等。

接口标准化：制定标准接口协议，在业务系统建设过程中须严格遵循接口协议规范研发接口。

接口开放性：应支持多种类型集成，如http、https、xml、uml、api、sdk等。

接口封装性：对外只提供接口，隐藏数据处理过程，提升接口安全性。

易拓展性：接口按类封装，按照业务类型、数据类型等维度归类封装。

安全性：须按照最新安全标准设计，具备接口鉴权、传输加密等特点。

成效分析：运营成效分析，周期性经验总结，形成运营典型经验。

具体工作主要包括需求调研、服务发布、安全规范、接口模型库、技术验证、设计规划及推广、统计分析、成效分析等内容，如下表所示。

序号	工作任务	工作内容
1	需求调研	
1.1	新增集成需求	通过数字化项目可研收集系统集成需求
1.2	确认需求	电科院评审过程中确认可研集成需求
1.3	最终确认	经研院评审过程中确认可研集成需求
1.4	集成需求汇总	可研评审通过后，汇总集成需求
1.5	集成需求确认	各项目组邮件确认集成需求
1.6	其他需求确认	征信需求、服务器资源、数据中台集成需求、网络需求、安全需求
2	服务发布	
2.1	应用 demo 测试	根据不同开发语言，配置应用 demo
2.2	发布服务	根据需求内容，配置服务
2.3	规则分组	指定访问规则和其他规则
2.4	参数标准	指定传递参数命名规则及参数标准
2.5	错误代码	接口调用错误代码
2.6	接口标准	规范接口标准
2.7	协议类型	规范接口集成协议规范
2.8	规范接口路径	规范接口路径
2.9	规范接口版本	规范接口版本
2.10	规范接口命名	规范接口命名
2.11	规范请求参数	规范请求参数
2.12	规范返回参数	规范返回参数
2.13	数据格式	数据量级规范、数据格式规范

序号	工作任务	工作内容
2.14	标准驱动	制定标准驱动程序，可为第三方程序引用
2.15	数据 mock 机制	仿真模拟测试数据机制，便于接口调式
2.16	协议转换	转换协议类型，保障服务通畅
2.17	服务路由	服务路由转换，适配多种服务路由
2.18	用户分组	管理员及消费用户等
2.19	权限设计	规划权限，分类管理
2.20	角色设计	角色管理，不同类别
2.21	权限规则	权限规则
2.22	响应过滤	过滤非必要请求，应用级防火墙功能
2.23	响应处理逻辑	业务处理逻辑编排
2.24	编制标准接入文档	编写标准接入文档
2.25	审核标准协议文档	审核标准接入文档
3	安全规范	
3.1	接口安全规范	制定接口安全规范，包括接口鉴权、数据传输加密等
3.2	安全鉴定	接入时进行安全鉴定，查看是否符合安全标准
3.3	身份认证	每套系统有唯一标识码，用于身份认证
3.4	访问流量限制	限制流量，防洪访问
3.5	黑白名单	设置黑白名单，预防恶意访问
3.6	凭证管理	安全凭证管理，接口访问安全凭证

4.3 业务运营范围

示例：

在国网黑龙江省电力有限公司完成本项目的业务运营工作。

4.4 技术方案

示例：

本项目从各单位获取需求数据，建立统一的可行性研究报告编制活动，组织专家团队完成全省报告编制工作。

4.5 项目管理

4.5.1 项目管理

示例：

项目管理采取分层管理方式，主要分为高级管理层和项目管理层两个层次。项目管理层结合具体工程项目情况又可分为多个职责明确的工作组，对项目组织结构及相关各工作组的岗位设置、岗位职责及人员安排做细致的安排，以便做到责权明确、科学管理，确保项目顺利完成。

4.5.2 项目人员

序号	岗位	职责	人员数量
1	项目管理	负责项目实施进度管控、工作协调、人员调配、项目文档编写、横纵向沟通等工作	1
2	业务运营	负责项目业务调研、需求分析、数据收集与整理、文档编制等工作，按照项目计划完成各项工作，对过程中存在的问题上报项目管理组	7
3	业务支持	完善核查规则，完成定期核查工作	1
合计			9

4.5.3 项目进度

示例：

国网黑龙江电力-XX-业务运营项目，投入 xx 个人，总工期为 xx 个月。具体项目进度及提交成果如下表。

序号	阶段	工期	提交成果	备注
1	各项目需求分析报告编制	x 个月	各项目需求分析报告	
2	各项目可研报告编制	x 个月	各项目可行性研究报告、电网数字化项目费用测算报告等	
3	各项目可研报告修订	x 个月	xxxx	

4.5.4 项目会议

序号	项目	内容	项目要求
1	项目启动会	项目启动	人×天：1人×1天
2	项目竣工验收	项目竣工验收	人×天：1人×1天

4.5.5 项目培训

不涉及。

5 硬件设计

5.1 部署方案

不涉及。

5.2 服务器需求测算

5.2.1 设备现状

不涉及。

5.2.2 设备利旧

不涉及。

5.2.3 服务器需求说明

不涉及。

5.2.4 其他说明

不涉及。

5.3 基础环境需求

5.3.1 存储估算

不涉及。

5.3.2 网络接入需求

不涉及。

5.3.3 存储网络接入需求

不涉及。

5.3.4 负载均衡接入需求

不涉及。

5.3.5 安全等级及设备需求

不涉及。

6 主要设备材料清册

6.1 编制说明

不涉及。

6.2 主要设备材料表

不涉及。

7 估算书

7.1 概述

针对上述内容，按照有关要求，对项目建设过程中的相关费用进行估算。国网黑龙江电力-xx-业务运营项目，预投入 xx 名相关人员,项目实施费用预估 xx 万元，无其他费用，合计 xx 万元。

7.2 编制原则和依据

（1）项目划分和项目工作量度量方法、过程及原则参照《国家电网有限公司电网数字化项目工作量度量规范》（以下简称《规范》）及《国家电网有限公司电网数字化项目工作量度量规范应用指南（2020 版）》（以下简称《应用指南》）测算。

（2）按照《规范》《应用指南》规定，咨询设计类人工费率为 2500 元/人天；开发类人工费率为 2100 元/人天；集成实施类、业务运营类人工费率为 1500 元/人天；数据工程类人工费率分为三档，其中，数据接入、上传、下发及数据产品（应用）实施参照集成实施人工费率标准执行（1500 元/人天），数据产品（应用）研发工作参考系统开发人工费率标准执行（2100 元/人天），数据标准化、资源目录构建、治理等其他工作参考软件行业协会基准费率执行（1800 元/人天）。

（3）本报告中人工费率即为综合人工单价，包括直接人力成本、直接非人力成本、间接人力成本、间接非人力成本及合理利润，但不包括购置类费用。

（4）本期不计取价差预备费及建设期贷款利息。

（5）工作量依据可研设计提资。

7.3 投资分析

项目预估总投资为 xx 万元，各项费用如下表。

序号	名称		工作量（人天）	人工费率（万元/人天）	金额（万元）
1	咨询设计费		－		
2	系统开发费	系统功能开发	－		
		系统集成开发	－		
3	集成实施费	系统实施			
		系统集成实施费			
4	业务运营费		xx	0.15	xx
5	数据工程费	数据产品（应用）研发			
		数据标准化、盘点、目录构建、质量治理等			
		数据接入、上传、下发，数据产品（应用）实施			
6	其他费用		－	－	
总　计					xx

（1）咨询设计费。

不涉及。

（2）系统开发费。

不涉及。

（3）集成实施费。

不涉及。

（4）业务运营费。

为了保障国网云平台云服务总线常态化服务和专项支撑工作，本次业务运营工作包括需求调研、服务发布、安全规范、接口模型库、技术验证、设计规划及推广、统计分析、成效分析8个子项工作，预估需要xx人天，费用合计xx万元。

序号	业务运营工作项名称	工作量（人天）	费用（万元）
1	需求调研	40	xx
2	服务发布	123	xx
3	安全规范	36	xx
4	接口模型库	54	xx
5	技术验证	85	xx
6	设计规划及推广	98	xx
7	统计分析	33	xx
8	成效分析	28	xx
合计		xx	xx

（5）数据工程费。

不涉及。

（6）其他费用。

不涉及。

附件 1 业务运营工作量明细表

xx项目业务运营工作量明细表

序号	工作任务	工作内容	工作量（人天）
1	需求调研	—	40
1.1	新增集成需求	建设项目可研中收集系统集成需求	6
1.2	确认需求	电科院评审过程中确认可研集成需求	7
1.3	最终确认	经研院评审过程中确认可研集成需求	6
1.4	集成需求汇总	可研评审通过后，汇总集成需求	7
1.5	集成需求确认	各项目组邮件确认集成需求	8
1.6	其他需求确认	征信需求、服务器资源、数据中台集成需求、网络需求、安全需求	6
2	服务发布	—	123
2.1	应用demo测试	根据不同开发语言，配置应用demo	5
2.2	发布服务	根据需求内容，配置服务	6
2.3	规则分组	指定访问规则和其他规则	5
2.4	参数标准	指定传递参数命名规则及参数标准	4
2.5	错误代码	接口调用错误代码	6
2.6	接口标准	规范接口标准	5
2.7	协议类型	规范接口集成协议规范	4
2.8	规范接口路径	规范接口路径	5
2.9	规范接口版本	规范接口版本	6
2.10	规范接口命名	规范接口命名	3
2.11	规范请求参数	规范请求参数	4
2.12	规范返回参数	规范返回参数	5
2.13	数据格式	数据量级规范、数据格式规范	4
2.14	标准驱动	制定标准驱动程序，可为第三方程序引用	4
2.15	数据mock机制	仿真模拟测试数据机制，便于接口调试	6
2.16	协议转换	转换协议类型，保障服务通畅	4
2.17	服务路由	服务路由转换，适配多种服务路由	5

序号	工作任务	工作内容	工作量（人天）
2.18	用户分组	管理员及消费用户等	4
2.19	权限设计	规划权限，分类管理	7
2.20	角色设计	角色管理，不同类别	6
2.21	权限规则	权限规则	4
2.22	响应过滤	过滤非必要请求，应用级防火墙功能	5
2.23	响应处理逻辑	业务处理逻辑编排	7
2.24	编制标准接入文档	编写标准接入文档	3
2.25	审核标准协议文档	审核标准接入文档	6
3	**安全规范**	—	36
3.1	接口安全规范	制定接口安全规范，包括接口鉴权、数据传输加密等	7
3.2	安全鉴定	接入时进行安全鉴定，查看是否符合安全标准	5
3.3	身份认证	每套系统有唯一标识码，用于身份认证	6
3.4	访问流量限制	限制流量，防洪访问	6
3.5	黑白名单	设置黑白名单，预防恶意访问	5
3.6	凭证管理	安全凭证管理，接口访问安全凭证	7
4	**接口模型库**	—	54
4.1	数据模型构建	根据接口集成频度及接口调用次数，汇总数据模型	4
4.2	功能模型构建	根据接口集成频度及接口调用次数，汇总功能模型	5
4.3	业务模型构建	根据接口集成频度及接口调用次数，汇总业务模型	4
4.4	数据模型管理	数据模型及广泛适配	5
4.5	功能模型管理	功能模型管理，业务能力调用	6
4.6	业务模型管理	业务模型管理	6
4.7	模型发布及服务	模型库为避免重复建设接口集成和能力调	5

序号	工作任务	工作内容	工作量（人天）
	管理	用，发布和管理已有模型，实现快速集成	
4.8	模型迭代	集成需求变更，迭代模型	6
4.9	复用率统计	统计各模型复用率	5
4.10	数据模型构建	根据接口集成频度及接口调用次数，汇总数据模型	5
4.11	功能模型构建	根据接口集成频度及接口调用次数，汇总功能模型	3
5	技术验证	—	85
5.1	服务架构规划	规划接口平台服务架构	6
5.2	服务能力设计	服务注册、服务发现、服务升级等	6
5.3	运行架构设计	服务基础运行架构	3
5.4	业务架构设计	内部业务流转及容器编排发布	3
5.5	应用架构设计	服务分层设计	5
5.6	技术路线	技术支撑及技术选型	4
5.7	生命周期管理	接口完整数据流转	7
5.8	管理服务组	服务组管理，根据业务归类服务	5
5.9	审批服务发布	审批服务发布是否满足需求	2
5.10	服务订阅	订阅服务 API	3
5.11	导出和导入服务	已集成接口服务导入及导出	4
5.12	联动发布机制	联动发布，配合多业务集成	5
5.13	运行日志监控	监控运行日志，其中包含运行日志及服务日志等	6
5.14	SDK 发布	SDK 封装及发布	7
5.15	mock 数据调试	仿真模拟测试数据调试	5
5.16	建设差异分析报告	辨析差异分析报告，其中包括平台选型等	5
5.17	建设方案	编写项目建设方案	3
5.18	容灾备份	高可用架构，保证服务容灾备份	2
5.19	实施方案	编写项目实施方案	4

序号	工作任务	工作内容	工作量（人天）
6	设计规划及推广	—	98
6.1	业务集成设计	根据业务需求，进行接口集成设计，接口类型包括功能调用、数据调用等	6
6.2	业务分组	根据不同业务系统类型，创建不同业务分组	4
6.3	维护业务模型	维护业务模型	6
6.4	业务分析规划	根据集成需求和业务双维度，规划接口集成调用策略	4
6.5	业务架构拓扑	接口调用增多，编制业务架构拓扑	7
6.6	数据流转拓扑	接口调用增多，编制数据流转拓扑	6
6.7	业务推广	业务部门推广业务架构拓扑	3
6.8	数据推广	业务部门推广数据流转拓扑	5
6.9	推广方案	根据业务架构及数据流转推广情况，制定推广方案	6
6.11	接入方式培训	制定接入培训方案，接口接入方式培训	6
6.12	运维培训	培训日常运维工作	7
6.13	生成订阅凭证	针对每套系统生成唯一 AK 和 SK	6
6.14	编写标准接口配置文档	根据被集成方提供的接口文档，输出标准接口通道集成文档	6
6.15	订阅测试	通过订阅 AK 和 SK，适配接口，测试链路是否通畅	7
6.16	在线诊断	如订阅链路失败，在线诊断问题	5
6.17	发布审批	服务发布需要经过主管业务角色等审批后，才可正式发布	7
6.18	订阅审批	服务订阅需要经过服务发布者审批后，才可正式订阅	7
7	统计分析	—	33
7.1	日志收集	收集所有服务调用日志	6
7.2	日志统计分析	针对服务调用日志进行分析，分为三个维度：信息、严重和错误	5

序号	工作任务	工作内容	工作量（人天）
7.3	服务组调用统计	服务组被调用次数统计	5
7.4	服务调用统计	服务被调用次数统计	6
7.5	凭证调用量统计	凭证被调用次数统计	6
7.6	单一订阅调用量统计	单一订阅调用次数统计	5
8	成效分析	—	28
8.1	日志分析报告	每月出日志分析报告，反馈项目组，进行接口异常处理	5
8.2	运营工作月报	月度总结本月运行情况和接口调用情况	6
8.3	运营工作季报	季夏总结本季度运营情况和接口调用情况	6
8.4	运营工作成效总结	总结工作成效和工作亮点、节约成本等	6
8.5	运营工作典型经验	汇总编写典型经验，形成可推广的经验	5
合 计		—	xx

3.6.5.3 业务运营项目说明书

数字化项目说明书

项目名称	国网黑龙江电力 xxx 供电公司–xxx–业务运营项目		
项目类别	业务运营项目		
项目申报单位	国网黑龙江省电力有限公司		
项目实施时间	xx 个月（项目所用的时间）		
项目必要性	基本情况	项目的基本情况		
	问题及必要性	问题：项目存在的问题有哪些 必要性：购置项目的必要性		
项目内容和方案	目标和范围	目标：项目要达到什么样的目标 范围：实施的范围或者应用的范围		
	实施方案	详细写明		
项目投资估算 （万元）		总投资	资本性	成本性
		xx	–	xx
效益分析	效益分析内容参考可行性研究报告的 1.3 效益分析部分		
主要设备及材料				
名称	规格及型号	数量	单价（万元）	合价 （万元）
编制：		审核：		批准：

注：其他需要说明的问题请可另附页。

3.6.5.4 业务运营项目（WBS）表

国网黑龙江电力XX供电公司-XX-业务运营项目
数字化建设工作分解结构（WBS）表

下表内容要与可研保持一致。
（1）"工作类型"：包括系统优化改造、应用敏捷迭代和其他信息支撑等。
（2）"工作任务"：以工作过程或业务运营内容为向导，按业务运营工作的工作过程进行拆分，WBS拆分要以完成上级的工作任务为依据，充分考虑到业务运营工作的范围和对象，按照100%原则逐层拆分。
（3）"工作任务描述"：描述最小层级的工作任务内容。
（4）"工作成果"：罗列描述最小层级的工作成果，必填。
（5）"预计投入总人数（人）"：输入最小层级需投入所有业务运营单位的预期投入总人员数量（填写整数），若为信息支撑工作此项为必填项。
（6）"预计投入总天数（天）"：输入最小层级需投入所有业务运营单位的预期投入总工期，单位为工作日（填写整数），若为信息支撑工作此项为必填项。
（7）"运营范围"：罗列最小层级的运营范围，必填。

需求内容	开展国网黑龙江省所有信息系统运行维护项目的可行性研究报告编制工作，提升信息系统运行维护项目可研报告质量水平，开展可研报告内容核查及评审，加强信息系统运行维护项目立项治理，促进信息系统运行维护项目质量提升。 本期业务功能需求如下： 信息系统运行维护项目的可行性研究报告编制。 （1）收集各单位信息系统运行维护方面的工作需求。 （2）对各单位的全网信息系统运行维护项目可行性研究报告进行集中编制。

运营范围	国网黑龙江省电力有限公司						
序号	工作类型	工作任务	工作任务描述	工作成果	预计投入总人数	预计投入总天数	预计投入总人天数	运营范围
1	其他信息支撑	需求调研			2	20	xx	一套

1.1	其他信息支撑	新增集成需求	建设项目可研中收集系统集成需求					
2	**其他信息支撑**	**服务发布**			2	61.5	xx	一套
2.1	其他信息支撑	应用 demo 测试	根据不同开发语言，配置应用 demo					
3	**其他信息支撑**	**安全规范**		接口安全规范	3	12	xx	一套
3.1	其他信息支撑	接口安全规范	制定接口安全规范，包括接口鉴权、数据传输加密等					
4	**其他信息支撑**	**接口模型库**		接口模型库	3	18	xx	一套
4.1	其他信息支撑	数据模型构建	根据接口集成频度及接口调用次数，汇总数据模型					

3.6.5.5 业务运营项目可研评审意见

国网黑龙江省电力有限公司经济技术研究院关于"国网黑龙江电力xxx供电公司-xxx-业务运营项目"可行性研究报告的评审意见

示例：

一、必要性

随着经济发展和用电需求的不断增长，用户对配网可靠性要求越来越高。目前国网黑龙江电力存在以下问题：

（1）数据反馈不及时，依靠PMS系统推送异常数据的运维手段存在时间严重滞后、准确性不高等问题，无法及时发现配变异常。

（2）受限于数据贯通不足，配网技改大修项目的针对性不足，弥补配网短板的能力较差。

综上所述，面对日益复杂的配网运行环境和不断增长的用户需求，充分发挥各业务系统相关数据的管理价值，建立直观的监测展示场景是指导专业管理部门制定针对性管理措施的有效手段。运用大数据分析技术，能够实现对台区三相不平衡、重过载、电压异常等状况的监测，实现对负载率等方面的准确分析和预测，增强配网运行的稳定性、安全性。

二、项目目标

通过国网黑龙江电力智慧监测建设，可以促进专业管理部门对异常运行的有效管控，极大地降低异常运行给公司带来的经济损失；通过科学预测负荷增长，能够实现对配网供电能力的实时掌握，为基层单位提升业扩报装效率、提高供电服务质量提供保障。

三、主要内容

本项目不对现有系统功能模块进行调整，不新增任何系统功能模块。

完成负载情况分析模块（包含4个二级模块）、负载情况监测模块（包含4个二级模块）、负荷及供电能力预测分析模块（包含3个二级模块）的业务运营工作。

四、技术方案

本项目基于大数据平台进行总体架构设计，重点围绕数据接入整合、数据存储计算、数据服务三个方面展开，系统安全设计和数据资产运营管理遵循国网大数据相关架构。

五、建设时序

项目总工期为 3 个月。

六、投资估算

项目总投资为 xx 万元，其中，业务运营费为 xx 万元。

经测算，通过对本项目的投资，降低了信息网络设备系统故障处理次数，节约了人员支出成本，同时减少了信息设备运行隐患事故造成的经济损失。本项目投资为 xx 万元，等效节约以往人工运维成本为 xx 万元/年，项目效益（项目节支）运维成本回收目标为 xx 年。

3.6.5.6 业务运营项目费用测算报告

附 录 D 电网数字化项目费用测算报告

电网数字化项目费用测算报告

（不含购置类费用）

项目名称：国网黑龙江电力 xxx 供电公司-xxx-业务运营项目

编制单位：国网黑龙江省电力有限公司电力科学研究院

二〇xx 年 xx 月

（与可行性研究报告编制时间一致）

目　录

测算结果摘要 xx

1前言 xx

2测算的目的 xx

3测算依据及原则 xx

4投资分析 xx

5估算书 xx

5.1咨询设计 xx

5.2系统开发 xx

5.3集成实施 xx

5.4业务运营 xx

5.4.1xxx等1个子项 xx

5.5数据工程 xx

6其他费用 xx

测算结果摘要

国网黑龙江省电力有限公司电力科学研究院 受 国网黑龙江省电力有限公司 委托，根据国家电网有限公司（以下简称"公司"）相关规范要求的方法、过程及原则，按照必要的测算程序，对"国网黑龙江电力 xxx 供电公司–xxx–业务运营项目"的工作量及费用进行测算，现将测算结果报告如下。

测算结果呈现：

序号	名称		工作量（人天）	人工费率（万元/人天）	费用（万元）
1	咨询设计费				
2	系统开发费	系统功能开发			
		系统集成开发			
3	集成实施费	系统实施			
		系统集成实施			
4	业务运营费		xx	0.15	xx
5	数据工程费	数据产品（应用）研发			
		数据标准化、盘点、目录构建、质量治理等			
		数据接入、上传、下发，数据产品（应用）实施			
6	其他费用		–	–	
总计					xx

"名称"是指依据电网数字化项目涵盖的工作性质和工作内容形成的类别划分，划分依据参照《国家电网有限公司电网数字化项目工作量度量规范》。

"工作量"是指从项目立项开始到项目完成验收之间，完成相关工作任务、项目管理及支持活动所需的人天数。

"人工费率"指综合人工单价，具体标准参照《国家电网有限公司电网数字化项目工作量度量规范应用指南（2020 版）》。

"费用"为工作量乘以人工费率计算得到。

该项目的总费用为 xx 万元。

以上内容摘自电网数字化项目费用测算报告（项目名称：国网黑龙江电力 xxx 供电公司–xxx–业务运营项目）。

1 前言

"国网黑龙江省电力有限公司电力科学研究院"接受"国网黑龙江省电力有限公司"委托,根据公司相关规范要求的方法、过程及原则,本着客观、独立、公正、科学的原则,按照必要的测算程序,对委托项目"国网黑龙江电力 xxx 供电公司–xxx–业务运营项目"的工作量和费用进行测算。

本报告针对可研内容（见《国网黑龙江电力 xxx 供电公司–xxx–业务运营项目–可行性研究报告》）,按照有关要求,对项目建设过程中的相关费用进行测算,确定项目总体投资。

2 测算的目的

本次测算的目的是确定"国网黑龙江电力 xxx 供电公司–xxx–业务运营项目"的初步测算结果,为公司针对该项目的可研评审提供参考依据。

3 测算依据及原则

（1）项目划分和项目工作量度量方法、过程及原则参照《国家电网有限公司电网数字化项目工作量度量规范》（以下简称《规范》）及《国家电网有限公司电网数字化项目工作量度量规范应用指南（2020 版）》（以下简称《应用指南》）测算。

（2）按照《规范》《应用指南》规定,咨询设计类人工费率为 2500 元/人天；开发类人工费率为 2100 元/人天；集成实施类、业务运营类人工费率为 1500 元/人天；数据工程类人工费率分为三档,其中,数据接入、上传、下发及数据产品（应用）实施参照集成实施人工费率标准执行（1500 元/人天）,数据产品（应用）研发工作参考系统开发人工费率标准执行（2100 元/人天）,数据标准化、资源目录构建、治理等其他工作参考软件行业协会基准费率执行（1800 元/人天）。

（3）本报告中人工费率即为综合人工单价,包括直接人力成本、直接非人力成本、间接人力成本、间接非人力成本及合理利润,但不包括购置类费用。

（4）本期不计取价差预备费及建设期贷款利息。

（5）工作量依据可研设计提资。

4 投资分析

本投资测算根据"国网黑龙江电力 xxx 供电公司–xxx–业务运营项目"建设内容

（包括数字化项目可行性研究报告编制等1个子项）进行测算，项目预估总投资为xx万元，费用如下表。

序号	名称		工作量（人天）	人工费率（万元/人天）	费用（万元）
1	咨询设计费				
2	系统开发费	系统功能开发			
		系统集成开发			
3	集成实施费	系统实施			
		系统集成实施			
4	业务运营费		xx	0.15	xx
5	数据工程费	数据产品（应用）研发			
		数据标准化、盘点、目录构建、质量治理等			
		数据接入、上传、下发，数据产品（应用）实施			
6	其他费用		–	–	
总计					xx

5 估算书

5.1 咨询设计

不涉及。

5.2 系统开发

不涉及。

5.3 集成实施

不涉及。

5.4 业务运营

本次业务运营工作包括 xx 等 x 个子项工作，预估需要 xx 人天,费用合计 xx 万元。

序号	业务运营工作项名称	工作量（人天）	费用（万元）
1	xx	xx	xx
合计		xx	xx

依照《国家电网有限公司关于印发电网数字化项目工作量度量规范及其应用指南的通知》（国家电网互联〔2020〕606 号）等方案要求，原文摘抄如下。

业务运营类工作量度量包含以下原则：

（1）业务运营类工作宜采用 WBS 分解法。

（2）在使用 WBS 分解法时，应综合考虑如下要求：

①按照 100%原则逐层拆分；

②拆分过程以工作过程或运营内容为导向，应充分考虑运营范围和对象；

③分解层级不宜超过三级。

业务运营类工作量度量模型见下式：

$$AE = \sum (D \times SOS) \times IFO$$

式中：

AE——总工作量；

D——一级工作任务工作量度量值，为一级任务所包含各项最小工作任务的工作量基数之和；

SOS 为工作任务所涉及的业务运营范围数量；

IFO 为业务运营影响因子，参见《应用指南》，在本项目中，业务影响因子为 1。

此计算模型针对单个业务运营工作，涉及多个业务运营工作的项目须分别计算后将结果相加。

对于业务运营工作的初步工作量由以下公式计算：

$$PW = \sum (D \times SOS)$$

式中：

D——一级工作任务工作量度量值，为一级任务所包含各项最小工作任务的工作量基数之和。

SOS——工作任务所涉及的业务运营范围数量。

同时该文件明确指出，"其他为保障电网数字化建设和应用有序推进的常态化服务和专项支撑工作，其初步工作量综合考虑所需投入的人数和工期进行确定"。

根据上述公式测算，本项目的最终工作量为 xx 人天，详细分级表见 WBS。

5.5 数据工程

不涉及。

6 其他费用

不涉及。

3.6.6 数据工程项目可研报告注释版

3.6.6.1 数据工程项目需求分析报告

数字化项目需求分析报告
国网黑龙江电力 xxx 供电公司–xxx–数据工程项目

（名称一定是三段式命名规则）

申报部门：国网黑龙江省电力有限公司（盖章）

申报时间：20xx 年 x 月（与可行性研究报告编制时间一致）

目　录

1 概述 xx

1.1 业务职能现状 xx

1.2 信息系统现状 xx

1.2.1 建设历程 xx

1.2.2 应用功能现状 xx

1.2.3 系统关联现状 xx

1.2.4 部署与实施现状 xx

1.2.5 应用成效 xx

1.3 业务职能功能对应关系 xx

1.4 必要性分析 xx

1.5 建设目标 xx

2 业务需求 xx

2.1 需求内容 xx

2.2 需求与用户关联图 xx

3 集成需求 xx

4 实施范围 xx

5 其他需求 xx

5.1 性能与可靠性 xx

5.2 信息安全 xx

5.3 应用及运行监控 xx

5.4 可维护性 xx

5.5 易用性 xx

5.6 系统灾备要求 xx

1 概述

1.1 业务职能现状

示例:

近几年,国网黑龙江电力基于数据中台、能源大数据中心,围绕"两支撑、三赋能"大数据应用业务体系,切实发挥数据要素基础配置作用和创新引擎作用,深入挖掘电力大数据价值,打造了电力看经济、电力助应急、电力看水资源等一系列多元化电力大数据产品。哈尔滨成功申办 2025 年第九届亚冬会,其他国内大型赛事所在省份均有"电力看"相关电力大数据应用成功案例,但黑龙江省从未开展大型赛事"电力看"大数据应用分析。

1.2 信息系统现状

1.2.1 建设历程

示例:

未曾开展电力看亚冬会数据及场景分析。

1.2.2 应用功能现状

不涉及。

1.2.3 系统关联现状

不涉及。

1.2.4 部署与实施现状

不涉及。

1.2.5 应用成效

示例:

构建电力看亚冬会场景,从电力维度分析亚冬会场馆碳减排情况,从亚冬会水雪产业、冰雪文旅、冰雪商圈等维度分析哈尔滨亚冬会期间经济运行情况,对亚冬会期间重点排污企业用电情况进行监测,及时发现用电异常企业,从电力维度助力亚冬会。

1.3 业务职能功能对应关系

不涉及。

1.4 必要性分析

针对项目作出必要性分析，不要写空话套话。建议结合上下文合理地融入"三导向"中"解决的问题"内容，不用完全复制。

示例：

哈尔滨成功申办 2025 年亚冬会是我国继北京冬奥会、成都大运会、杭州亚运会后，申办成功的又一个重大国际赛事。办好本届亚冬会是深入贯彻落实习近平总书记在主持召开新时代推动东北全面振兴座谈会和视察我省时的重要讲话和重要指示精神的具体行动，是党中央赋予我们的重大政治任务和光荣使命。亚冬会作为展示大美黑龙江高质量发展成效的重大舞台，作为打造我市冰雪经济新引擎、加快全面振兴与全方位振兴的重大机遇，为冰雪产业发展敲响新鼓点，推动了冰雪运动、冰雪文化、冰雪装备、冰雪旅游全产业链发展。亚冬会举办期间，存在比赛场馆的碳排放计算复杂、第三方核查周期非常长，人工方式分析亚冬会拉动经济情况时间长、工作量大、时效性不强，人工监测或抽查重点排污企业工作量较大、覆盖不全等问题，国网黑龙江电力充分发挥央企担当，积极响应数字政府建设需要，融入亚冬会建设，抢占新赛道，利用电力大数据高频、细粒度、准确等特点，构建电力看亚冬会典型场景，应用电力数据分析亚冬会场馆碳排放情况，分析亚冬会申办前后经济运行情况，监测亚冬会举办期间重点排污企业用电情况，及时发现企业违规生产行为，打赢亚冬会蓝天保卫战，通过数字化手段赋能亚冬会，为政府对外宣传、精准施策提供数据支撑。

1.5 建设目标

示例：

开展 xx 专项工作，更好地服务领导决策、专业管理，促进数字化建设工作高效推进。

2 业务需求

2.1 需求内容

示例：

本期业务功能需求如下：

（1）亚冬会比赛场馆碳排放监测。将绿电交易数据和亚冬会场馆相关用电量等数据进行多重计算与交叉比对，分析每个场馆比赛期间的用电情况、碳排放情况、碳减排情况等，让亚冬会场馆绿电减排有迹可溯、有数可查、有据可证。

（2）电力看亚冬会经济。以亚冬会为契机，冰雪产业将得到快速发展，通过挖掘电力大数据应用价值，构建电力看亚冬会经济场景，从亚冬会冰雪产业、冰雪文旅、冰雪商圈等维度分析哈尔滨亚冬会期间经济运行情况，为政府科学决策提供数据支撑。

（3）电力助亚冬会环保。监测重点排污企业在亚冬会期间的用电情况，分析企业用电类型，研判应急管控状态下企业指令响应情况、违规生产情况等，助力亚冬会期间的环保治理，打赢亚冬会期间蓝天保卫战。

（4）构建支撑大屏展示的数据集，定期推送数据。

（5）基于分析结果编制分析报告。

2.2 需求与用户关联图

无。

3 集成需求

不涉及。

4 实施范围

示例：

本项目部署在国网黑龙江电力本部内网，实施范围为国网黑龙江电力。

5 其他需求

5.1 性能与可靠性

示例：

（1）系统性能。

系统设计推荐采用动静分离模式，用户高并发访问的信息显示功能（如公告等），应通过静态资源（如 html）等实现。最大并发用户数不低于100，当系统进行多用户并发操作时，应满足如下要求：

①首页访问平均响应时间不应超过 2 秒；

②系统登录平均响应时间不应超过 3 秒；

③执行简单查询、添加和删除业务平均响应时间不应超过 3 秒；

④执行复杂的综合业务（如统计型、事务型等业务）平均响应时间不应超过 5秒；

⑤在执行统计业务时，月统计业务的平均响应时间不应超过 15 秒，年统计业务的平均响应时间不宜超过 20 秒。

当信息系统并发用户数达到设计要求的上限时，各事务平均响应时间不应超过70%并发用户数下平均响应时间的 4 倍。

（2）可靠性。

充分考虑数据中台数据加工处理和模型执行的容错、可回滚能力，错峰执行定时任务，确保数据处理任务安全、稳定运行，提升项目运行可靠性。

5.2 信息安全

示例：

（1）数据安全。

该项目为基于数据中台技术架构、数据架构、应用架构和安全架构实施的数据工程项目，数据加工处理、分析计算、分析结果存储均在数据中台完成，在利用数据中台数据分布式存储机制及中台数据安全保护机制保障该项目数据安全的同时，应当定期对存储于数据中台数据库中的重要数据进行备份，建立完善的数据备份和恢复机制，确保数据安全。

（2）传输安全控制。

在项目建设过程中，信息安全加强数据从源头到终端的过程管控，避免数据泄密。

（3）权限控制。

应用操作权限控制、数据库和文件访问权限控制等。用户在登录和进行某些关键性操作，系统维护人员对适应性数据进行操作、对数据进行整理输出等时，均须对其进行身份和权限的鉴别。不同的角色具有不同的权限，分级设置管理权限。

5.3 应用及运行监控

示例：

该项目功能上线运行后，对项目中的数据加工流程及定时任务进行监控，发生异常时，可通过日志快速定位异常，找出问题原因，及时处理，确保该项目数据处理和计算过程安全稳定运行。

5.4 可维护性

示例：

为了便于运维人员对项目进行及时有效的维护，项目须满足易理解、易分析、易配置、易修改、易测试的要求，确保业务功能可随业务管理模式的转变进行灵活重组与调整，性能可随业务规模的增长进行有效扩充与提升。

5.5 易用性

示例：

本项目从用户体验维度出发，满足场景布局合理，通用操作规范，出错处理、反馈与提示人性化等要求。

5.6 系统灾备要求

示例：

提供备份功能，通过定时备份脚本保证业务的连续性和灾难恢复，出现物理硬件损坏可将任务迁移至其他主机，保证业务不中断。

3.6.6.2 数据工程项目可研报告

数字化项目可行性研究报告

项目名称：国网黑龙江电力 xxx 供电公司-xxx-数据工程项目

项目申报单位：国网黑龙江省电力有限公司
（项目名称遵照三段式命名规则，所属单位标准简称+内容名称+
项目类别）
（申报单位为国网黑龙江省电力有限公司或者国网黑龙江省电力
有限公司 xxx 供电公司，一定是全称）

编制单位：国网黑龙江省电力有限公司电力科学研究院
（编制单位均为国网黑龙江省电力有限公司电力科学研究院）
二〇xx 年 x 月
（月份为当前评审月份）

编　制：

校　核：

审　核：

批　准：

（编制、校核、审核、批准等信息不需要填写，由电科院填写）

目　录

1 总论 XX

1.1主要依据 XX

1.2 必要性分析 XX

1.3 效益分析 XX

1.3.1 经济效益 XX

1.3.2 管理效益 XX

1.3.3 社会效益 XX

2 建设现状 XX

2.1 业务职能现状 XX

2.2 信息系统现状 XX

2.2.1 建设历程 XX

2.2.2 应用功能现状 XX

2.2.3 系统关联现状 XX

2.2.4 部署与实施现状 XX

2.2.5 应用成效 XX

2.3 业务职能功能对应关系 XX

3 项目需求分析 XX

3.1 业务功能需求 XX

3.1.1 需求内容 XX

3.1.2 需求与用户关联图 XX

3.2 集成需求 XX

3.3 非功能需求 XX

3.3.1 性能与可靠性 XX

3.3.2 信息安全 XX

3.3.3 应用及运行监控 XX

3.3.4 可维护性 XX

3.3.5 易用性 XX

3.3.6 系统灾备要求 XX

4 建设方案 XX

4.1 建设目标 XX

4.2 建设内容 XX

4.2.1 设计工作 XX

4.2.2 研发内容 XX

4.2.3 数据工程工作 XX

4.2.4 系统集成 XX

4.3 实施范围 XX

4.4 技术方案 XX

4.4.1 系统架构 XX

4.4.2 架构遵从 XX

4.4.3 技术路线 XX

4.4.4 关键技术 XX

4.5 项目管理 XX

4.5.1 项目管理 XX

4.5.2 项目人员 XX

4.5.3 项目进度 XX

4.5.4 项目会议 XX

4.5.5 项目培训 XX

5 硬件设计 XX

5.1 部署方案 XX

5.2 服务器需求测算 XX

5.2.1 设备现状 XX

5.2.2 设备利旧 XX

5.2.3 服务器需求说明 XX

5.2.4 其他说明 XX

5.3 基础环境需求 XX

5.3.1 存储估算 XX

5.3.2 网络接入需求 XX

5.3.3 存储网络接入需求 XX

5.3.4 负载均衡接入需求 XX

5.3.5 安全等级及设备需求 XX

6 主要设备材料清册 XX

6.1 编制说明 XX

6.2 主要设备材料表 XX

7 估算书 XX

7.1 概述 XX

7.2 编制原则和依据 XX

7.3 投资分析 XX

附件1 工作量明细表 XX

1 总论

文中首次提到公司名称请写全称，如国家电网有限公司（以下简称国家电网公司）、国网黑龙江省电力有限公司（以下简称国网黑龙江电力），后续如果再出现使用标准简称。

不要出现国网公司、国网总部、总部、龙江公司、龙江电力、黑龙江公司、黑龙江电力公司、公司等非标准全简称字样。

示例：

2023 年 7 月 8 日，在泰国曼谷举行的第 42 届亚奥理事会全体大会上，经亚奥理事会执委表决通过，哈尔滨市获得 2025 年第九届亚冬会举办权。国网黑龙江省电力有限公司（以下简称国网黑龙江电力）积极开展数据赋能亚冬会工作，利用电力大数据覆盖范围广、价值密度高、实时准确性强等特点，多维立体监测亚冬会比赛场馆绿色用电、碳排放情况，分析亚冬会对区域经济拉动效应，助力亚冬会期间环保监测管理，从电力维度为亚冬会可持续发展成果提供更加丰富多元的数据支撑。

1.1 主要依据

（1）《国家电网有限公司关于印发电网数字化项目工作量度量规范及其应用指南》（国家电网互联〔2020〕606 号）。

（2）《国家电网有限公司关于进一步加强数字化建设统筹工作的通知》（国家电网互联〔2021〕562号）。

（3）《国家电网有限公司关于印发〈国家电网有限公司数字化建设统筹管理规范（试行）〉等两项管理规范的通知》（国家电网互联〔2021〕641号）。

（4）《国家电网有限公司关于印发〈国家电网有限公司电网数字化项目技术管理办法〉等6项通用制度的通知》（国家电网企管〔2021〕170号）。

（5）《国家电网有限公司电网数字化建设管理办法–修订》（国家电网企管〔2020〕849 号）。

（6）《国家电网有限公司电网数字化项目可研工作管理办法–修订》（国家电网企管〔2020〕849 号）。

（7）《国家电网有限公司电网数字化项目竣工验收管理办法–修订》（国家电网企管〔2020〕849 号）

（8）《国家电网有限公司信息系统上下线管理办法–修订》（国家电网企管〔2020〕849号）。

（9）《国家电网有限公司企业标准〈信息系统非功能性需求规范〉》（Q/GDW11212–2018）。

须添加与项目内容相关的文件，一定要有文号，格式遵循上面的9个文件的写法（上面是数字化项目的相关管理办法，请直接保留）。

1.2 必要性分析

针对项目作出必要性分析，不要写空话套话。建议结合上下文合理地融入"三导向"中"解决的问题"内容，不用完全复制。

示例：

哈尔滨成功申办2025年亚冬会是我国继北京冬奥会、成都大运会、杭州亚运会后，申办成功的又一个重大国际赛事。办好本届亚冬会是深入贯彻落实习近平总书记在主持召开新时代推动东北全面振兴座谈会和视察我省时的重要讲话和重要指示精神的具体行动，是党中央赋予我们的重大政治任务和光荣使命。亚冬会作为展示大美黑龙江高质量发展成效的重大舞台，作为打造我市冰雪经济新引擎、加快全面振兴与全方位振兴的重大机遇，为冰雪产业发展敲响新鼓点，推动了冰雪运动、冰雪文化、冰雪装备、冰雪旅游全产业链发展。亚冬会举办期间，存在比赛场馆的碳排放计算复杂、第三方核查周期非常长，人工方式分析亚冬会拉动经济情况时间长、工作量大、时效性不强，人工监测或抽查重点排污企业工作量较大、覆盖不全等问题，国网黑龙江电力充分发挥央企担当，积极响应数字政府建设需要，融入亚冬会建设，抢占新赛道，利用电力大数据高频、细粒度、准确等特点，构建电力看亚冬会典型场景，应用电力数据分析亚冬会场馆碳排放情况，分析亚冬会申办前后经济运行情况，监测亚冬会举办期间重点排污企业用电情况，及时发现企业违规生产行为，打赢亚冬会蓝天保卫战，通过数字化手段赋能亚冬会，为政府对外宣传、精准施策提供数据支撑。

1.3 效益分析

1.3.1 经济效益
结合项目本身的经济效益开展文字分析。

经济效益量化分析部分，可以从项目每年创造利润角度（新增利润、提升效率效益等效利润、其他方面的等效利润等）、项目节省投资角度（节约工程损失、节约管理成本、节约人力成本、节约运行维护费用、节约抢修费用、其他节省费用等）提出项目节支和创利的能力，项目节支+项目创利得到项目经济效益。将项目总投资和项目总效益进行对比分析，提出回收成本目标。

示例：

通过开展亚冬会比赛场馆碳排放监测、电力看亚冬会经济、电力助亚冬会环保，分析亚冬会比赛场馆碳排放、碳减排情况，拉动区域经济情况，重点排污行业企业用电情况，一方面提升了政府部门的监测分析能力，降低了相关分析人员投入，减少了分析成本，另一方面，提高了电力需求预测和电网建设项目投资决策的科学性，有助于及时调整亚冬会期间电网建设项目，全面提升精益化管理和精准投资水平，为经济协调发展提供量化决策依据。同时支持电力数据与政务等外部数据融合创新型数据产品快速设计开发，充分释放电力大数据对企业、行业、政府和社会的价值，并产生经济效益。

1.3.2 管理效益

内容要与项目切实相关的，不要写假大空的套话。

示例：

2023年9月24日，哈尔滨市与亚奥理事会、中国奥委会在杭州市共同签署2025年第9届亚洲冬季运动会主办城市合同。哈尔滨冰雪资源得天独厚、冰雪文化魅力独特、冰雪品牌声名远扬，国网黑龙江电力围绕区域经济、冰雪产业、旅游商圈、绿色场馆等方面，基于电力数据并结合经济等数据，分析亚冬会举办前后举办地区域经济发展、产业结构和区位结构的演化，以及亚冬会对冰雪旅游、冰雪商圈等带动情况，辅助政府研判经济运行态势，支撑政府科学管理。此外，通过清洁能源监测、场馆绿色运营分析还可以清晰地看到每个场馆的节能减排数据信息，通过监测重点排污企业用电数据，及时发现违规生产行为，服务政府科学研判，支撑政府在亚冬会期间对生态环境的管控，满足亚冬会多元化数据分析需求。通过积极参与数字政府建设，推进电力数据与政务数据深度融合，为亚冬会贡献"电网智慧"。

1.3.3 社会效益

示例：

通过创新应用电力大数据开展电力看亚冬会，提升了国网黑龙江电力能源互联网企业品牌形象。电力是经济发展的晴雨表。国网黑龙江电力充分发挥电网企业社会责任，以电力大数据应用为切入点，通过打造电力看亚冬会大数据应用，积极展示亚冬会创造成果，从宏观到微观"用数据"直观呈现亚冬会这一重大国际赛事活动的举办对区域经济、清洁能源监测、冰雪产业发展、场馆绿色运营的深远影响，生动展示"冰雪文化之都"的发展动脉，以科学高效的"电力行动"为亚冬会赋能，为生态绿色发展赋能，彰显央企担当。

2 建设现状

2.1 业务职能现状

不涉及。

2.2 信息系统现状

示例：

当前公司信息内网建成了基于主要业务系统的数据中台以及业务中台，实现了公司两级全业务统一数据中心分析域，初步具备了数据接入、数据存储计算、数据分析应用相关能力，实现了公司核心业务系统数据的接入及整合汇聚，并基于数据共享流程搭建了数据应用授权管理系统，建立了基于负面清单的数据授权、共享流程，并开展数据归集、共享等相关支撑工作，支撑了各专业数据分析类应用的构建。

2.2.1 建设历程

示例：

未曾开展电力看亚冬会数据及场景分析。

2.2.2 应用功能现状

示例：

当前公司信息内网建成了基于主要业务系统的数据中台以及业务中台，实现了公司两级全业务统一数据中心分析域，初步具备了数据接入、数据存储计算、数据分析应用相关能力，实现了公司核心业务系统数据的接入及整合汇聚，并基于数据共享流程搭建了数据应用授权管理系统，建立了基于负面清单的数据授权、共享流程，并开展数据归集、共享等相关支撑工作，支撑了各专业数据分析类应用的构建。

2.2.3 系统关联现状

不涉及。

2.2.4 部署与实施现状

不涉及。

2.2.5 应用成效

示例：

构建电力看亚冬会场景，从电力维度分析亚冬会场馆碳减排情况，从亚冬会冰雪产业、冰雪文旅、冰雪商圈等维度分析哈尔滨亚冬会期间经济运行情况，对亚冬会期间重点排污企业用电情况进行监测，及时发现用电异常企业，从电力维度助力亚冬会。

2.3 业务职能功能对应关系

不涉及。

3 项目需求分析

3.1 业务功能需求

3.1.1 需求内容

示例：

本期业务功能需求如下。

（1）亚冬会比赛场馆碳排放监测。将绿电交易数据和亚冬会场馆相关用电量等数据进行多重计算与交叉比对，分析每个场馆比赛期间用电情况、碳排放情况、碳减排情况等，让亚冬会场馆绿电减排有迹可溯、有数可查、有据可证。

（2）电力看亚冬会经济。以亚冬会为契机，冰雪产业得到快速发展，通过挖掘电力大数据应用价值，构建电力看亚冬会经济场景，从亚冬会冰雪产业、冰雪文旅、冰雪商圈等维度分析哈尔滨亚冬会期间经济运行情况，为政府科学决策提供数据支撑。

（3）电力助亚冬会环保。监测重点排污企业在亚冬会期间的用电情况，分析企业用电类型，研判应急管控状态下企业指令响应情况、违规生产情况等，助力亚冬会期间的环保治理，打赢亚冬会期间蓝天保卫战。

（4）构建支撑大屏展示的数据集，定期推送数据。

（5）基于分析结果编制分析报告。

3.1.2 需求与用户关联图

无。

3.2 集成需求

3.3 非功能需求

3.3.1 性能与可靠性

示例（红字部分仅供参考，请勿直接使用）：

（1）系统设计推荐采用动静分离模式，用户高并发访问的信息显示功能（如公告等），应通过静态资源（如 html）等实现。最大并发用户数不低于 xxx，当系统进行多用户并发操作时，应满足如下要求：

①首页访问平均响应时间不应超过 2 秒；

②系统登录平均响应时间不应超过 3 秒；

③执行简单查询、添加和删除业务平均响应时间不应超过 3 秒；

④执行复杂的综合业务（如统计型、事务型等业务）平均响应时间不应超过 5 秒；

⑤在执行统计业务时，月统计业务的平均响应时间不应超过 15 秒，年统计业务的平均响应时间不宜超过 20 秒。

（2）当信息系统并发用户数达到设计要求的上限时，各事务平均响应时间不应超过 70%并发用户数下平均响应时间的 4 倍。

3.3.2 信息安全

示例（红字部分仅供参考，请勿直接使用）：

（1）数据安全。

系统服务器软件必须提供可靠的数据备份和恢复手段，在服务器软件、硬件出现严重故障时，能够根据备份的数据（和账户信息等必要的配套信息）迅速彻底地恢复正常运行环境；无论是访问者账户信息还是管理者账户（身份鉴别）信息，都必须提供完备手段由用户自行定义和备份保存，软件实施者不得在系统中预留任何特殊账户和密码。

（2）传输安全控制。

在项目建设过程中，保障信息安全，加强数据从源头到终端的过程管控，避免数据泄密。

（3）权限控制。

包括应用操作权限控制、数据库和文件访问权限控制等。用户在登录和进行某些关键性操作，系统维护人员对适应性数据进行操作、对数据进行整理输出等时，均须对其进行身份和权限的鉴别。

3.3.3 应用及运行监控

示例（红字部分仅供参考，请勿直接使用）：

为了便于操作人员对本项目进行及时有效的维护，本项目提供可视化图形界面，可通过统一图形管理界面实现业务需求功能，并可通过界面对监测内容进行管理操作。

3.3.4 可维护性

示例（红字部分仅供参考，请勿直接使用）：

在数据模型及应用场景建立完成的基础上，如果需要更改核查规则或者加入新的考核点，只需要修改或者新增核查脚本完成需求的更改，再通过核查结果完成评价。

3.3.5 易用性

示例（红字部分仅供参考，请勿直接使用）：

本项目从用户体验维度出发，应满足场景布局合理，通用操作规范，出错处理、反馈与提示人性化等要求。

3.3.6 系统灾备要求

示例（红字部分仅供参考，请勿直接使用）：

操作系统提供系统灾备功能，通过自身高可用机制可保证业务的连续性和灾难恢复，出现物理硬件损坏可自动将任务迁移至其他主机，保证业务不中断。同时，云平台具备统一备份框架实现数据备份与恢复功能，系统发生故障时通过备份文件恢复全系统管理数据。

4 建设方案

4.1 建设目标

建设目标章节，结合上下文，平滑合理地融入"三导向"中"目标结果"内容，不要完全复制"三导向"内容。

示例：

依托数据中台充分发挥电力大数据优势，积极开展数据赋能亚冬会工作，构建电力看亚冬会典型场景，从电力视角多维度分析哈尔滨亚冬会期间经济运行情况，分析亚冬会对区域经济拉动效应；通过电力数据测算亚冬会比赛场馆碳减排情况，让亚冬会场馆绿电减排有迹可溯、有数可查、有据可证；分析高污染行业企业用电情况，研判企业用电异常情况，为亚冬会期间环保治理提供数据支撑。基于分析成果编制分析报告。

4.2 建设内容

示例：

本项目新增亚冬会比赛场馆碳排放监测（包括总体分析、场馆用电分析、场馆碳排放分析、场馆碳减排分析）、电力看亚冬会经济（包括区域总体经济分析、产业结构分析、冰雪产业分析、冰雪文旅分析、冰雪商圈分析）、电力助亚冬会环保（包括重点排污企业用电监测分析、生态应急响应情况分析、违规生产分析）三部分内容。

4.2.1 设计工作

不涉及。

4.2.2 研发内容

不涉及。

4.2.3 数据工程工作

数据资源目录构建如下表。

序号	一级工作任务	二级工作任务	工作内容	成果物
1				
2				
3				

序号	一级工作任务	二级工作任务	工作内容	成果物
4				

数据质量治理如下表。

序号	一级工作任务	二级工作任务	工作内容	成果物
1				
2				
3				
4				

4.2.4 系统集成

不涉及。

4.3 实施范围

本项目部署区域为内网，实施范围为国网黑龙江省电力有限公司。

4.4 技术方案

4.4.1 系统架构

示例：

本项目整体满足国家电网公司数字化架构要求，遵从业务架构、应用架构、数据架构、技术架构、安全架构五大架构设计原则。数据处理主要基于数据中台架构。

4.4.2 架构遵从

示例：

（1）业务架构。

首先，对业务需求进行理解，定义目标，定义场景范围和设计方案；其次，通过数据融合模块对数据进行处理和模型学习；最后，模型上线，并持续监控评估。

（2）应用架构。

遵从国网数字化架构管控要求，严格遵循应用完整性、横向整合、业务驱动性及架构柔性原则，合理设计应用架构。系统包括数据融合服务模块、人工智能引擎模块和人工智能应用支撑模块三个应用模块。具体应用架构如图所示：

（3）数据架构。

结构化数据接入数据流转：结构化数据接入贴源层主要为一级部署系统和二级部署系统源端数据接入到贴源层，通过 SDR、DAYU 接入工具进行数据接入。

（4）技术架构。

技术架构分为 5 层：数据源层、数据计算层、数据查询分析层、数据输出层和数据应用展示层。数据源层负责从各业务系统接入数据，实现数据的治理和存储；数据计算层分为实时计算和离线计算；数据查询分析层主要基于业务模型和数据模型对原始数据进行数据处理和分析；数据应用展示层采用微服务技术进行开发，并以接口形式提供数据服务。

（5）安全架构。

按照国网黑龙江电力等级保护和关键信息基础设施保护要求，对外部数据使用，采用符合国网黑龙江电力安全防护方案的数据交互方式。

4.4.3 技术路线

示例：

本项目基于数据中台建设，主要采用数据中台技术路线，通过访问定制好的数据服务，调用各类数据分析组件或工具，获取数据存储中的各类业务数据，经批量计算等组件计算处理后进行交互应用。算法模型采用python语言应用机器学习框架进行构建、训练与验证。

4.4.4 关键技术

示例：

（1）主成分分析法：通过线性变换将原始数据变换为一组各维度线性无关的表示，可用于提取数据的主要特征分量，常用于高维数据的降维。

（2）海量数据处理：充分利用数据中台计算和存储能力，对海量电力数据进行采集、计算、存储、加工。对内统一标准和口径，满足适配各类SQL与大数据平台的要求，采用一致的结构化数据模型、语法完成开发，根据不同项目体量分配资源并进行统一调度，提高资源使用效率。

4.5 项目管理

4.5.1 项目管理

示例：

项目管理采取分层管理方式，主要分为甲方管控层和项目管理层两个层次，项目管理层结合具体工程项目情况又可分为多个职责明确的工作组。对项目组织结构及相关各工作组的岗位设置、岗位职责及人员安排做细致的安排，以便做到责权明确、科学管理，确保项目顺利完成。

4.5.2 项目人员

示例：

本项目共投入10人，具体工作安排如下。

序号	岗位	职责	人员数量
1	项目管理	负责调研和实施工作、协调和管理工作，负责项目组文档版本控制、项目进度管控、重大问题解决方案的确认等工作。对项目实施过程进行监控，包括项目质量、进度等	2
2	项目实施	开展数据获取、分析、校验、核查，根据核查需求完善数据模型，切换场景数据源端配置，完成成果固化	6
3	业务支持	开展元数据管理，完善信息系统数据描述	2

4.5.3 项目进度

项目整体建设周期约3个月，预计投入10个人，各阶段工作项计划如下表所示。

数据工程部分：

序号	阶段	工期	提交成果	备注
1	xx	0.5个月	xx	
2	xx	0.5个月	xx	
3	xx	2个月	xx	

4.5.4 项目会议

数据工程部分：

序号	项目	内容	项目要求
1	项目实施方案评审会	实施方案评审	人×天：1人×1天

2	项目试运行验收	项目试运行验收	人×天：1人×1天
3	项目竣工验收	项目竣工验收	人×天：1人×1天

4.5.5 项目培训

序号	培训内容	项目单位要求
1	系统管理人员培训	人×天：4人×1天
2	系统运维人员培训	人×天：4人×1天

5 硬件设计

5.1 部署方案

不涉及。

5.2 服务器需求测算

5.2.1 设备现状

详细描述现有设备现状或需要采购xx设备。

5.2.2 设备利旧

说明设备利旧情况。

成本金的数据工程、运营类项目。

项目组需要确认是否对系统现有功能模块进行调整、是否新增功能模块。

（1）如有新增、调整功能模块，需要提交需求报告及简表。

（2）如无新增、调整功能模块，需要在附件2可研报告的"建设方案"章节4.2建设内容、附件9评审意见的"三、主要内容"两个位置下，增加一句"本项目不对现有系统功能模块进行调整，不新增任何系统功能模块"。

5.2.3 服务器需求说明

不涉及。

5.2.4 其他说明

不涉及。

5.3 基础环境需求

5.3.1 存储估算
不涉及。

5.3.2 网络接入需求
不涉及。

5.3.3 存储网络接入需求
不涉及。

5.3.4 负载均衡接入需求
不涉及。

5.3.5 安全等级及设备需求
不涉及。

6 主要设备材料清册

6.1 编制说明
不涉及。

6.2 主要设备材料表
不涉及。

7 估算书

7.1 概述

针对上述内容，按照有关要求，对项目建设过程中的相关费用进行估算，确定项目总体投资为xx万元。

7.2 编制原则和依据

（1）项目划分和项目工作量度量方法、过程及原则参照《国家电网有限公司电网数字化项目工作量度量规范》（以下简称《规范》）及《国家电网有限公司电网数字化项目工作量度量规范应用指南（2020 版）》（以下简称《应用指南》）测算。

（2）按照《规范》《应用指南》规定，咨询设计类人工费率为 2500 元/人天；开发类人工费率为 2100 元/人天；集成实施类、业务运营类人工费率为 1500 元/人天；数据工程类人工费率分为三档，其中，数据接入、上传、下发及数据产品（应用）实施参照集成实施人工费率标准执行（1500 元/人天），数据产品（应用）研发工作参考系统开发人工费率标准执行（2100 元/人天），数据标准化、资源目录构建、治理等其他工作参考软件行业协会基准费率执行（1800 元/人天）。

（3）本报告中人工费率即为综合人工单价，包括直接人力成本、直接非人力成本、间接人力成本、间接非人力成本及合理利润，但不包括购置类费用。

（4）本期不计取价差预备费及建设期贷款利息。

（5）工作量依据可研设计提资。

7.3 投资分析

本投资预算根据"国网 xxx 电力–xxx–数据工程项目"建设内容（包含 xx、xx 等 x 个子项），按照数据工程类工作量度量模型 AE=∑（D×SOP）×IFP 进行测算，其中 D 为一级工作任务工作量度量值，SOP 为工作任务所涉及的工程范围数量，IFP 为数据工程影响因子。项目预算总投资为 xx 万元，各项费用如下表。

序号	名称		工作量 （人天）	人工费率 （万元/人天）	金额 （万元）
1	咨询设计费		–		
2	系统开发费	系统功能开发	–		
		系统集成开发	–		
3	集成实施费	系统实施			
		系统集成实施费			
4	业务运营费				
5	数据工程费	数据产品（应用）研发	xx	0.21	xx
		数据标准化、盘点、目录构建、质量治理等	xx	0.18	xx
		数据接入、上传、下发，数据产品（应用）实施	xx	0.15	xx
6	其他费用		–	–	
总 计					xx

各项费用投资如下。

序号	系统名称	咨询设计	系统开发费用（万元）		集成实施		业务运营	数据工程	小计（万元）
			系统功能开发	系统集成开发	系统实施	系统集成实施			
1	构建在线易用的数据目录应用场景							xx	xx
2	建立层次清晰的企业级数据全景视图							xx	xx
3									
4									
合计									xx

（1）咨询服务费。

不涉及。

（2）系统开发费。

不涉及。

（3）集成实施费。

不涉及。

（4）业务运营费用。

不涉及。

（5）数据工程。

国网黑龙江电力-xxx-数据工程项目，实施包括 xx 等 x 项工作。预估需要 xx 人天，费用合计 xx 万元。

计算时须分别列出数据产品（应用）研发，数据标准化、盘点、目录构建、质量治理等，数据接入、上传、下发，数据产品（应用）实施的费用。

因子取值均需要按 606 号文标准进行取值。

国网 xxx 电力-xxx-数据工程项目实施包括构建在线易用的数据目录应用场景，

建立层次清晰的企业级数据全景视图，创新数据运营服务、数据质量相关规则、问题、知识等信息的两级交互贯通工作，xx 等 x 项工作。预估需要 xx 人天，费用合计 xx 万元。具体计算方式如下。

数据工程类工作量度量模型：

$$AE（总工作量）=\sum（D×SOP）×IFP$$

其中，IFP——数据工程影响因子，本项目分为 5 个系统，均为数据治理，工程范围为 5。

数据表规模：2.1；

数据类型复杂度：1；

系统类型：1.1；

跨多业务口径：1；

前置成果：0.5；

工程规模：1。

2.1×1×1.1×1×0.5×1=xx。

数据工程类人工费率为 1800 元/人天。

D——数据治理，取值如下表。

序号	一级工作任务	二级工作任务	任务描述	工作量基数（人天）
1		范围确定	明确数据治理范围	2
2	数据质量梳理	业务数据质量梳理	根据数据治理范围，从数据的准确性、唯一性、一致性、完整性、时效性和规范性等维度，梳理设计的业务规则、业务指标标准、数据元标准、参考数据标准，确定质量治理技术路线	30
3		数据质量规则库管理	根据数据质量梳理结果，编制并审核形成数据质量核查规则，构建并维护数据质量规则库	25

序号	一级工作任务	二级工作任务	任务描述	工作量基数（人天）
4		数据元管理	梳理数据元，并构建、维护数据元知识库	15
5	数据质量核查	数据质量检查	基于数据质量核查规则进行数据核查	20
6		数据质量问题清单	基于数据质量核查结果，形成数据质量问题清单，编制数据质量核查报告。数据质量问题清单可从质量标准维度进行分类	15
7	数据问题整改	整改方案制定	基于数据质量问题清单，按照数据责任管控机制，针对不同专业、不同系统，分类制定数据质量问题整改方案	10
8		整改方案执行	推动数据质量问题整改，包括源头数据、流转数据一级系统的数据质量问题整改	5
合计				xx

综上：

AE＝（122×5×1.155）×0.18=xx 万元。

数据工程工作量及费用明细详见附件 1。

数据工程工作量及费用总表

序号	工作任务	工作类型	最终工作量（人天）	费用（万元）
1	构建在线易用的数据目录应用场景	数据资源目录构建	人天数保存到整数或0.5	xx
2	建立层次清晰的企业级数据全景视图	数据资源目录构建	人天数保存到整数或0.5	xx
3	创新数据运营服务	数据资源目录构建	人天数保存到整数或0.5	xx

4	数据质量相关规则、问题、知识等信息的两级交互贯通工作	数据质量治理	人天数保存到整数或 0.5	xx
5	构建在线化、智能化的质量监控能力	数据质量治理	人天数保存到整数或 0.5	xx
合计				xx

（6）其他费用。

无。

附件 1 工作量明细表

亚冬会比赛场馆碳排放监测工作量明细表

序号	工作类型	一级工作任务	二级工作任务	场馆总体分析	场馆用电分析	场馆碳排放分析	场馆碳减排分析	工作量基数（人天）	合计工作量（人天）	单价（万元/人天）	合计（万元）
1	数据产品（应用）研发	需求分析与设计	业务梳理	3	4	4	4	12	15	xx	xx
2			需求分析	2	3	3	3	9	11	xx	xx
3			业务设计	4	4	6	6	12	20	xx	xx
4		数据准备	数据需求梳理与溯源	8	8	8	8	21	32	xx	xx
5			数据采集与提取	8	8	8	8	14	32	xx	xx
6		数据预处理	数据获取	8	8	8	8	10	32	xx	xx
7			数据整合转换	8	8	8	8	6	32	xx	xx
8			数据清洗转换	8	8	8	8	10	32	xx	xx
9			数据脱敏处理	1	1	3	3	6	8	xx	xx
10			数据审计	2	2	4	4	10	12	xx	xx
11		分析模型构建	分析模型设计	8	8	8	8	75	32	xx	xx
12			分析模型构建	8	8	8	8	25	32	xx	xx
13			分析模型训练	8	8	8	8	64	32	xx	xx
14			分析模型优化	8	8	8	8	12	32	xx	xx
15	数据产品（应用）实施	部署上线	运行环境搭建	2	3	8	7	16	20	xx	xx
16			应用部署与验证	2	3	8	7	16	20	xx	xx
17		成果输出	配置实施	4	5	8	8	20	25	xx	xx
18			结果可视化输出	3	5	8	8	20	24	xx	xx
19			结果分析报告编制	2	1	2	2	6	7	xx	xx
合计				xx	xx	xx	xx	xx	xx	xx	xx

3.6.6.3 数据工程项目说明书

数字化项目说明书

<table>
<tr><td colspan="2">项目名称</td><td colspan="3">国网黑龙江电力 xxx 供电公司–xxx–数据工程项目</td></tr>
<tr><td colspan="2">项目类别</td><td colspan="3">数据工程项目</td></tr>
<tr><td colspan="2">项目申报单位</td><td colspan="3">国网黑龙江省电力有限公司</td></tr>
<tr><td colspan="2">项目实施时间</td><td colspan="3">xx 个月（项目所用的时间）</td></tr>
<tr><td rowspan="2">项目必要性</td><td>基本情况</td><td colspan="3">项目的基本情况</td></tr>
<tr><td>问题及必要性</td><td colspan="3">问题：项目存在的问题有哪些
必要性：购置项目的必要性</td></tr>
<tr><td rowspan="2">项目内容和方案</td><td>目标和范围</td><td colspan="3">目标：项目要达到什么样的目标
范围：实施的范围或者应用的范围</td></tr>
<tr><td>实施方案</td><td colspan="3">详细写明</td></tr>
<tr><td colspan="2" rowspan="2">项目投资估算（万元）</td><td>总投资</td><td>资本性</td><td>成本性</td></tr>
<tr><td>xx</td><td>xx</td><td>xx</td></tr>
<tr><td colspan="2">效益分析</td><td colspan="3">效益分析内容参考可行性研究报告的 1.3 效益分析部分</td></tr>
<tr><td colspan="5">主要设备及材料</td></tr>
<tr><td>名称</td><td>规格及型号</td><td>数量</td><td>单价（万元）</td><td>合价（万元）</td></tr>
<tr><td></td><td></td><td></td><td></td><td></td></tr>
<tr><td colspan="2">编制：</td><td colspan="2">审核：</td><td>批准：</td></tr>
</table>

注：其他需要说明的问题可另附页。

3.6.6.4 数据工程项目（WBS）表

国网黑龙江电力xxx供电公司-xxx-数据工程项目
数字化建设工作分解结构（WBS）表

下表内容要与可研保持一致。	
（1）"工作类型"：包括数据接入、数据标准化、数据上传、数据下发、数据盘点、数据资源目录构建、数据质量治理、数据产品（应用）研发及实施（包括数据应用和展示）等工作类型。 （2）"工作任务"：工作过程或工程内容为导向，按实际工作过程进行拆分，WBS拆分要以完成上级的工作任务为依据，充分考虑到数据工程的范围和对象，按照100%原则逐层拆分。 （3）"工作任务描述"：描述最小层级的工作任务内容。 （4）"预计投入总人数（人）"：输入最小层级需投入所有实施单位的预期投入总人员数量（填写整数）。 （5）"预计投入总天数（天）"：输入最小层级需投入所有实施单位的预期投入总工期，单位为工作日（填写整数）。 （6）"工程范围"：罗列最小层级的工程范围，必填。	
需求内容	扩充数据中台数据资产管理范围： （1）构建在线易用的数据目录应用场景。按照业务化、场景化要求，推进数据目录完善提升；基于数据中台数据建设成果，以营配贯通、多维精益管理、智慧供应链、同期线损重点业务应用领域，构建数据目录典型应用场景，推进数据目录深化应用和价值挖掘，实现数据目录的全覆盖。 （2）建立层次清晰的企业级数据全景视图。以数据目录为基础，梳理公司数据资源，构建数据全景视图体系框架，支撑数据资产的可视化管理和应用，并与总部构建两级数据全景视图。全面呈现公司数据资源分布状况。 （3）创新数据运营服务。
工程范围	

序号	工作类型	工作任务	工作任务描述	预计投入总人数（人）	预计投入总天数（天）	预计投入总人天数（人天）	工程范围
1	亚冬会比赛场馆碳排放监测–数据产品（应用）研发及实施	业务梳理	了解数据管理模式	3	5	xx	xx
2		需求分析	形成需求文档	5	2.2	xx	xx
3		业务设计	明确关键技术方法	4	5	xx	xx
4		数据需求梳理与溯源	梳理数据需求和获取形式	4	8	xx	xx
5		数据采集与提取	编制数据采集需求清单，包括数据范围、数据来源、数据表、字段等	4	8	xx	xx

3.6.6.5 数据工程项目可研评审意见

国网黑龙江省电力有限公司经济技术研究院关于"国网黑龙江电力 xxx 供电公司-xxx-数据工程项目"可行性研究报告的评审意见

示例:

一、必要性

"数字新基建"要求建设数据中心等核心的基础平台,提升数字化连接感知和计算处理能力;构筑电网运行、经营管理、客户服务数字化应用,打造能源互联网数字化创新服务支撑体系;为政府开展需求响应提供数据共享;聚合电网运行、经营管理和客户服务等场景开展全方位展示;研发电力专用模型和算法,打造配网人工智能应用,提供综合能源服务,提高电网安全生产效率,提升客户优质服务和企业精益管理水平。

二、项目目标

开展基于人工智能数字孪生电网平台建设,构建虚拟电网对配电网描述、诊断、预测、决策新体系,提升配电网资源配置效率。打造"大感知"网络,建立配电网全域数字化仿真、虚拟化交互,形成数字孪生电网,实现在虚拟电网中的建模、仿真、演化、操控,对数据资源进行全要素展示、业务集中监测。构建数据孪生模型,实现智能分析预测。完成数据融合服务、人工智能引擎、人工智能应用支撑三个模块的开发,提供供服智慧监测分析可视化、智脑线损研判、台区运行智慧监测以及电网工程造价监测分析的服务,打造一站式配电网智能决策服务平台。

三、主要内容

本项目不对现有系统功能模块进行调整,不新增任何系统功能模块。

需要确认是否涉及改造新增系统功能模块,并添加文字描述"本项目不对现有系统功能模块进行调整,不新增任何系统功能模块"或"本项目对现有系统功能模块进行调整,新增(或改造)系统功能模块"。

四、技术方案

xxx。与附件 2 可研报告保持一致。

五、建设时序

项目总工期为 3 个月。

六、投资估算

项目总投资为 xxx 万元,其中,数据工程费为 xxx 万元。

经测算,xxxxxxxxxxxxx(补充经济效益内容,与可研报告中经济效益内容保持一致)。

3.6.6.6 数据工程项目费用测算报告

附 录 D 电网数字化项目费用测算报告

电网数字化项目费用测算报告

（不含购置类费用）

项目名称：国网黑龙江电力 xxx 供电公司-xxx-数据工程项目

编制单位：国网黑龙江省电力有限公司电力科学研究院

二〇xx 年 xx 月

（与可行性研究报告编制时间一致）

目　录

测算结果摘要 xx

1前言 xx

2测算的目的 xx

3测算依据及原则 xx

4投资分析 xx

5估算书 xx

5.1咨询设计 xx

5.2系统开发 xx

5.2.1系统功能开发 xx

5.2.2系统集成开发 xx

5.3集成实施 xx

5.3.1系统实施 xx

5.3.2系统集成实施 xx

5.4业务运营 xx

5.5数据工程 xx

6其他费用 xx

测算结果摘要

国网黑龙江省电力有限公司电力科学研究院受国网黑龙江省电力有限公司委托，根据国家电网有限公司（以下简称"公司"）相关规范要求的方法、过程及原则，按照必要的测算程序，对国网黑龙江电力 xx 供电公司–xx–数据工程项目的工作量及费用进行测算，现将测算结果报告如下。

测算结果呈现：

序号	名称		工作量（人天）	人工费率（万元/人天）	费用（万元）
1	咨询设计费				
2	系统开发费	系统功能开发			
		系统集成开发			
3	集成实施费	系统实施			
		系统集成实施			
4	业务运营费				
5	数据工程费	数据产品（应用）研发	xx	0.21	xx
		数据标准化、盘点、目录构建、质量治理等	xx	0.18	xx
		数据接入、上传、下发，数据产品（应用）实施	xx	0.15	xx
6	其他费用		−	−	
总计					xx

"名称"是指依据电网数字化项目涵盖的工作性质和工作内容形成的类别划分，划分依据参照《国家电网有限公司电网数字化项目工作量度量规范》。

"工作量"是指从项目立项开始到项目完成验收之间，完成相关工作任务、项目管理及支持活动所需的人天数。

"人工费率"指综合人工单价,具体标准参照《国家电网有限公司电网数字化项目工作量度量规范应用指南（2020版）》。

"费用"为工作量乘以人工费率计算得到。

该项目的总费用为 xx 万元。

以上内容摘自电网数字化项目费用测算报告（项目名称：国网黑龙江电力 xxx 供电公司–xxx–数据工程项目）。

1 前言

"国网黑龙江省电力有限公司电力科学研究院"接受"国网黑龙江省电力有限公司"委托，根据公司相关规范要求的方法、过程及原则，本着客观、独立、公正、科学的原则，按照必要的测算程序，对委托项目"国网黑龙江电力 xxx 供电公司–xxx–数据工程项目"的工作量和费用进行测算。

本报告针对可研内容（见《附件 2：国网黑龙江电力 xxx 供电公司–xxx–数据工程项目–可行性研究报告》），按照有关要求，对项目建设过程中的相关费用进行测算，确定项目总体投资。

2 测算的目的

本次测算的目的是确定"国网黑龙江电力 xxx 供电公司–xxx–数据工程项目"的初步测算结果，为公司针对该项目的可研评审提供参考依据。

3 测算依据及原则

（1）项目划分和项目工作量度量方法、过程及原则参照《国家电网有限公司电网数字化项目工作量度量规范》（以下简称《规范》）及《国家电网有限公司电网数字化项目工作量度量规范应用指南（2020 版）》（以下简称《应用指南》）测算。

（2）按照《规范》《应用指南》规定，咨询设计类人工费率为 2500 元/人天；开发类人工费率为 2100 元/人天；集成实施类、业务运营类人工费率为 1500 元/人天；数据工程类人工费率分为三档，其中，数据接入、上传、下发及数据产品（应用）实施参照集成实施人工费率标准执行（1500 元/人天），数据产品（应用）研发工作参考系统开发人工费率标准 执行（2100 元/人天），数据标准化、资源目录构建、治理等其他工作参考软件行业协会基准费率执行（1800 元/人天）。

（3）本报告中人工费率即为综合人工单价，包括直接人力成本、直接非人力成本、间接人力成本、间接非人力成本及合理利润，但不包括购置类费用。

（4）本期不计取价差预备费及建设期贷款利息。

（5）工作量依据可研设计提资。

4 投资分析

本投资测算根据"国网黑龙江电力 xxx 供电公司–xxx–数据工程项目"建设内容（包含 xx 等 x 个子项）进行测算，项目预估总投资为 xx 万元，各项费用如下表。

序号	名称		工作量（人天）	人工费率（万元/人天）	费用（万元）
1	咨询设计费				
2	系统开发费	系统功能开发			
		系统集成开发			
3	集成实施费	系统实施			
		系统集成实施			
4	业务运营费				
5	数据工程费	数据产品（应用）研发	xx	0.21	xx
		数据标准化、盘点、目录构建、质量治理等	xx	0.18	xx
		数据接入、上传、下发，数据产品（应用）实施	xx	0.15	xx
6	其他费用		–	–	
总计					xx

各项费用投资分析如下。

序号	系统名称	咨询设计	系统开发		集成实施		业务运营	数据工程	小计（万元）
			系统功能开发	系统集成开发	系统实施	系统集成实施			
1									
2									
合计									

5 估算书

5.1 咨询设计

不涉及。

5.2 系统开发

5.2.1 系统功能开发

不涉及。

5.2.2 系统集成开发

不涉及。

5.3 集成实施

5.3.1 系统实施

不涉及。

5.3.2 系统集成实施

不涉及。

5.4 业务运营

不涉及。

5.5 数据工程

数据工程工作包括 xxx 等。预估投入 xx 人天，费用合计 xxx 万元。

数据工程工作量及费用总表

序号	工作任务	工作类型	最终工作量（人天）	费用（万元）
1	xx		xx	xx
2	xx		xx	xx
合计			xx	xx

xxx工作量及费用明细表

工作类型	数据资源目录构建	
工作量基数（人天）	34	
工程范围	一级部署系统数量	
	二级部署系统数量	1
初始工作量（人天）		
影响因子	数据表规模	2.1
	数据类型复杂度	1
	系统类型	1.1
	跨多业务口径	1
	前置成果	0.5
	工程规模	1
	合计	1.155
最终工作量（人天）	34×xx=xxx	
人工费率（万元/人天）	0.18	
数据工程费用（万元）	xx	
注：最终工作量=工作量基数×工程范围×影响因子（合计）。		

×××工作量及费用明细表

工作类型	数据资源目录构建	
工作量基数（人天）	34	
工程范围	一级部署系统数量	
	二级部署系统数量	1
初始工作量（人天）	34×1=34	
影响因子	数据表规模	2.1
	数据类型复杂度	1
	系统类型	1.1
	跨多业务口径	1.05
	前置成果	1
	工程规模	1
	合计	
最终工作量（人天）	34×xx=xxx	
人工费率（万元/人天）	0.18	
数据工程费用（万元）	xx	

6 其他费用

不涉及。